TO

FROM

LOVING GOD
사랑하는 하나님

마이크 비클의 365일 묵상집

MIKE BICKLE

마이크 비클 지음·정성경 옮김

LOVING GOD
by Mike Bickle

Copyright © 2007 by Mike Bickle
Published by Charisma House
A Strang Company
600 Rinehart Road, Lake Mary, Florida 32746

Korean translation Copyright © 2009 by Pure Nard
Damo Bldg 3F 289-4, Yangjae-Dong, Seocho-Gu, Seoul, Korea

The Korean edition is published by arrangement with Charisma House.
All rights reserved.

본 저작물의 한국어판 저작권은 Charisma House와의 독점 계약으로
한국어 판권은 "순전한 나드"가 소유합니다.
저작권자의 허락 없이 이 책의 일부 또는 전체를
무단 복제, 전재, 발췌하면 저작권법에 의해 처벌을 받습니다.

LOVING GOD
사랑하는 하나님
마이크 비클의 365일 묵상집

마이크 비클 지음
정성경 옮김

하나님과의

친밀한 여정을 위한

매일의 묵상

Day 1

하나님이 우리를 사랑하시는 사랑을 우리가 알고 믿었노니
하나님은 사랑이시라 사랑 안에 거하는 자는 하나님 안에 거하고
하나님도 그의 안에 거하시느니라

요일 4:16

하나님이 어떠한 분이신지 얼굴과 얼굴을 마주해 본 사람이라면, 그 누구도 이전과 같을 수는 없을 것입니다. 그분의 참된 성품을 마주할 때, 우리의 감정은 그 깊은 곳까지 만짐을 받게 되며, 이러한 하나님의 손길은 우리의 영을 온전함과 성숙함으로 인도합니다.

나의 기도

주님, 이 세상의 다른 그 무엇보다도 주님 안에서 성장하고 더 깊이 교제하기를 원합니다. 당신을 있는 그대로 제게 보여 주셔서, 제 삶도 주님의 삶처럼 변화되게 하시고, 주님과 늘 함께 동행하는 삶 되게 하시옵소서. 아멘.

> 하나님의 하나님 되심과 그 행하신 일들을 바라볼 때,
> 우리의 마음은 새롭게 변화를 받으며 힘을 얻게 된다.

Day 2

진리를 알지니 진리가 너희를 자유롭게 하리라
요 8:32

오늘 성경 구절에서 예수님께서는 우리가 진리를 알게 될 것이고, 그 진리가 우리를 자유케 할 것이라고 말씀하고 계십니다. 자유케 되기 위해 우리가 알아야 할 진리는 과연 무엇일까요? 가장 먼저 그리고 가장 중요하게 던져 보아야 할 질문은 "하나님은 누구신가?", "하나님은 어떠한 분이신가?", "하나님은 어떤 성품을 가지고 계신가?" 일 것입니다.

나의 기도

주님, 당신의 진리가 저를 자유케 하기를 원합니다. 주님을 더욱 닮고 싶습니다. 삶으로 직접 보여 주신 그 성품들이, 제 삶에서도 나타나기를 소망합니다. 제 삶의 모습들 가운데, 주님의 성품을 닮지 못한 부분들이 있음을 깨닫습니다. 주님의 진리가 저의 부족한 모습들을 비춰 주실 때에, 저의 부족함을 극복하게 하시고, 자유케 하시옵소서.

> 우리의 감정은 우리의 마음을 반영한다.

Day 3

나는 여호와라 나 외에 다른 이가 없나니 나 밖에 신이 없느니라
너는 나를 알지 못하였을지라도 나는 네 띠를 동일 것이요
해 뜨는 곳에서든지 지는 곳에서든지 나 밖에 다른 이가 없는 줄을 알게 하리라
나는 여호와라 다른 이가 없느니라

사 45:5-6

우리가 이 땅의 권위적인 인물들과 맺어 온 관계는 하나님은 누구시며 어떠한 분이신지에 대한 우리의 생각에 자연스럽게 영향을 주게 됩니다. 그러므로 권위적인 인물에 대해 왜곡된 생각을 가지고 있다면, 그 생각은 곧바로 하나님에 대한 왜곡으로 이어지게 됩니다.

나의 기도

하나님 아버지, 이 땅에서 제가 맺어 온 관계들이, 때로는 당신이 어떠한 분이신지 온전히 이해하는데 방해가 됨을 알았습니다. 하나님에 대한 저의 생각이 왜곡되는 것을 원치 않습니다. 말씀을 읽고 공부할 때에 성령님의 인도하심을 받아, 당신을 정확히 알아갈 수 있도록 이끌어 주시옵소서.

**지속적으로 새로움과 자유함을 얻기 위해서는
하나님에 대한 우리의 생각이 새롭게 되어야 한다.**

Day 4

우리 주는 위대하시며 능력이 많으시며
그의 지혜가 무궁하시도다 여호와께서 겸손한 자들은 붙드시고
악인들은 땅에 엎드러뜨리시는도다

시 147:5-6

우리의 내면 깊은 곳에서는 진짜 하나님의 성품을 어떻게 생각하고 있을까요? 마음의 가장 은밀한 곳에서 이 질문에 어떻게 답변하는지에 따라서, 당신의 영의 미래는 달라질 것입니다. 하나님을 향해 가지고 있는 우리의 잘못된 생각은, 부정적인 감정으로 우리에게 돌아올 것입니다.

나의 기도

하나님, 당신의 멋진 성품에 제가 초점을 맞출 수 있도록 도와주시고, 마음에서부터 하나님에 대해 가지고 있는 잘못된 생각을 없애 주시옵소서. 당신은 나의 훌륭한 선생이시며, 위대한 나의 하나님, 영원한 나의 아버지, 평강의 왕 되십니다.

교회가 가지고 있는 가장 큰 문제는
하나님의 마음을 완전히 잘못 알고 있는 것과
왜곡된 시선으로 바라보는 데 있다.

Day 5

보라 아버지께서 어떠한 사랑을 우리에게 베푸사
하나님의 자녀라 일컬음을 받게 하셨는가
우리가 그러하도다 그러므로 세상이 우리를 알지 못함은 그를 알지 못함이라
사랑하는 자들아 우리가 지금은 하나님의 자녀라 장래에 어떻게 될지는
아직 나타나지 아니하였으나 그가 나타나시면 우리가 그와 같을 줄을 아는 것은
그의 참모습 그대로 볼 것이기 때문이니

요일 3:1-2

하나님께서는 자신을 나타내심으로, 여러분의 굶주린 심령을 만족시켜 주실 것입니다. 그분의 놀라운 권능과 거룩함을 경험할 때에, 우리는 이 세상 유혹을 이겨 낼 힘을 얻게 됩니다.

나의 기도

하늘에 계신 나의 아버지, 저를 향한 주님의 놀라운 사랑에 대해 더욱더 알아가기를 원합니다. 저를 압도하는 당신의 사랑과 매일 조금 더 당신과 가까워질 수 있다는 희망이 저를 설레게 합니다. 아버지, 제가 당신을 원하고 또 원하오니 넘치도록 채워 주시옵소서.

하나님은 예수 그리스도의 뛰어나심과 온전하심
그리고 그분의 열정에 대해 우리가 더 깊이 이해할 수 있도록
우리를 거룩함으로, 열정적인 사랑의 자리로 부르신다.

Day 6

하나님이여 주의 도는 극히 거룩하시오니
하나님과 같이 위대하신 신이 누구오니이까

시 77:13

우리를 향한 하나님의 마음에 집중할 때 그리고 우리를 위한 그분의 열정적인 사랑을 경험할 때, 우리는 이 세상의 유혹을 이길 준비를 할 수 있습니다. 삶의 여정 가운데 하나님의 완전하심을 이해하기 위해, 말씀을 읽을 때 네 가지 요소에 집중하며 읽어 보세요.

- 하나님은 누구신가?
- 하나님은 어떠한 일들을 행하셨는가?
- 나는 무엇을 받을 수 있는가?
- 나는 무엇을 해야 하는가?

우리는 주로 마지막 세 가지, 그리스도 안에서 하나님이 우리를 위해 무엇을 해 주셨는지, 하나님의 자녀로서 받는 용서와 기업은 무엇인지 그리고 하나님과 동행하면서 우리는 무엇을 해야 하는지에만 중점을 둡니다. 애처롭게도 "하나님은 누구신가?"라는 근본적인 질문은 우리의 메시지에서 종종 빠져 버립니다.

나의 기도

아버지, 그 무엇보다도 저에게 있어 하나님이 누구신지를 알기 원합니다. 저를 위해 행하신 모든 일들과 주신 축복으로 인해 감사합니다. 지금 이 순간, 제 삶에 당신이 어떤 분이신지를 명확하게 나타내 주시옵소서. 아멘.

이 시대에 가장 필요한 것은, 하나님의 성품을 알리는 것이다.

Day 7

어느 때나 하나님을 본 사람이 없으되
만일 우리가 서로 사랑하면 하나님이 우리 안에 거하시고
그의 사랑이 우리 안에 온전히 이루어지느니라…
하나님이 우리를 사랑하시는 사랑을
우리가 알고 믿었노니 하나님은 사랑이시라
사랑 안에 거하는 자는 하나님 안에 거하고
하나님도 그의 안에 거하시느니라

요일 4:12,16

하나님이 진정 누구신지 아는 것과, 그분의 열정을 경험하는 것에는 강력하고도 끈끈한 관계가 있습니다. 우리를 향한 하나님의 열정적인 사랑에 대해 깨달을 때, 하나님을 향한 우리의 끊임없는 사랑과 열정도 비로소 눈을 뜨게 됩니다.

나의 기도

하나님, 말씀이 당신에 대한 많은 것을 가르쳐 주었습니다. 하지만 단순히 주님을 아는 것에 그치지 않고, 주님을 경험하기 원합니다. 저를 향한 당신의 열정적인 사랑을 느낄 수 있도록 도와주시옵소서.

우리가 사랑함은 그가 먼저 우리를 사랑하셨음이라(요일 4: 19)

Day 8

그러나 여호와께서 기다리시나니 이는 너희에게 은혜를 베풀려 하심이요
일어나시리니 이는 너희를 긍휼히 여기려 하심이라
대저 여호와는 정의의 하나님이심이라 그를 기다리는 자마다 복이 있도다

사 30:18

하나님의 마음과 관련해 우리가 간파해야 할 사실이 하나 있습니다. 그분의 마음은 그분의 자녀들에게 기끼이 있다는 것입니다. 하나님의 마음은 우리의 손이 닿을 수 있는 곳에 있습니다. 우리더러 가지라고 있는 것입니다. 즉, 하나님께 접근할 수 있다는 말입니다. 그분은 자신을 만날 수 있게끔 허락하셨습니다. 다만, 문제는 우리가 예수님께 얼마나 열정적일 수 있냐는 것입니다. 한계선이 있다면 그것은 저와 여러분들이 그은 선이지, 하나님께서 그으신 선이 아닙니다.

나의 기도

자비로우신 하나님, 제가 갈망하는 것은 당신을 향한 저의 열정이 날마다 커지는 것입니다. 당신을 사랑함에 있어 제한을 두었던 저를 용서하여 주시옵소서. 제가 세운 장애물들과 장벽들을 제거하여 주시고, 당신을 향한 사랑으로 가득 채워 주시옵소서.

중요한 것은 당신이 얼마나 하나님과 친밀하기 원하느냐이다.

Day 9

주는 영이시니 주의 영이 계신 곳에는 자유가 있느니라
우리가 다 수건을 벗은 얼굴로 거울을 보는 것같이 주의 영광을 보매
그와 같은 형상으로 변화하여 영광에서 영광에 이르니
곧 주의 영으로 말미암음이니라

고후 3:17-18

하나님의 자비로우심을 알고 바라볼 때, 변화를 받고 거룩한 불을 받는다는 약속은 누구에게나 열려 있습니다. 얼마나 약하고 강하냐에 상관없이, 이전의 실패와 상관없이, 본래 기질 또는 성격과 관계없이, 당신은 예수님을 향한 열정으로 불타오를 수 있습니다.

나의 기도

아버지, 제가 변화되어 더욱 하나님을 닮아갈 수 있다는 사실이 큰 희망이 됩니다. 저의 인간적인 생각으로는 이해할 수 없을 만큼 제 안에서 역사해 주셔서, 당신의 성품이 제 삶에서 나타나게 하시옵소서.

내 생애 첫 20년이 나에게 가르쳐 준 것이 있다면,
예수님을 향한 열정이 인간의 노력이나 열심으로부터 오는 것이 아니라는 것이다.

Day 10

너희가 성경에서 영생을 얻는 줄 생각하고 성경을 연구하거니와
이 성경이 곧 내게 대하여 증언하는 것이니라
그러나 너희가 영생을 얻기 위하여 내게 오기를 원하지 아니하는도다

요 5:39-40

살면서 처음으로 열심만으로는 안 되는 것이 있다는 것을 알게 되었습니다. 저의 영적인 실패를 비난하며 모든 것이 제게서 등을 돌렸고, 적이 되었습니다. 저의 인간적인 열심은 제 마음을 전달해 주기에는 부족했습니다. 하나님과 사람을 향한 저의 분노는 커져만 갔고 거기에 죄책감이라는 짐마저 더해졌습니다. 그 당시 스무 살도 채 되지 않았던 저는, 제 자신을 영적인 실패자로 보기 시작했고, 그로 인해 좌절감으로 똘똘 뭉쳐졌습니다.

나의 기도

주님, 저 또한 한때는 영적인 실패자처럼 느꼈습니다. 오직 주님을 향한 열정으로 불타오를 수 있도록 도와주옵소서.

어느 날 문득, 성경을 공부하면서도
정작 성경이 이야기하고 있는 분이신 하나님과의 관계는 즐거워하지 않는
종교적인 바리새인의 모습을 나에게서 보았다.

Day 11

이에 일어나서 아버지께로 돌아가니라
아직도 거리가 먼데 아버지가 그를 보고 측은히 여겨
달려가 목을 안고 입을 맞추니

눅 15:20

어느 날 탕자의 이야기를 읽고 있을 때였습니다. 위 누가복음의 구절에 탕자의 아버지와 관련하여 사용된 동사가 살아 움직이기 시작했습니다. 저는 수없이 하나님께서 저를 어떻게 생각하고 계실지 궁금해 했습니다. 그런데 문득 이 탕자의 아버지를 통해 하나님의 얼굴과 마음을 엿볼 수 있었습니다. 하늘에 계신 내 아버지는 나를 바라보시며, 내게 뛰어오시며, 울고 웃으시며, 안아 주시고 입을 맞춰 주시는 그런 하나님이셨습니다! 내 아버지는 나를 격려하시고, 내게 확신을 주시며, 칭찬하시는 애정이 많으신 자비로운 하나님이셨습니다.

나의 기도

주님, 탕자에게 그러하셨듯이 저를 바라봐 주시고, 긍휼히 여겨 주시고, 제게 뛰어와 안아 주시며, 입 맞춰 주시옵소서. 주님, 저 또한 당신을 향한 사랑을 끊임없이 표현하겠습니다.

**하나님은 우리를 주체할 수 없을 정도로 사랑하시며,
우리를 안아 주시는 분이시다.**

Day 12

아버지는 종들에게 이르되
제일 좋은 옷을 내어다가 입히고 손에 가락지를 끼우고 발에 신을 신기라
그리고 살진 송아지를 끌어다가 잡으라 우리가 먹고 즐기자
이 내 아들은 죽었다가 다시 살아났으며
내가 잃었다가 다시 얻었노라 하니 그들이 즐거워하더라

눅 15:22-24

방황하던 아들이 돌아왔을 때 기쁨에 겨워하던 탕자의 아버지처럼, 하나님께서는 제가 그분의 임재 가운데로 들어갈 때에 형용할 수 없이 기뻐하십니다. 제가 성숙하지 못하거나 실패할 때에도, 저를 기뻐하시는 분이 하나님이십니다. 우리는 하나님을 행복하게 해 드리기 위해 발버둥칠 필요가 없습니다. 이미 우리를 기뻐하시기 때문입니다. 하나님 아버지는 우리를 응원하시며, 열렬하게 우리의 이름을 부르시는 분이십니다.

나의 기도

아버지, 당신의 사랑이 제 삶을 변화시켰고, 저의 영혼을 새롭게 하였습니다. 저를 아버지의 자녀로 부르셨다는 것을 아는 사실만으로도 제 마음에 기쁨이 차고 넘칩니다.

하나님의 사랑에 대해 이해하는 여정을 시작했고
곧 그 사랑은 나의 삶을 송두리째 바꾸어 버렸다.
그 사랑은 나의 죄책감을 거룩한 담대함과
그분을 향한 사랑으로 변화시켜 주셨다.

Day 13

> 여호와여 주의 긍휼하심과 인자하심이 영원부터 있었사오니…
> 여호와여 내 젊은 시절의 죄와 허물을 기억하지 마시고
> 주의 인자하심을 따라 주께서 나를 기억하시되
> 주의 선하심으로 하옵소서
>
> 시 25:6-7

한아름 부끄러움을 끌어안고, 주님의 보좌 앞에 머리 숙여 무거운 발걸음으로 나아가는 저를 보신 하나님께서는, 당신도 탕자의 아버지처럼 사랑과 온유함으로 움직이시는 분이라는 것을 깨닫게 해 주셨습니다. 이 놀라운 진실은 제 영혼을 강타했고, 제 마음을 기쁨으로 가득 채웠습니다. 제 육신의 아버지가 아무 이유 없이 저를 사랑했듯 지금껏 하나님도 그렇게 저를 사랑해 오셨음에도 불구하고, 저는 하나님께서 저를 좋아해 주셨으면 해서, 그분을 기쁘게 해 드리려고 무던히도 애를 썼었습니다.

나의 기도

하나님, 제 육신의 아버지를 포함한 이 세상 그 누구도, 당신만큼 저를 사랑하신 분은 없습니다. 어린아이처럼 기어가 당신의 품에 안겨, 죄로 가득한 저의 삶에서 저를 건져 올리시는 것을 느끼고 싶습니다. 당신은 나의 아빠, 나의 아버지 그리고 하늘에 계신 아버지 되십니다.

**하나님께서는 그의 사랑의 품으로 우리를 들어 올리시려고,
우리를 향해 두 팔 벌리고 계신다.**

Day 14

또한 모든 것을 해로 여김은 내 주 그리스도 예수를 아는 지식이 가장 고상하기 때문이라 내가 그를 위하여 모든 것을 잃어버리고 배설물로 여김은
그리스도를 얻고 그 안에서 발견되려 함이니 내가 가진 의는 율법에서 난 것이 아니요
오직 그리스도를 믿음으로 말미암은 것이니 곧 믿음으로 하나님께로부터 난 의라

빌 3:8-9

하나님을 저의 열심으로 기쁘게 해 드리려 했던 시절에는, 하나님의 거룩함에만 초점을 뒀고, 그 때문에 제가 하나님의 거룩함에 도달할 수 없다는 생각만 하게 됐습니다. 사도 바울처럼, 저는 저의 죄와 나약함을 마주하게 된 것입니다. 사도 바울은 예수님의 영광을 본 결과 예수님을 향한 열정으로 가득 차게 되었습니다. 영광스러운 사람을 알게 된 가치는 실로 놀라운 것입니다. 사도 바울이 예수님과 더 깊이 교제할 수 있을까 싶어 다른 모든 것을 배설물로 여긴 것처럼 말입니다.

나의 기도

하나님, 제 육신의 나약함을 마주하는 것이 싫습니다. 하지만 싫다고 저의 나약함을 외면하여 당신의 영광스러움을 깨닫지 못한다면, 당신을 닮아가지 못할 것입니다. 저를 나약하게 하는 모든 원인들을 보여주시옵소서.

> 내 죄를 보았을 때, 나 스스로 내 마음을
> 변화시킬 능력이 없다는 것을 직면하게 됐다.

Day 15

너의 하나님 여호와가 너의 가운데에 계시니
그는 구원을 베푸실 전능자이시라
그가 너로 인하여 기쁨을 이기지 못하시며
너를 잠잠히 사랑하시며
너로 말미암아 즐거이 부르며 기뻐하시리라 하리라

습 3:17

하나님께서 저를 실패자로 낙인 찍으셨다는 저의 오해는, 제 자신을 스스로 괴로운 비난 속에서 살게 만들었습니다. 그분은 저의 실패는 중요하게 생각하지 않으셨습니다. 제가 실패를 하더라도, 하나님을 기쁘게 해 드리고 싶어 했던 저의 진실한 마음을 기뻐하셨고 가치 있게 여기셨기 때문입니다.

나의 기도

아버지 감사합니다. 제 마음의 진실함을 보시고, 저의 실패를 보지 않으심을 감사합니다. 제가 진심으로 당신의 뜻을 따르고 싶습니다. 저를 향해 가지고 계시는 계획들을 가르쳐 주시옵소서. 주님, 저는 당신의 것입니다. 저의 모든 것이 당신의 것입니다. 원하시는 대로 사용하여 주시옵소서. 아멘.

**내 영적인 실패와 미성숙함 가운데서
나를 향한 그분의 사랑을 조금이나마 이해하기 시작했다.**

Day 16

옛적에 여호와께서 나에게 나타나사
내가 영원한 사랑으로 너를 사랑하기에 인자함으로 너를 이끌었다 하였노라…
그들이 울며 돌아오리니 나의 인도함을 받고 간구할 때에
내가 그들을 넘어지지 아니하고 물 있는 계곡의 곧은 길로 가게 하리라
나는 이스라엘의 아버지요 에브라임은 나의 장자니라

렘 31:3,9

아버지와 같은 하나님의 마음을 알았을 때, 미성숙하고 문제를 일으키는 영적인 갓난아기 같았던 저는, 마치 영적으로 성숙한 그분의 아들 중 한 명이 영적 학교에서 우수하게 졸업했을 때 느낄 만한 스릴감을 느꼈습니다. 하늘에 계신 아버지는 제가 성장하는 동안 미성숙한 저를 혐오하시거나, 한숨을 푹푹 내쉬며 저를 기다리지 않으셨습니다. 성장해 가는 도중에도 저를 사랑하셨고 갈망하셨습니다. 제가 부족해도 저를 자랑스러워 하셨고, 저로 인해 즐거워하셨습니다.

나의 기도

아버지, 지금 제 자신이 미성숙하여 문제를 일으키는 영적인 유아일지도 모르겠습니다. 하지만 저를 너무 사랑하셔서, 있는 모습 그대로 사랑해 주시니 감사합니다. 이 사실을 마냥 받아들여 믿기가 쉽지 않지만, 그래도 제 마음은 벅차오릅니다.

하나님 안에서 믿음이 생기면서, 하나님을 향한 내 마음이 따뜻해지고 부드러워지기 시작했다.

Day 17

그 때에 처녀는 춤추며 즐거워하겠고 청년과 노인은 함께 즐거워하리니
내가 그들의 슬픔을 돌려서 즐겁게 하며
그들을 위로하여 그들의 근심으로부터 기쁨을 얻게 할 것임이라
내가 기름으로 제사장들의 마음을 흡족하게 하며
내 복으로 내 백성을 만족하게 하리라 여호와의 말씀이니라

렘 31:13-14

주님이 정말 저를 사랑하시고 인정해 주신다는 것을 깨달았을 때, 제 마음은 기대감으로 한껏 부풀었고, 그분 앞에서 자신감이 생겼습니다. 정말이지 꿈만 같은 현실이었습니다! 저는 너무 기뻐서 울어버렸습니다. 눈물이 그쳤을 때는 분노, 쓸쓸함, 죄책감 그리고 비난하는 마음이 제 마음 가운데서 사라지기 시작하는 것을 느꼈습니다. 꺼져버릴 듯 작디작은 저의 인간적인 열심 대신, 영광스러운 그분을 위한 열정적인 사랑으로 가득 찼습니다. 그분의 강렬한 헌신과 불타는 듯한 사랑은, 제 육신의 아버지의 사랑을 훨씬 능가하는 것이었습니다…. 그리고 저는 더 이상 이전과 같을 수 없음을 알게 되었습니다.

나의 기도

하나님, 온 세상 만물을 창조하신 당신이 진실로 저의 친구가 되심을 알았습니다. 당신의 그 우정이 저를 흥겹게 합니다. 당신을 향한 사랑으로 제 마음을 채워주시니 감사합니다. 제 삶을 당신을 사랑하고 섬기는 데 사용하겠습니다.

나를 향한 주님의 크신 사랑을 이해하는 순간,
그분을 향한 사랑으로 내 마음이 다시 불붙기 시작했다.

Day 18

네가 하나님의 오묘함을 어찌 능히 측량하며
전능자를 어찌 능히 완전히 알겠느냐
하늘보다 높으시니 네가 무엇을 하겠으며
스올보다 깊으시니 네가 어찌 알겠느냐
욥 11:7-9

이 세상은 안타깝게도, 매일 하나님의 탁월하심에 대해 잘 알지 못하는 사람들에 의해 영향을 받고 있습니다. 많은 피조물들이 그 지으신 창조주가 뛰어나시며, 경쟁자가 없으시며 우월하시다는 것을 잘 모르거나 아예 관심조차 가지지 않습니다. 하나님이 탁월하시다 함은 우리의 현실세계 안에 존재하실 뿐 아니라, 그 너머에도 존재하신다는 말입니다. 다른 말로 하면, 우리와 같지 않은 전혀 다른 분이시라는 뜻입니다. 하나님께서는 그가 지으신 우주보다도 크시며, 지으신 창조물 중 가장 지혜로운 자도 그 높으심을 측량하지 못할 만큼 높은 곳에 계십니다.

나의 기도

아버지, 오늘 잠시 멈추어 제가 아는 하나님, 제 삶에 역사하시는 하나님에 대해 모두 다시 재조명해 보려 합니다. 저는 결코 당신을 완전히 이해하지 못할 것입니다. 하지만 아버지, 제 삶의 여정에서 당신을 조금씩 더 알아가기를 원합니다.

> 우리의 속사람은 매일 하나님에 대한 온전한 지식과
> 그분의 영광에 대해 더욱 알아가는 새로움을 입는 과정 가운데 있다.

Day 19

여호와께서 그가 보려고 돌이켜 오는 것을 보신지라
하나님이 떨기나무 가운데서 그를 불러 이르시되
모세야 모세야 하시매 그가 이르되 내가 여기 있나이다 하나님이 이르시되
이리로 가까이 오지 말라 네가 선 곳은 거룩한 땅이니 네 발에서 신을 벗으라
또 이르시되 나는 네 조상의 하나님이니
아브라함의 하나님 이삭의 하나님 야곱의 하나님이니라
모세가 하나님 뵈옵기를 두려워하여 얼굴을 가리매

출 3:4-6

구약시대에는 하나님께서 사람에게 자신을 나타내실 때, 압도적인 두려움과 떨림이 있었습니다. 그와는 반대로, 오늘날 이 시대는 하나님의 초월성에 눈이 가려져 있어, 충격적일 만큼 오히려 하나님을 무시하고 있습니다. 만약 사람들이 우주와 시간을 뛰어넘는 하나님의 절대적 주권에 무지하다면, 하나님을 두려워하지도 않을 것입니다. 하나님을 경외하지 않는다면, 그리고 그 결과에 대해 두려워하지도 않는다면, 그분의 계명을 쉽게 어기게 될 것입니다.

나의 기도

하나님 아버지, 당신의 권위와 능력 앞에 경외함으로 섭니다. 순결하고 거룩한 삶을 살 수 있도록, 저를 거룩함으로 인도하시고, 당신의 영광 앞에 두려움으로 나아갈 수 있도록 인도하여 주시옵소서.

우리 사회의 도덕성이 타락할수록,
우리는 하나님의 위대하심을 깨닫기 어려워진다.

Day 20

내 아들아 네가 만일 나의 말을 받으며
나의 계명을 네게 간직하며 네 귀를 지혜에 기울이며
네 마음을 명철에 두며 지식을 불러 구하며
명철을 얻으려고 소리를 높이며 은을 구하는 것 같이
그것을 구하며 감추어진 보배를 찾는 것 같이 그것을 찾으면
여호와 경외하기를 깨달으며 하나님을 알게 되리니

잠 2:1-5

도대체 우리 사회는 왜 그렇게 하나님을 업신여기며, 관계없는 존재로 여기게 된 건까요? 대답은 간단합니다. 교회가 하나님을 선포하지 않았기 때문입니다! 하나님에 대한 교회의 인식도 너무나도 편협합니다. 하나님의 영광스러운 인격이, 우리 세대에 제대로 선포되지 않았습니다. 하지만 모든 것을 뛰어넘는 하나님의 위대함의 빛줄기가 희미하게나마 우리의 마음에 비춰질 때, 우리는 우리가 받은 구원을 두려움과 떨림으로 점검하며, 하나님 앞에서 조심스럽게 행하기 시작할 것입니다.

나의 기도

아버지, 제가 당신의 이름을 경외할 수 있도록 도와주시고, 당신의 권능을 경시하지 않도록 도와주시옵소서. 당신을 창조주와 온 우주의 하나님으로 경배할 수 있도록 이끌어 주시옵소서.

많은 그리스도인들이 예수님을 말씀으로,
하늘과 땅을 심판하실 거룩한 분으로 보기보다는,
산타클로스 또는 유명한 심리학자 정도로밖에 여기지 않는다.

Day 21

또 그의 몸은 황옥 같고 그의 얼굴은 번갯빛 같고 그의 눈은 횃불 같고
그의 팔과 발은 빛난 놋과 같고 그의 말소리는 무리의 소리와 같더라
이 환상을 나 다니엘이 홀로 보았고
나와 함께한 사람들은 이 환상을 보지 못하였어도 그들이 크게 떨며 도망하여 숨었느니라
그러므로 나만 홀로 있어서 이 큰 환상을 볼 때에 내 몸에 힘이 빠졌고
나의 아름다운 빛이 변하여 썩은 듯하였고 나의 힘이 다 없어졌으나…
한 손이 있어 나를 어루만지기로 내가 떨었더니 그가 내 무릎과 손바닥이 땅에 닿게 일으키고
단 10: 6-8, 10

하나님께서 무척이나 사랑하신 자 다니엘은 큰 환상을 보게 되는 선물을 받았습니다. 그는 숨을 쉴 수도, 말을 할 수도 없었습니다. 그리고 모든 힘이 그에게서 빠져나갔습니다. 다니엘이 환상에서 보았던 주의 사자는 낮은 계급의 천사일 뿐이었습니다. 우리가 미가엘 천사 또는 주님을 보게 된다면 과연 어떻게 될까요? 의심의 여지도 없이, 그러한 종류의 경외감은 우리의 생각에 많은 부분을 변화시킬 것이며, 우리의 예배는 열정으로 불타오르게 될 것입니다. 영적인 계시를 통해 환상을 보든, 눈앞에 펼쳐진 천연색의 환상을 보든, 그것이 주는 영향은 동일할 것입니다.

나의 기도

주님, 환상 가운데 당신을 보길 원합니다. 저에게 나타나 주셔서, 주님을 닮기 위해 제 삶에서 변화되어야 할 부분들을 보여 주시옵소서.

하나님의 거룩하심에 대한 새로운 계시는
항상 우리를 새롭게 하며 빛나게 한다.

Day 22

너희는 하늘로 눈을 들며
그 아래의 땅을 살피라
하늘이 연기 같이 사라지고
땅이 옷 같이 해어지며
거기에 사는 자들이 하루살이 같이 죽으려니와
나의 구원은 영원히 있고
나의 공의는 폐하여지지 아니하리라

사 51:6

만약 더 많은 믿음의 사람들이 하나님께서 변치 않으신다는 것을 이해했더라면 얼마나 좋았을까요? 그분은 변치 않으시는 분이십니다. 하나님은 한 성품을 나타내시기 위해, 또 다른 성품을 멈추지 않으십니다. 예를 들어, 하나님은 그분의 사랑이나 자비로움을 나타내시기 위해 거룩함을 잃지 않으셔도 됩니다. 하나님께서는 그의 성품을 조금도 잃지 않으셔도 되는 분이십니다. 오히려 하나님의 불변의 성품 중 하나가, 하나님의 또 다른 불변의 성품과 대립하는 것처럼 보일 때, 바로 그곳에서 당신은 하나님의 위대함을 희미하게나마 엿볼 수 있을 것입니다.

나의 기도

하나님, 당신이 변치 않으심을 아는 것이 얼마나 놀라운 일인지요. 제 주위의 모든 것이 그리고 제 안의 모든 것이 변하고 혼란스러울 때에, 당신의 사랑으로 저를 지키시며 안전하게 감싸시니 감사합니다.

> 하나님은 지금까지 그러하신 것처럼,
> 영원히 변치 않으실 것이다.

Day 23

주 여호와의 영이 내게 내리셨으니 이는 여호와께서 내게 기름을 부으사
가난한 자에게 아름다운 소식을 전하게 하려 하심이라 나를 보내사
마음이 상한 자를 고치며 포로된 자에게 자유를 갇힌 자에게 놓임을 선포하며…
무릇 시온에서 슬퍼하는 자에게 화관을 주어 그 재를 대신하며
기쁨의 기름으로 그 슬픔을 대신하며
찬송의 옷으로 그 근심을 대신하시고 그들이 의의 나무 곧 여호와께서 심으신
그 영광을 나타낼 자라 일컬음을 받게 하려 하심이라

사 61:1, 3

꽃을 심고 돌봐서 아름다운 화단으로 상을 탄 정원사가 있다고 가정해 봅시다. 그냥 땅에 자란 잡초와, 상을 탄 화단에 난 잡초 중, 정원사는 어떤 잡초를 더 싫어할까요? 답은 너무나도 뻔합니다. 정원사는 자기 화단에 자란 잡초를 더 싫어할 것입니다. 상을 탄 화단의 꽃들이 잡초로 인해 생명력을 빼앗길 것이고, 본인이 공들인 작업의 영광을 망쳐버릴 테니까요. 이와 마찬가지로 하나님께서는 그리스도인들 안에 있는 죄를 더 미워하십니다. 우리는 '주님이 심으신' 그분의 포도원이기 때문입니다. 많은 놀라운 일 중에서도 가장 놀라운 것은, 그리스도와 그분이 십자가에서 행하신 일을 믿는 우리의 믿음으로 인해 하나님께서는 우리를 영원한 사랑으로 사랑하시며, 우리를 완전히 의롭게 여기신다는 것입니다.

나의 기도

아버지, 제 삶 가운데 있는 죄로 인해 당신의 영광스러운 임재와 능력이 사라지는 것을 원치 않습니다. 저에게 그 죄들을 보여주시고, 제 삶에서부터 제거하게 하여 주시옵소서. 주님의 순결함과 거룩함 그리고 의로움만을 원합니다.

**죄의 결과인 영원한 심판은, 하나님께서 악한 죄를
얼마나 혐오하시는지 가장 잘 보여준다.**

Day 24

소망 중에 즐거워하며
환난 중에 참으며
기도에 항상 힘쓰며
성도들의 쓸 것을 공급하며
손 대접하기를 힘쓰라
너희를 박해하는 자를 축복하라
축복하고 저주하지 말라

롬 6:12-14

당신은 하나님의 온전하심과 불변의 거룩함을 이해하기 시작할 때, 그리고 당신을 향한 헤아릴 수 없는 사랑을 깨닫게 될 때, 하나님이 당신의 삶 가운데 있는 죄를 얼마나 미워하시는지 이해되기 시작할 것입니다. 하나님을 아는 지식이 당신의 마음에 깨달음으로 다가올 때, 하나님과 같은 형상으로 변화할 수 있습니다. 죄에 대해 무관심해진 것은, 하나님을 온전히 알지 못하기 때문에 벌어진 일입니다.

나의 기도

아버지, 저를 거룩하게 하여 주시고, 순결한 마음으로 당신을 섬기는 데 방해가 되는 모든 것들을 저에게서부터 제거하여 주시옵소서. 또한 저를 살리기 위하여 자기 목숨을 버리신 당신의 아들을 닮아가게 하여 주시옵소서.

> 십자가의 고난은 하나님의 성품과
> 특성을 가장 잘 보여준다.

Day 25

이 예수를 하나님이 그의 피로써 믿음으로 말미암는 화목제물로 세우셨으니
이는 하나님께서 길이 참으시는 중에 전에 지은 죄를 간과하심으로
자기의 의로우심을 나타내려 하심이니
곧 이 때에 자기의 의로우심을 나타내사 자기도 의로우시며
또한 예수 믿는 자를 의롭다 하려 하심이라

롬 3:25-26

사람들은 저에게 종종 이렇게 질문하곤 합니다. "하나님이 정말 사랑의 하나님이라면 어떻게 인간을 지옥에 보낼 수 있나요?" 하지만 더 올바른 질문은 이것일 것입니다. "만약 하나님이 온전히 거룩하신 분이라면 어떻게 아무나 천국에 들여보내실 수 있을까요?" 역설적으로 한 번만 생각해 보면, 거룩하고 의로우신 하나님께서 죄를 간과하실 수 없는 것은 당연한 일입니다. 하지만 사랑의 하나님께서 죄를 용서하지 않으신다는 사실은, 불변의 거룩함과 무조건적인 사랑이 충돌하는 것처럼 보여집니다. 우리는 바로 여기서 하나님의 위대하심을 엿볼 수 있습니다. 우리의 죄를 사하여 주신 사실보다는, 어떻게 죄를 사하셨는지에 주목해야 합니다. 그분은 자신의 아들을 우리를 위해 희생 제물로 보내셨는데, 이것은 우리를 향한 그분의 사랑의 표현인 동시에, 그분의 의로움도 만족시킨 놀라운 일입니다.

나의 기도

예수님, 제 생명을 위해 당신의 생명을 기꺼이 포기하시고, 저의 죄 때문에 수치스러운 십자가를 대신 지신 것 감사드립니다. 저의 죄를 용서해 주시고, 하늘에서 당신과 함께 영생을 누릴 가치가 있도록 저를 준비시켜 주시옵소서.

**하나님께서는 절대 그분의 거룩하심을 내려놓지 않으시고,
사랑에서부터 돌아서지도 않으신다.**

Day 26

그 여자를 돌아보시며 시몬에게 이르시되 이 여자를 보느냐
내가 네 집에 들어올 때 너는 내게 발 씻을 물도 주지 아니하였으되
이 여자는 눈물로 내 발을 적시고 그 머리털로 닦았으며 너는 내게 입맞추지 아니하였으되
그는 내가 들어올 때로부터 내 발에 입맞추기를 그치지 아니하였으며
너는 내 머리에 감람유도 붓지 아니하였으되 그는 향유를 내 발에 부었느니라
이러므로 내가 네게 말하노니 그의 많은 죄가 사하여졌도다
이는 그의 사랑함이 많음이라 사함을 받은 일이 적은 자는 적게 사랑하느니라

눅 7:44-47

어떤 사람들은 하나님의 사랑에 대해 흐릿한 시선을 가지고 있거나 그 사랑을 잘 이해하지 못해서, 십자가를 소중히 여기지 않는 것 같습니다. 그들은 자신들 안에 내재하고 있는 엄청난 필요도, 하나님의 영광스런 선물도 모르는 채 살아가고 있는 것입니다. 예수님께서는 더 많이 용서받은 자가, 더 많이 사랑할 수 있다고 가르치셨습니다. 여러분도 그리스도께서 우리를 대신해 무엇을 감당하셨는지 조금이라도 이해하게 된다면, 그분을 '더 많이' 사랑할 수 있을 것입니다.

나의 기도

사랑하는 예수님, 당신을 향한 나의 사랑이 넘칩니다. 주님만큼 저를 사랑하는 이가 이 세상 어디에도 없음을 고백합니다. 감사해야 할 일들이 참으로 많음을 다시 한 번 깨닫습니다. 저를 위해 하신 모든 일들로 인해, 저의 삶을 당신을 섬기고 사랑하는 데 바치겠습니다.

하나님을 아는 지식은, 당신 안에 열정을 불러일으킬 것입니다.

Day 27

내가 산 자들의 땅에서
여호와의 선하심을 보게 될 줄 확실히 믿었도다
너는 여호와를 기다릴지어다
강하고 담대하며 여호와를 기다릴지어다
시 27:13-14

개구쟁이 데니스(Dennis the Menace)라는 만화에 보면, 데니스와 그의 친구가 윌슨 부인의 집에서 양손에 쿠키를 들고 나오는 장면이 있습니다. 데니스의 친구는 자기가 쿠키를 받을 만한 일을 한 적이 있는가 의아해 합니다. 그때, 데니스가 설명을 해 줍니다. "윌슨 부인은 우리가 착하기 때문에 쿠키를 주신 것이 아니야. 윌슨 부인이 착하셔서 주신 것이지." 이 이야기를 우리에게 적용해 본다면, 하나님께서 우리를 축복하시는 것은 우리가 선하기 때문이 아니라, 하나님께서 선하시기 때문입니다. 이것을 이해하면 우리의 의로움과 믿음에 의존하는 대신, 하나님 앞에서 자신감과 믿음을 가질 수 있게 됩니다.

나의 기도

그 선하심으로 제 삶을 풍성하게 축복하신 하나님, 당신은 선하십니다! 당신의 선하심으로 인해, 제가 자신감과 믿음을 얻습니다. 신실하게 제 삶을 당신께 바칩니다.

**우리는 원하는 것을 얻어내려 하나님을 협박하거나
그분께 짜증을 부릴 수 없다.**

Day 28

하늘이 하나님의 영광을 선포하고
궁창이 그의 손으로 하신 일을 나타내는도다
날은 날에게 말하고 밤은 밤에게 지식을 전하니
언어도 없고 말씀도 없으며 소리도 없으나
그의 소리가 온 땅에 통하고 그의 말씀이 세상 끝까지 이르도다
하나님이 해를 위하여 하늘에 장막을 베푸셨도다

시 19:1-4

하나님의 마음과 생각과 성품을 알면 알수록, 우리는 타협과 불안함에서 자유할 수 있으며, 그분을 위해 의롭게 빛나고 거룩하게 타오르고 싶은 열망이 생깁니다. 예수님을 개인적으로 알고 경험하면, 순종과 열심의 불이 붙습니다. 또한 쉬지 못하거나, 불평하는 것에서 멈출 수 있게 됩니다. 하나님과 친밀해져서 새로운 깊이로 들어가면, 우리의 마음은 이미 그분에게 사로잡혔기 때문에 지루할 틈이 없습니다.

나의 기도

하나님, 매번 제 삶에 침입하는 타협이 싫습니다. 거룩한 열정과 의로 채워지길 갈망합니다. 순종하지 못하는 제 영혼과 부주의한 마음을 용서하여 주시고, 저를 향한 당신의 사랑을 조금이라도 새롭게 맛볼 수 있게 하여 주시옵소서.

**오늘날 교회에게 가장 필요한 것은,
형용할 수 없는 하나님의 영광을 보고, 알고, 발견하는 것이다.**

Day 29

내가 여호와의 인자하심을 영원히 노래하며
주의 성실하심을 내 입으로 대대에 알게 하리이다
내가 말하기를 인자하심을 영원히 세우시며
주의 성실하심을 하늘에서 견고히 하시리라 하였나이다

시 89:1-2

예수님께서는 요한에게 그의 불같은 성격 때문에 '우레의 아들'이라는 이름을 붙여 주셨습니다. 이런 요한은 가장 두드러지는 제자들 중 한 명이었습니다. 예수님과 함께 동행했을 때, 그의 불같던 이기적인 야망이 주님을 향한 불같은 열정으로 변했습니다. 요한이 직접 쓴 요한복음은 그가 주님으로부터 많은 사랑을 받았음을 분명히 보여주고 있습니다. 요한은 예수님과 가장 가까웠던 세 제자 중 한 명이었습니다.

나의 기도

아버지, 당신의 친구가 되고 싶습니다. '하나님의 친구'라 불리기 합당한 자가 되기를 소망합니다. 저의 이기적인 야망을 가져가시고, 제가 하는 모든 일에서 당신을 기쁘게 해 드리고 싶은 열망을 주시옵소서.

생명의 말씀이 요한을 예수님의 가장
친한 친구라 기록한 것에 대해 생각해 보라(요 13:23).

Day 30

몸을 돌이켜 나에게 말한 음성을 알아보려고 돌이킬 때에
일곱 금 촛대를 보았는데 촛대 사이에 인자 같은 이가 발에 끌리는 옷을 입고
가슴에 금띠를 띠고 그의 머리와 털의 희기가 흰 양털 같고 눈 같으며 그의 눈은 불꽃 같고
그의 발은 풀무불에 단련한 빛난 주석 같고 그의 음성은 많은 물 소리와 같으며
그의 오른손에 일곱 별이 있고 그의 입에서 좌우에 날선 검이 나오고
그 얼굴은 해가 힘 있게 비치는 것 같더라
내가 볼 때에 그의 발 앞에 엎드러져 죽은 자 같이 되매
그가 오른손을 내게 얹고 이르시되 두려워하지 말라 나는 처음이요 마지막이니

계 1:12-17

요한이 충성되게 섬긴 주님께서 입이 떡 벌어지는 위대한 영광으로 요한 앞에 나타나셨을 때, 요한은 "그분의 발 앞에 엎드러져 죽은 자 같이"되었습니다(계 1:17). 60년 이상 충성되게 섬긴 사랑하는 주님을 잠시 본 것만으로 그가 얼마나 영적으로 성장했을지 상상해 봅시다. 소멸하는 주님의 영광의 한 부분에 조금이라도 노출이 될 때, 요한이 그랬던 것처럼, 우리는 죄에서 자유롭게 살고 싶은 욕망이 생기고 이기심을 저버리게 되며, 우리 자신을 기꺼이 주님께 드리고 싶은 욕망이 생길 것입니다.

나의 기도

예수님, 세상 것은 다 가져가시고, 당신과 당신의 영광만을 더욱더 주시옵소서. 당신의 사랑으로 나를 소멸하시고, 당신의 뜻 안에서 저를 견고하게 하시옵소서.

그분의 아름다움을 바라볼 때, 그분과 닮지 못한 부분에 있어서
기쁜 마음으로 완전히 죽기를 원하게 된다.

Day 31

우리가 다 수건을 벗은 얼굴로
거울을 보는 것 같이 주의 영광을 보매
그와 같은 형상으로 변화하여 영광에서 영광에 이르니
곧 주의 영으로 말미암음이니라

고후 3:18

예수님께서 이 땅에 계실 때, 그분의 영광은 인간의 육신에 감춰져 있었습니다. 성경에 보면, 수건은 하나님의 영광을 가리는 데 사용되었습니다. 영광을 감추기 위해 모세는 얼굴을 수건으로 가렸고, 장막 안에서는 하나님의 거룩하심과 영광을 감추기 위해 가릴 것이 필요했으며, 히브리 기자는 "휘장이 곧 그의 육체라"고 했습니다(히 10:20). 고린도 교회에 보내는 편지에서 바울은, 하나님의 영광을 가리기 위해 사용된 베일 한 가지를 더 언급합니다. 그것은 사람들이 그리스도의 영광을 바라보지 못하도록, 그들의 마음을 가리는 베일이었습니다.

나의 기도

아버지, 제 삶 가운데 당신의 영광을 가리는 것들이 있기를 원치 않습니다. 제 마음을 가리는 것들과, 하나님을 하나님 되게 보지 못하도록 방해하는 것들을 제거하여 주시옵소서.

**영화롭게 되신 그리스도를 알게 하는 참된 계시는
당신을 변화시킬 것이다.**

Day 32

남방 삼림에게 이르기를 여호와의 말씀을 들을지어다
주 여호와의 말씀에 내가 너의 가운데 불을 일으켜
모든 푸른 나무와 모든 마른 나무를 멸하리니 맹렬한 불꽃이 꺼지지 아니하고
남에서 북까지 모든 얼굴이 그슬릴지라 무릇 혈기 있는 자는
나 여호와가 그 불을 일으킨 줄을 알리니
그것이 꺼지지 아니하리라 하셨다 하라 하시기로

겔 20:47-48

사탄은 하나님의 사람들을 모욕했습니다. 그리고 하나님을 아는 지식의 근본을 약하게 만들었고 망가트렸습니다. 그들은 예수님을 향한 우리의 열정을 꺼트리고, 우리를 지은 바 된 목적에서 멀어지게 함으로써 승리를 꾀했습니다. 그리고 사탄은 그 일을 훌륭하게 해냈습니다. 그러나 하나님을 아는 지식의 아름다움과 그의 강렬한 빛은, 구속된 자들에게 곧 비춰지기 직전이며, 그때가 되면 지옥의 어두운 권세는 그 빛을 이길 수 없습니다.

나의 기도

주님, 당신의 영광을 내 마음에 비춰 주시옵소서. 제 삶 속에 사탄이 뿌리려 했던 모든 어두움을 몰아내시고 사탄의 시도를 실패로 돌리시어, 주님께서 주신 소명을 좇아 살 수 있게 하여 주시옵소서.

> **하나님의 무기창고에는**
> **여러 세대에 걸쳐 보관된 비밀 무기가 있는데,**
> **그것은 인간으로 오신 예수님을 아는 놀라운 지식이다.**

Day 33

빛이 어두움에 비춰되
어두움이 깨닫지 못하더라

요 1:5

요한은 다른 세 명의 기자들이 복음서를 기록한 지 수년 뒤에 자신의 복음서를 기록했습니다. 그는 뒤돌아보면서, 그리스도 예수를 아는 지식의 저항할 수 없는 성질에 대해 언급했습니다. 주님께서 우리로 하여금 더 깊은 통찰력을 가지고 주님의 아름다움과 베일 벗은 그분의 영광을 보도록 허락하신다면, 타협과 수동성의 문제는 바로 해결될 것입니다. 그리스도의 몸 된 우리는 인격적인 그리스도와 그의 위엄을 재발견하게 될 것입니다. 그리고 재발견하게 됐을 때, 우리는 견줄 수 없는 사랑과 순종으로 우리 자신을 그분께 드리게 될 것입니다.

나의 기도

사랑하는 아버지, 당신의 빛은 제 삶의 빛이며, 당신의 영광은 제 존재의 가장 깊은 틈까지 비춥니다. 제 삶에 당신의 빛을 더욱더 비추시어, 저로 하여금 당신의 위엄과 영광을 바라볼 수 있게 하시옵소서.

**예수 그리스도의 영광의 광채는 교회의 마음을 사로잡아
교회가 새로운 방식으로 다시 한 번 주님을 사랑하게끔 만들 것이다.**

Day 34

아버지여 내게 주신 자도 나 있는 곳에 나와 함께 있어
아버지께서 창세전부터 나를 사랑하시므로
내게 주신 나의 영광을 저희로 보게 하시기를 원하옵나이다
의로우신 아버지여 세상이 아버지를 알지 못하여도 나는 아버지를 알았삽고
저희도 아버지께서 나를 보내신 줄 알았삽나이다
내가 아버지의 이름을 저희에게 알게 하였고 또 알게 하리니
이는 나를 사랑하신 사랑이 저희 안에 있고 나도 저희 안에 있게 하려 함이니이다

요 17:24-26

나의 아내 다이안을 향한 내 사랑과 그녀와 함께 있고 싶어 하는 내 마음은, 그리스도가 그의 신부를 향해 느꼈던 사랑을 이해하는 데 도움을 줬습니다. 방 건너편에 있던 아름다운 금발소녀가 처음 제 눈에 들어왔을 때를 저는 기억합니다. 저는 무지 흥분했었습니다! 지금은 저의 아내가 된 그 소녀 다이안을 방 건너편에서 바라보았을 때 느꼈던 그 강렬한 감정은, 이전에는 한 번도 느껴본 적이 없었습니다. 요한복음 17장에 나오는 그리스도의 기도는 제 마음을 특별히 더 감동시킵니다. 갈보리에서 예언된 죽음을 고작 한 시간 앞둔 상황에서, 주님은 아버지께 그의 신부될 우리를 위해 울부짖으셨습니다.

나의 기도

아버지, 당신이 계신 곳에 제가 있기를 간절히 원합니다. 당신의 아들의 거룩하고 흠 없는 신부가 되고 싶습니다. 당신의 놀라운 임재 안에서 영원토록 교제할 수 있는, 준비된 신부가 되게 하시옵소서.

> 예수님은 그의 신부를 향한 사랑으로 소멸하셨고
> 영원토록 그의 신부와 함께하기를 갈망하셨다.

Day 35

내가 아버지의 이름을 저희에게 알게 하였고
또 알게 하리니 이는 나를 사랑하신 사랑이 저희 안에 있고
나도 저희 안에 있게 하려 함이니이다

요 17:26

요한복음 17장 끝에 나오는 그리스도의 예언적 기도 내용을 보면, 예수님께서 세우실 강력하고 열정적인 교회에 대해 조금이나마 엿볼 수 있습니다. 역사를 보면, 예수님의 초점이 1세대 그리스도인에서 교회로 옮겨지는 것을 알 수 있습니다. 예수님께서는 자신의 죽음 뒤에 자신을 알게 될 사람들을 위해서 중보하십니다. 위의 기도를 통해, 우리는 예수님께서 교회에게 주신 예언적 약속들을 발견할 수 있습니다.

나의 기도

주님, 저는 당신의 교회이며, 성소입니다. 제 삶 가운데 당신의 임재가 충만하여, 다른 이들이 저와 그들을 향한 주님의 크신 사랑을 볼 수 있게 되기를 소원합니다.

하나님의 아들 예수께서 아직 육신을 입고 계실 때에
마지막으로 한 번 더 그의 교회와 사랑하는 신부를 위해
기도하신 것이 얼마나 놀라운 일인가.

Day 36

내가 비옵는 것은 이 사람들만 위함이 아니요 또 저희 말을 인하여
나를 믿는 사람들도 위함이니 아버지께서 내 안에
내가 아버지 안에 있는 것 같이 저희도 다 하나가 되어 우리 안에 있게 하사
세상으로 아버지께서 나를 보내신 것을 믿게 하옵소서
내게 주신 영광을 내가 저희에게 주었사오니
이는 우리가 하나가 된 것 같이 저희도 하나가 되게 하려 함이니이다
곧 내가 저희 안에 아버지께서 내 안에 계셔 저희로 온전함을 이루어 하나가 되게 하려 함은
아버지께서 나를 보내신 것과 또 나를 사랑하심과 같이 저희도 사랑하신 것을
세상으로 알게 하려 함이로소이다

요 17:20-23

이 구절은 그리스도의 기도에 대한 응답이 하늘에만 속해 있지 않다는 것을 보여 줍니다. 응답은 이 땅에서도 일어나, 구원받지 못한 자들에게 증거가 될 것입니다. 예수님의 기도에 대한 응답은 오늘날도 유효합니다. 아버지가 자신을 사랑한 것처럼, 교회가 자신을 사랑하게 해 달라고 기도 드린 예수님의 기도는, 의심할 여지도 없이 응답될 것입니다. 아버지에 의해 지시되었고, 성령님에 의해 활성화되었으며, 아버지의 뜻에 따라 기도했기 때문입니다. 예수님은 한 번도 응답 받지 못할 기도를 하신 적이 없습니다.

나의 기도

주님, 제 영적인 삶 가운데 미지근해지고 무감각해진 부분들이 정말 싫습니다. 성령으로 충만하게 해 주시옵소서. 다른 사람들을 주님께로 끌어당길 수 있는 빛을 가진 등대로 삼아 주시옵소서.

예수님은 이 땅에서
강하고 열정적인 교회를 보게 되길 기도하셨다.

Day 37

> 아버지께서 내게 하라고 주신 일을 내가 이루어
> 아버지를 이 세상에서 영화롭게 하였사오니
> 아버지여 창세전에 내가 아버지와 함께 가졌던 영화로써
> 지금도 아버지와 함께 나를 영화롭게 하옵소서
> 세상 중에서 내게 주신 사람들에게 내가 아버지의 이름을 나타내었나이다
> 저희는 아버지의 것이었는데 내게 주셨으며
> 저희는 아버지의 말씀을 지키었나이다
>
> 요 17:4-6

저는 예수님께서는 아마도 아버지의 빛나는 아름다움과 영원한 광채를 나타내시는 것을 다른 어떤 일보다 즐거워하신다고 생각합니다. 주님의 모든 사역은 그의 아버지의 눈부신 아름다움을 반영했습니다. 때때로 우리는 예수님의 사역을 단지 육체나 감정의 치유 또는 용서에 대한 가르침의 각도에서만 봅니다. 하지만 예수님의 사역을 기적과 용서의 측면으로만 봐서는 안 됩니다. 예수님의 사역 중 가장 중요한 사역이라 할 수 있는 것은, 그의 아버지 되신 빛 되신 하나님을 알리는 일이었습니다.

나의 기도

아버지, 당신의 빛과 아름다움이 너무 커서 제가 이해할 수 없을 정도입니다. 당신의 아름다움을 비추는 삶 되게 하시고, 제 주변 사람들에게 당신의 영광을 나타낼 수 있는 방법을 제게 보여 주시옵소서.

**모든 것이 다 끝났을 때,
예수님께서는 이 땅에서의 사역을 한 마디로 정리하셨다.
"아버지 당신의 이름을 저들에게 알렸습니다."**

Day 38

항상 우리를 그리스도 안에서 이기게 하시고
우리로 말미암아 각처에서
그리스도를 아는 냄새를 나타내시는 하나님께 감사하노라

고후 2:14

사람들은 예수님의 말씀을 듣고, 예수님께서 생활하시는 것을 보고, 완벽하게 균형을 이룬 인성과 흠 없는 성품을 보면서, 하나님 아버지의 아름다움을 잠시나마 볼 수 있었습니다. 아버지를 드러내는 것은 그리스도의 큰 기쁨이었습니다. 저와 여러분도 동일한 특권과 책임을 가지고 있습니다. 우리가 어디를 가든지 하나님을 아는 지식의 달콤한 향기를 내뿜을 수 있도록, 우리를 승리함으로 이끕시다.

나의 기도

하나님 감사합니다! 당신을 바라보며 희망을 가지고 당신을 신뢰할 때, 제가 승리할 수 있도록 이끌어 주시니 감사합니다! 저를 당신의 사랑으로 충만케 하셔서, 이 세상에 달콤한 향기가 되게 하시옵소서.

> "그들에게 당신의 이름을 선포했습니다."
> 이 고백은 3년 반 동안의 공생애 사역 가운데,
> 예수님의 마음에 불타오르던 목적이었다.

Day 39

오직 우리의 시민권은 하늘에 있는지라
거기로서 구원하는 자 곧 예수 그리스도를
기다리노니 그가 만물을 자기에게
복종케 하실 수 있는 자의 역사로 우리의 낮은 몸을
자기 영광의 몸의 형체와 같이 변케 하시리라

빌 3:20-21

하나님께서는 우리가 성령님과 교제하기를 원하십니다. 교제를 하면, 교제를 통해 우리가 변화될 것이고, 변화됨으로 승리하게 될 것이기 때문입니다. 이 승리는 우리 마음과 영혼 그리고 감정에 선한 영향을 주게 될 것입니다. 또한 스스로와 사람들 앞에서 그리고 모든 일상적인 생활 가운데, 하나님을 아는 지식의 달콤한 향기를 내뿜을 수 있게 할 것입니다. 예수님 또한 이러한 향기를 늘 내뿜으셨습니다.

나의 기도

성령님, 매일 당신과 교제할 수 있도록 인도해 주시고, 당신의 능력으로 저를 변화시켜 주시옵소서. 모든 이들이 변화된 저의 삶을 통해, 당신의 능력을 보게 하시옵소서.

하나님의 임재는 종종 달콤한 향기를 동반한다.

Day 40

항상 우리를 그리스도 안에서 이기게 하시고
우리로 말미암아 각처에서 그리스도를 아는 냄새를
나타내시는 하나님께 감사하노라
우리는 구원 받는 자들에게나 망하는 자들에게나
하나님 앞에서 그리스도의 향기니

고후 2:14-15

다른 사람의 행동이나 말, 또는 그 사람의 평안한 영혼에서 하나님을 발견할 때, 우리 마음은 신선한 감동을 받게 됩니다. 하나님의 영이 우리를 속박된 것에서 끊으시거나, 우리를 중독 또는 연약함에서 승리하게 하실 때마다, 우리 하나님 아버지의 영광스런 발자취는 더욱 드러나게 됩니다.

나의 기도

주님, 살면서 만나게 되는 그리스도인들 가운데, 주님의 아름다운 모습을 가진 이들을 봅니다. 사랑하는 주님, 다른 사람들이 저를 알게 되었을 때도, 당신의 아름다운 모습을 볼 수 있게 되기를 기도합니다. 제 삶을 스쳐 지나가는 사람, 또는 제 주변사람들에게 당신의 사랑의 빛을 발하는 자 되게 하여 주시옵소서.

> **가장 기초적인 사역은
> 우리 삶을 통해 하나님을 아는 지식을 나타내는 것이다.**

Day 41

주께 합당하게 행하여 범사에 기쁘시게 하고
모든 선한 일에 열매를 맺게 하시며 하나님을 아는 것에 자라게 하시고
그의 영광의 힘을 따라 모든 능력으로 능하게 하시며
기쁨으로 모든 견딤과 오래 참음에 이르게 하시고
우리로 하여금 빛 가운데서 성도의 기업의 부분을 얻기에
합당하게 하신 아버지께 감사하게 하시기를 원하노라

골 1:10-12

사도 바울이 말했던 '보이지 않는 그리스도의 향기'에는 능력이 있습니다. 그리스도의 향기는 우리로 하여금, 한 차원 더 높은 삶을 살 수 있게 해 주며, 우리 마음을 더 부드럽고 유하게 해 줍니다. 우리는 남을 돌아볼 줄 알게 되고, 불쌍히 여길 줄도 알게 되며, 인내하고 용서할 수 있을 만큼 성장하게 됩니다. 또한 더욱더 민감하게 하나님의 영에 반응할 수 있게 되며, 예수님을 더 닮아갈 수 있습니다. 이렇게 성숙해지기 위해서는 하나님 아버지를 더 친밀하게 알아야만 합니다.

나의 기도

아버지, 제 삶 가운데 기뻐하지 않으시는 것들을 제가 깨달을 수 있게 도와주시옵소서. 성장하고 성숙하여, 당신을 더욱 닮고 싶습니다. 어느 부분에서 제가 더 돌아보고, 불쌍히 여기며, 인내하고, 용서해야 할지 보여주시옵소서.

**우리가 맡은 가장 중요한 사역은
하나님의 아름다운 성품을 다른 사람들에게 나타내는 것이다.**

Day 42

우리를 너희와 함께 그리스도 안에서 굳건하게 하시고
우리에게 기름을 부으신 이는 하나님이시니
그가 또한 우리에게 인치시고
보증으로 우리 마음에 성령을 주셨느니라

고후 1:21-22

막 하나님과의 교제가 친밀해지기 시작했을 때, 저는 그분의 임재를 느끼고자 발버둥쳤습니다. 제 사무실에서 기도하던 날을 기억합니다. 하나님의 발아래 엎드려 15분 가량 혼자 예배를 드리고 있었는데 갑자기 제 사무실로 비서의 전화가 왔습니다. 기도를 방해받아 화가 난 상태에서 수화기를 들어올렸습니다. 하지만 비서의 말을 듣는 순간 순식간에 화가 가라앉았습니다. "하나님께서 말씀하시기를, 당신의 마음을 주님으로 인치라고 하시네요. 지금 당장 이 사실을 알려주기를 원하셔서 전화 드렸어요".

나의 기도

주님, 때때로 당신의 임재가 너무나도 생생하여 손을 뻗으면 닿을 수 있을 것만 같을 때도 있고, 때로는 이 세상의 관심사와 제 이기적인 욕망들로 인해 당신의 임재를 조금도 느끼지 못할 때도 있습니다. 당신과 친밀한 교제를 위해 은밀한 자리로 나아갈 수 있도록 인도하여 주시옵소서.

**주님을 만난 이번 사건을 통해,
나를 향한 열정으로 가득한 하나님의 마음을 알 수 있었다.**

Day 43

그가 어떤 사람은 사도로 어떤 사람은 선지자로
어떤 사람은 복음 전하는 자로 어떤 사람은 목사와 교사로 삼으셨으니
이는 성도를 온전하게 하여 봉사의 일을 하게 하며 그리스도의 몸을 세우려 하심이라
우리가 다 하나님의 아들을 믿는 것과 아는 일에 하나가 되어
온전한 사람을 이루어 그리스도의 장성한 분량이 충만한 데까지 이르리니

엡 4:11-13

예수님은 부활하신 이후에 하나님의 보좌 우편에 앉으셔서 하셔야 할 일들이 무엇인지를 알고 계셨습니다. 가장 우선적으로 아버지의 이름을 온 천하에 알리며, 교회를 향한 아버지의 열정과 갈망, 기쁨을 알리는 것과, 교회가 그 역할을 감당하기 원하시는 마음을 알리는 것이 예수님의 역할이었습니다. 예수님이 재림하셔서 교회를 다시 방문하실 때에는, 계시와 능력으로 오실 것입니다. 말로 다 할 수 없는 주님의 사랑은, 재림 직전에 있을 부흥의 때에 훨씬 더 강력하게 이 땅에 나타날 것입니다.

나의 기도

아버지, 제 삶의 목적과 계획을 보여주시고, 그리스도의 온전하심을 따라 제가 온전할 수 있도록 이끌어 주시옵소서.

성령님의 능력과 계시를 통해,
교회는 하나님 아버지와 그의 아들을 친밀하게 아는 지식으로
충만하게 될 것이다.

Day 44

내 아버지께서 모든 것을 내게 주셨으니
아버지 외에는 아들을 아는 자가 없고
아들과 또 아들의 소원대로 계시를 받는 자 외에는
아버지를 아는 자가 없느니라

마 11:27

예수님의 열정은 아버지를 지속적으로 드러내는 데 있었습니다. 하나님의 보좌 우편에 앉아 하늘에서 사역하고 계시는 지금 이 순간에도, 예수님께서는 그 일을 하고 계십니다. 그리고 앞으로도 영원토록 하실 것입니다. 부활하신 그리스도의 사역을 깊이 경험한 자는, 아름답고 놀라운 하나님의 이름과 그분의 성품에 마음을 빼앗길 것입니다.

나의 기도

아버지, 제가 가장 소원하는 것은 당신의 성품을 제 삶 가운데 나타낼 수 있는 자가 되는 것입니다. 저로 하여금 다른 사람들에게 아버지를 나타내게 하시고, 아버지의 사랑으로 그들의 마음을 사로잡을 수 있게 하여 주시옵소서.

> 오늘날 교회는, 사람들의 마음에
> 하나님을 나타내는 예수님의 현 사역에 동참해야 한다.

Day 45

내가 아버지의 이름을 그들에게 알게 하였고
또 알게 하리니 이는 나를 사랑하신 사랑이 그들 안에 있고
나도 그들 안에 있게 하려 함이니이다
요 17:26

예수님께서는 그리스도의 몸 된 우리가, 하나님께서 예수님을 사랑하시는 것과 동일하게, 예수님을 사랑할 수 있도록 기도하십니다. 이는 참으로 놀라운 기도입니다. 예수님께서 아버지를 나타내시면, 아버지가 아들을 위해 우리의 마음을 사로잡아 주신다는 것입니다. 여기서 삼위일체 하나님의 협력하심을 볼 수 있습니다. 아버지 되신 하나님은 자신이 아들을 사랑하는 것처럼 예수님을 사랑하는 자들을 사랑하시며, 사랑하는 아들을 바라보는 자신의 시선과 같은 시선으로 예수님을 바라보는 자들을 사랑하십니다.

나의 기도
하나님, 당신이 보고 느끼는 것을 보고 느끼는 열정적인 믿음의 사람이 되게 해 주시옵소서. 당신의 아들의 영광을 제 삶에 나타내 주시옵소서.

**하나님이 예수님을 사랑하시는 것처럼
예수님을 사랑할 교회가 나타날 것이다.**

Day 46

내게 주신 영광을 내가 그들에게 주었사오니
이는 우리가 하나가 된 것 같이 그들도 하나가 되게 하려 함이니이다
곧 내가 그들 안에 있고 아버지께서 내 안에 계시어
그들로 온전함을 이루어 하나가 되게 하려 함은
아버지께서 나를 보내신 것과 또 나를 사랑하심 같이
그들도 사랑하신 것을 세상으로 알게 하려 함이로소이다

요 17:22-23

하나님을 아는 풍성한 지식이 드러날 때, 아버지가 아들을 사랑하신 그 깊은 사랑이 교회에 나타날 것이고, 예수님께서 그의 백성들 가운데 거하실 것입니다. 즉, 예수님의 초자연적인 삶이 그의 백성들 안에 그리고 그의 백성들을 통해 나타날 것입니다. 예수님께서 우리를 통해 사역하실 때, 우리는 하나님의 이름을 선포하고 그분을 다른 이들에게 알리게 되는 것입니다. 그렇게 될 때, 예수님을 향한 열정이 더욱 생길 것이고, 그분의 임재 가운데 우리 삶은 예수님의 삶을 더욱 닮게 될 것입니다.

나의 기도

사랑하는 예수님, 당신의 초자연적인 삶을 제 안에 나타내시고 또한 저를 통해 나타내시옵소서. 다른 이들에게 당신을 나타내고 싶습니다. 당신을 알리고 싶은 열정으로 나를 깨우시고, 당신의 임재 가운데 주님을 닮은 삶을 살 수 있도록 이끌어 주시옵소서.

> 예수님을 사랑하시는 아버지의 그 사랑이
> 우리 마음에 채워질 것이다.

Day 47

아버지여 내게 주신 자도 나 있는 곳에 나와 함께 있어
아버지께서 창세전부터 나를 사랑하시므로 내게 주신 나의 영광을
그들로 보게 하시기를 원하옵나이다

요 17:24

인간의 영에게 하나님을 알리는 일은 하나님의 능력을 필요로 합니다. 이 사실은 우리로 하여금 하나님을 더 사랑하게끔 만듭니다. 하나님을 사랑하는 것과 하나님을 아는 것은, 하나님을 필요로 하기 때문입니다. 하나님을 깊이 알게 되는 부흥의 때가 오고 있습니다. 그때가 되면 교회는 예수님을 향한 거룩한 열정으로 가득 차게 될 것입니다. 주님의 마음이 그 백성에게 알려질 것이고, 하나님께서 아들 되신 예수님을 사랑하신 그 사랑으로, 교회가 예수님을 사랑하게 될 것입니다.

나의 기도

당신의 영광에 대해 더 알아야, 당신의 사랑을 다른 이들에게 더 발할 수 있음을 고백합니다. 하나님을 알아가는 데 있어, 그 어떤 것도 저를 방해하지 않게 하시고, 당신을 향한 열정으로 저의 마음을 채워 주시옵소서.

예수님의 기도에서 알 수 있는 것처럼
거룩한 열정을 나누어 주는 것은
성령님의 중요한 사역 중 하나이다.

Day 48

의로우신 아버지여 세상이 아버지를 알지 못하여도 나는 아버지를 알았사옵고
그들도 아버지께서 나를 보내신 줄 알았사옵나이다
내가 아버지의 이름을 그들에게 알게 하였고
또 알게 하리니 이는 나를 사랑하신 사랑이 그들 안에 있고
나도 그들 안에 있게 하려 함이니이다

요 17:25-26

예수님께서 십자가에서 이루신 것들로 인해, 우리는 하나님의 이름 또는 그분의 성품을 볼 때, 늘 예수님을 향한 열정을 가질 수 있게 됩니다. 자신이 사랑하는 것을 신부가 사랑하고, 자신이 하는 것을 신부기 하기 원하는 것보다 예수님께서 너 바라시는 것은 없습니다. 예수님은 자신의 열정과 목적을 함께 할 신부를 갈망하십니다. 우리는 우리 세대에 영광스럽고 흠 없는 주님의 교회가 되기를 갈망해야 합니다. 하나님을 온전히 아는 지식과 그분의 영광을 반영하며, 예수님을 향한 열정으로 가득 찬 그런 교회가 되기를 갈망해야 합니다.

나의 기도

아버지, 제 삶 가운데 많은 기적을 행하신 당신을 다른 이들에게 전하고 싶은 마음이 가득합니다. 제가 당신을 나의 구주, 위로자, 선생님, 친구 그리고 내 영혼의 사랑으로 아는 것과 같이, 다른 이들도 당신을 그렇게 알게 되기를 소망합니다.

**예수님께서는 자신을 향한 거룩한 사랑으로 가득한 동반자와
영원토록 함께 하시게 될 것이다.**

Day 49

> 몸은 죽여도 영혼은 능히 죽이지 못하는 자들을 두려워하지 말고
> 오직 몸과 영혼을 능히 지옥에 멸하실 수 있는 이를 두려워하라
> 참새 두 마리가 한 앗사리온에 팔리지 않느냐
> 그러나 너희 아버지께서 허락하지 아니하시면
> 그 하나도 땅에 떨어지지 아니하리라
> 너희에게는 머리털까지 다 세신 바 되었나니 두려워하지 말라
> 너희는 많은 참새보다 귀하니라
>
> 마 10:28-31

인간의 영혼은 사랑을 위한 자리입니다. 그곳에는 사랑과 진정한 경배가 흐릅니다. '누가 인간의 마음을 궁극적으로 소유할지'는 하나님 아버지의 가장 큰 관심입니다. 우리는 하나님의 형상을 닮은 존재들이며, 그분의 거룩한 목적에 따라 유일무이하게 지음 받은 존재입니다. 하나님께서는 오직 값을 매길 수 없는, 우리의 영혼을 위해서, 그분의 사랑하는 아들을 이 땅에 보내셨고, 죽게 하셨습니다.

나의 기도

아버지, 당신의 사랑 없이 매일 방황하고 희망 없이 살아가는 사람들을 봅니다. 그 영혼들을 돌아볼 줄 아는 마음을 제게 주시옵소서. 그들을 향해 당신의 사랑을 보여주고자 하는 열정으로 불타오르게 하여 주시옵소서.

**세상의 그 어떤 창조물도 우리 인간의 영혼보다,
하나님께서 더 중요하게 여기시는 것은 없다.**

Day 50

예수께서 이르시되 네 마음을 다하고 목숨을 다하고 뜻을 다하여
주 너의 하나님을 사랑하라 하셨으니
이것이 크고 첫째 되는 계명이요 둘째도 그와 같으니
네 이웃을 네 자신 같이 사랑하라 하셨으니

마 22:37-39

하나님께서는 우리 영혼을 열정적이고 헌신적이게 창조하셨습니다. 이 길만이 우리가 최대한으로 우리의 능력을 발산할 수 있기 때문입니다. 하나님을 알면서도 우리 마음은 쉬지 못하고, 지루하고, 좌절할 수 있습니다. 우리는 살면서, 모든 것을 다 내어줄 만한 가치가 있는 것을 찾아 헤맵니다. 하나님께서는 우리 영혼을 예수님께 끌리도록 만드셨습니다. 그러므로 우리가 가장 성장하고 최고로 만족감을 느낄 수 있을 때는, 온 마음을 다해 예수님을 경배하고 섬길 때입니다.

나의 기도

주님, 당신에게 열정적이고 헌신적인 사람이 되고 싶습니다. 온 마음을 다하여 당신을 경배하고 섬길 때에, 저로 하여금 성장하게 하시고 만족하게 하시옵소서.

> 우리에게 무언가를 위해 죽어야 할 이유가 없다면,
> 살 이유도 없다.

Day 51

그러므로 내가 나의 안수함으로
네 속에 있는 하나님의 은사를 다시 불일듯하게 하기 위하여
너로 생각하게 하노니 하나님이 우리에게 주신 것은
두려워하는 마음이 아니요 오직 능력과 사랑과 근신하는 마음이니

딤후 1:6-7

하나님께서는 사랑하시는 아들에게 재미없고, 수동적이고, 타협적인 신부를 주심으로 예수님을 욕되게 하지 않으실 것입니다. 열정이 없는 기독교는 사탄에게 전혀 위협적이지 않습니다. 진정으로 하나님을 사랑하고 순종하는 것은 뒷전인 채, 사역에만 집중하기 때문입니다. 진정한 기독교는 우리 영을 불타오르게 하며, 우리 마음을 열정으로 불붙입니다.

나의 기도

당신의 계획과 목적에 수동적으로 따르기만 하는 삶과 자기만족의 삶에서 벗어나게 해 주시옵소서. 아버지, 저를 깨우시고, 주님을 향해 열정을 가지도록 제 마음에 불을 붙여 주시옵소서.

**하나님께서는 그의 아들에게,
그를 사랑하는 마음으로 불타오르는 신부들로 가득한 교회를
유업으로 주시겠다고 약속하셨다.**

Day 52

어찌하여 열방이 분노하며 민족들이 허사를 경영하는고
세상의 군왕들이 나서며 관원들이 서로 꾀하여 여호와와 그 기름 받은 자를 대적하며
우리가 그 맨 것을 끊고 그 결박을 벗어 버리자 하도다

시 2:1-3

사탄은 하나님 아버지의 중요사안이 교회를 그의 아들을 향한 열정으로 가득 채우는 것임을 알고 있기에, 사탄도 자신만의 작전을 세웠습니다. 그 작전을 수행하기 위해서, 사탄은 죄로 가득한 사악한 지도자들을 길러내고 있습니다. 그들은 하나님께서 하시는 거룩한 일에 반대하는 데 열심을 냅니다. 이 열심은 예수님께서 재림하시기 직전에, 예수님을 향한 끔찍한 분노로 변하게 될 것입니다. 이 격렬한 갈등의 싸움은 종교, 사회, 정치적 이데올로기, 경제, 과학과 의학, 도덕과 윤리, 교육, 음악과 예술에 걸쳐 일어날 것입니다.

나의 기도

사람들을 아버지께 등 돌리게 만들려는 사탄의 악한 계획에 제가 맞섭니다. 저는 사탄의 계획에 맞서, 당신의 영으로 사로잡힌 자들을 자유케 하며, 당신 안에서 신뢰와 희망을 가질 수 있도록 사탄에게 도전할 것입니다.

> 악한 지도자들은
> "예수님을 향한 열정적인 사랑으로 가득한 사람들"이라는
> 개념을 거칠게 반대할 것이다.

Day 53

> 근신하라 깨어라 너희 대적 마귀가
> 우는 사자같이 두루 다니며 삼킬 자를 찾나니
> 너희는 믿음을 굳게 하여 저를 대적하라
> 이는 세상에 있는 너희 형제들도
> 동일한 고난을 당하는 줄을 앎이니라
>
> 벧전 5:8-9

사탄은 늘 자신들의 관심사로 사람들의 이목을 돌리기 위해, 문제를 왜곡하고 틀어버릴 방법을 고안합니다. 사탄은 계획한 때에, 그 문제를 놓고, 반항적이며 극단적인 감정을 불러일으킬 것입니다. 또한 사탄은 자신이 계획한 때에, 동성애와 낙태같이, 죄로 가득한 생활방식을 조장시킬 성교육과 포르노를 활성화시킬 수 있습니다. 하지만 사탄의 진짜 의도는 그 문제 자체에 있지 않습니다. 하나님께서 가장 관심을 가지시는 것은 사람이 그 열정을 어디에 두는지인데, 사탄의 진짜 의도 또한 거기에 있습니다.

나의 기도

주님, 당신의 백성을 훼방하려는 사탄과 그의 귀신의 함정을 발견할 수 있게 하여 주시옵소서. 저의 열정을 지키시고, 적들을 망볼 수 있는 파수꾼으로 세워 주시옵소서.

**사안이 중요할수록, 그 주위는
사탄의 지문으로 가득하다는 것을 기억하십시오.**

Day 54

유대인들이 이를 인하여 더욱 예수를 죽이고자 하니
이는 안식일만 범할 뿐 아니라 하나님을 자기의 친아버지라 하여
자기를 하나님과 동등으로 삼으심이러라
그러므로 예수께서 저희에게 이르시되 내가 진실로 진실로 너희에게 이르노니
아들이 아버지의 하시는 일을 보지 않고는 아무것도 스스로 할 수 없나니
아버지께서 행하시는 그것을 아들도 그와 같이 행하느니라
아버지께서 아들을 사랑하사 자기의 행하시는 것을 다 아들에게 보이시고
또 그보다 더 큰 일을 보이사 너희로 기이히 여기게 하시리라

요 5:18-20

사탄의 숨은 동기는 사회의 특정 이슈 너머에 있습니다. 사탄의 목표는, 온 나라들로 하여금 하나님을 맞서게 하는 것입니다. 하나님의 법칙과 이 세상을 다스리시는 예수님의 통치권에 도전하는 데 마음을 합하고, 열심을 다하게 하는 데 있습니다. 만약 당신이 국가적이고 세계적인 차원의 행사의 영적 온도에 주의를 기울인다면, 점점 더 높아져 가는 온도계를 보게 될 것입니다. 사탄과 그의 집단은, 하나님의 방식에 세상이 무작정 반감을 일으키고 분노하도록, 지속적으로 불을 지피며 땔감을 준비합니다.

나의 기도

아버지, 이 나라를 긍휼히 여겨 달라고 부르짖습니다. 우리나라에 거룩함과 의의 물결이 다시 일어나게 하시고, 우리의 죄악 된 불순종과 부도덕함을 용서하여 주시옵소서.

하나님에 대한 분노와 반역을 가진 무리는
사회의 공의와 도덕을 세우는 데 영향을 주는 사람들의 마음에,
반감과 미움의 연기를 뿜어 그을음을 남긴다.

Day 55

대저 드라빔들은 허탄한 것을 말하며
복술자는 진실치 않은 것을 보고 거짓 꿈을 말한즉 그 위로함이 헛되므로
백성이 양같이 유리하며 목자가 없으므로 곤고를 당하나니
내가 목자들에게 노를 발하며 내가 수염소들을 벌하리라
만군의 여호와가 그 무리 곧 유다 족속을 권고하여
그들로 전쟁의 준마와 같게 하리니

슥 10:2-3

사탄은 가장 먼저 지도자들을 속입니다. 그러고는 그들을 악한 동기로 하나 되게 합니다. 사탄은 지도자들로 하여금, 교묘한 전략으로 대중의 환심을 사게 하고, 정의는 무너트리도록 조종합니다. 그들은 하나님께서 우리의 행복을 위해, 그분의 말씀으로 표시하신 옳고 그름과 선과 악의 지혜로운 경계선을 지우려고 안간힘을 다 씁니다. 거룩하지 못한 자들의 무리가 점점 더 많아지고 있습니다. 흐리터분한 생각을 가진 법계, 교육계, 고위임원, 연예인, 광고주, 종교적 지도자, 미디어계 거물급 그리고 다른 각계각층의 지도자들은, 하나님의 거룩한 계명을 무너트릴 계획을 짭니다. 처음에는 찔러보는 식으로 시작하지만, 점점 모든 영역에서 차례대로 하나님의 계명을 파괴시킬 계획입니다.

나의 기도

하나님 당신의 목적을 위해 마음을 돌이키고자 하는 이 나라의 지도자들을 제 마음 가운데 떠올려 주옵소서. 제가 지속적으로 그들을 위해 기도할 수 있도록 하시고, 제가 주님과 동역자가 되어, 어떻게 하면 이 땅에 당신의 뜻을 실현시킬 수 있을지 알려 주시옵소서.

**사탄은 지도자들을 부추겨서
하나님의 말씀을 내동댕이치게 만든다.**

Day 56

내가 영을 전하노라 여호와께서 내게 이르시되
너는 내 아들이라 오늘날 내가 너를 낳았도다
내게 구하라 내가 열방을 유업으로 주리니 네 소유가 땅 끝까지 이르리로다
네가 철장으로 저희를 깨뜨림이여 질그릇같이 부수리라 하시도다

시 2:7-9

이 법령에서 우리는, 성경이 단지 인류를 위한 하나님의 계획 또는 예비하심으로 이루어진 것이 아님을 알 수 있습니다. 성경은 하나님의 아들을 위한 그분의 계획과 예비하심을 담고 있습니다. 어떤 의미에서는, 기쁨과 성취는 우리가 물려받은 근본적인 유업입니다. 기쁨은 곧 하나님의 본성이시기 때문입니다. 우리는 하나님 안에서 기뻐하는 동시에, 그분께 기쁨이 되어야 합니다. 하나님의 백성인 우리에게 주어진 유업은, 하나님의 축복과 열정적인 사랑을 받을 수 있는 것이고, 하나님의 유업은 그를 열정적으로 사랑하는 그의 백성입니다.

나의 기도

아버지, 이 나라는 하나님의 목적과 계획하심 아래 세워진 나라입니다. 우리는 정의를 유업으로 받는 나라입니다. 우리의 유업을 빼앗으려 하는 사탄을 멸하시고, 이 나라가 정결함으로 회복될 수 있도록 믿음의 군사들을 일으켜 주시옵소서.

> 우리가 철저히 하나님께 헌신할 때,
> 하나님께서는 그분의 유업을 만끽하실 수 있다.

Day 57

그의 영광의 풍성함을 따라 그의 성령으로 말미암아
너희 속사람을 능력으로 강건하게 하시오며 믿음으로 말미암아
그리스도께서 너희 마음에 계시게 하시옵고
너희가 사랑 가운데서 뿌리가 박히고 터가 굳어져서

엡 3:16-17

하나님께서 우리에게 주신 영원한 풍성함은 무엇일까요? 우리로 하여금 영원히 그분을 찬양하도록 창조하시며, 우리에게 어떤 위엄과 운명을 선물로 주셨을까요? 예수 그리스도의 사랑과 기쁨을 한 몸에 받는 것은 참으로 큰 특권이자 선물입니다. 예수 그리스도의 통치하심 아래에 기꺼이 "예"라고 순종하기 전에는 결코 맛볼 수 없는 차원의 기쁨과 만족감이 존재하지만, 아직까지는 너무나도 적은 그리스도인들만이 하나님께 "예"라고 고백하며, 이 기쁨을 맛보았습니다.

나의 기도

주님! 제 삶 가운데 하시고자 하는 일이라면 무엇이든지 순종하겠습니다! 저의 이 고백에도 불구하고, 제 마음을 이보다 더 순종할 수 있도록 변화시키고 싶으시다면 그것도 "예"입니다. 그 어디서 당신의 영광을 나타내라 하시든 하겠습니다! 당신의 뜻에 항상 "예"라고 할 수 있는 영원한 순종을 허락하여 주시옵소서.

**믿지 않는 세상이, 지루하고 타협적이고 말다툼하는 교회를 보면서,
"이런 것이 그리스도인이라면 난 관심 없어"라고
말하며 비웃는 것도 그리 놀라운 일은 아니다.**

Day 58

그러므로 형제들아 내가 하나님의 모든 자비하심으로 너희를 권하노니
너희 몸을 하나님이 기뻐하시는 거룩한 산 제사로 드리라
이는 너희의 드릴 영적 예배니라 너희는 이 세대를 본받지 말고
오직 마음을 새롭게 함으로 변화를 받아 하나님의 선하시고
기뻐하시고 온전하신 뜻이 무엇인지 분별하도록 하라

롬 12:1-2

저와 여러분이 믿지 않는 자들에게 보여줄 수 있는 가장 강력한 증거는 하나님의 뜻은 선하시고, 타당하며, 또한 완벽하다는 것을 우리 삶으로 나타내는 것입니다. 하나님의 구속에서 벗어나려 몸부림치지 않는 사람, 그 삶에 만족하며 그 삶을 실현한 사람, 그리고 그분의 뜻에 기쁘게 자기를 버리고 온전히 헌신한 그리스도인을, 믿지 않는 자들은 찾고 있습니다. 그들은 세상을 등지고 십자가를 지고 우리에게 모든 것을 다 내어 주신 그리스도에게 모든 것을 다 내어 주는 그리스도인을 보고 싶어 합니다.

나의 기도

하나님, 당신의 목적에 제가 기쁘게 제 자신을 내어 드리고 싶습니다. 하나님께 온전히 헌신하고 싶습니다. 당신의 길을 저에게 가르치시어, 항상 선하고, 옳고, 완전하신 아버지를 제 삶을 통해 나타내게 하여 주시옵소서.

**불신자들 또한 열정을 쏟고
모든 것을 버릴 가치가 있는 무언가를 갈망한다.**

Day 59

> 그런즉 군왕들아 너희는 지혜를 얻으며
> 세상의 관원들아 교훈을 받을지어다
> 여호와를 경외함으로 섬기고 떨며 즐거워할지어다
>
> 시 2:10-11

하나님의 광채는 놀랍고, 그 위대하심은 두렵기까지 합니다. 이 군왕보다 더 뛰어난 자가 없고, 그에 버금갈 자가 없습니다. 하나님의 영원하신 권능과 장엄한 아름다움을 잠시라도 보게 된다면, 우리는 거룩한 두려움으로 가득하게 될 것입니다. 우리는 그분의 위대하심 앞에서 두려워 떨 수밖에 없습니다. 하지만 하나님의 임재 안에서 우리가 두려워하기만 한다면, 그분의 온전하신 은혜를 다 경험하지 못할 것입니다. 다윗은 그분 앞에서 우리가 기뻐할 줄도 알아야 한다고 말하고 있습니다.

나의 기도

주님, 참으로 당신의 광채는 눈부시며 당신의 위대하심은 놀랍습니다. 저를 너무 사랑하시어 의를 유업으로 주신 당신의 그 사랑은 제 머리로는 이해할 수 없습니다. 저에게 선하심으로 인해 제가 기뻐하며, 당신의 임재 안에서 겸손한 두려움으로 엎드립니다.

우리는 우리의 유업으로 말미암아 기뻐 뛰어야 한다.

Day 60

그의 아들에게 입맞추라 그렇지 아니하면 진노하심으로
너희가 길에서 망하리니 그의 진노가 급하심이라
여호와께 피하는 모든 사람은 다 복이 있도다

시 2:12

우리와 주님 사이에는 친밀함, 애정 그리고 열정이 있어야 합니다. 어떤 교회는 기쁨과 애정이 담긴 경배의 자리는 거의 남겨놓지 않고, 경외와 떨림만을 강조하기도 합니다. 어떤 교회는 기쁨과 축복에만 집중합니다. 오늘날 몇몇 은사주의 교회들은 하나님의 위엄과 심판은 제외한 채, 믿는 자의 권세와 신도들이 그리스도 안에서 가시는 특권만을 강조합니다. 또 다른 이들은 하나님과 애정 어린 친밀한 관계 그리고 예수님의 사랑에 열정적으로 반응할 것을 강조합니다. 하지만 하나님은 인간의 영혼을 창조하실 때, 세 가지 분야(경외함, 기뻐함, 친밀함)가 다 필요하도록 창조하셨습니다.

나의 기도

아버지, 당신의 임재 안에 떨림으로 섭니다. 위대하신 하나님을 기뻐하며 찬양하기 위해 제 삶을 내려놓습니다. 이제는 당신의 사랑의 마음을 이해할 수 있도록 가르쳐 주시고, 사랑과 친밀함으로 나아가는 기쁨을 알도록 도와주시옵소서.

**우리 마음을 부흥시키려면,
세 가지 분야에서 다 하나님의 은혜를 구해야 한다.**

Day 61

여호와를 경외함으로 섬기고 떨며 즐거워할지어다
그의 아들에게 입맞추라 그렇지 아니하면 진노하심으로 너희가 길에서 망하리니
그의 진노가 급하심이라 여호와께 피하는 모든 사람은 다 복이 있도다

시 2:11-12

여러분은 어떠세요? 어쩌면 몇몇 분들은 반항하는 자를 심판하시는 거룩한 하나님만 보아온 까닭에, 하나님이 두려워서, 그분과 신실하게 동행하기를 구할는지도 모르겠습니다. 두려움을 너무 잘 알기 때문이겠죠. 그리스도 안에서 여러분에게 주어진 모든 축복을 기뻐하시나요? 어쩌면 여러분 중 몇몇은 하나님과 그리 친밀함을 느껴본 적이 없을지도 모르겠습니다. 그리스도에게 입맞춘다는 생각이 당신을 불편하게 하나요? 불편하게 느끼는 것이 맞습니다. 왜냐하면 다윗이 그 아들을 입맞춘다 한 것은 상징적인 언어이기 때문입니다. 이는 실질적인 입맞춤을 의미하는 것이 아니라, 하나님의 사랑을 받는다는 의미이자, 우리가 하나님께 온 마음을 다해 사랑으로 응답한다는 의미입니다.

나의 기도

주님, "그리스도에게 입맞춘다"는 표현을 이해하기가 어려움을 고백합니다. 하지만 당신의 무릎에 올라 앉아 누릴 수 있는 기쁨과, 두 팔로 당신의 목을 둘러 안고, 당신의 거룩한 얼굴에 입맞추는 기쁨을 알게 하여 주옵소서.

주님께서는 당신 안에서
경외함, 기쁨 그리고 친밀함이 잘 섞이기를 원하시며,
성령님을 통해 그것들을 끌어내고 싶어 하신다.

Day 62

> 내가 여호와의 명령을 전하노라 여호와께서 내게 이르시되
> 너는 내 아들이라 오늘 내가 너를 낳았도다
> 내게 구하라 내가 이방 나라를 네 유업으로 주리니
> 네 소유가 땅 끝까지 이르리로다
> 네가 철장으로 그들을 깨뜨림이여 질그릇 같이 부수리라 하시도다
>
> 시 2:7-9

사울과 이스라엘 군대가 두려움에 위축되어 있는 동안, 골리앗 앞에 거룩한 담대함으로 우뚝 선 양치기 소년을 기억하십니까? 그가 이 시편의 저자입니다(삼상 17). 그는 거추장스러운 갑옷을 던져버리고, 골리앗과 마주하기 위해 나아갔습니다. 그는 전선을 향해 나아가면서, 거대한 골리앗과 작은 다윗을 보지 않았습니다. 그는 거대한 칼과 작은 물매를 보지 않았습니다. 다윗은 살아계신 하나님을 조롱하고 도전한, 어둠의 세력을 보았습니다. 다윗의 돌과 물매는 상관이 없었습니다. 그는 주님의 이름을 가지고 있었고, 하나님께서 승리하실 것이라는 확신을 가지고 있었기 때문입니다.

나의 기도

오 주님, 이 마지막 때에 당신의 위대한 군대의 군사가 되게 하여 주시옵소서. 당신이 승리하실 것에 대한 흔들리지 않는 확신을 주시고, 저를 위협함으로 당신의 놀라운 권능과 영광을 잊게 만들려 하는 거대한 적들의 무리를 무찌를 수 있게 하여 주시옵소서.

> 전능하신 하나님을 아는 지식으로 가득한 자들을
> 하나님께서는 마지막 때에 그의 군사로 삼으실 것이며,
> 한 번도 전쟁에서 패한 적 없는
> 만군의 주 여호와가 그들을 지휘하실 것이다.

Day 63

> 그가 우리를 흑암의 권세에서 건져내사
> 그의 사랑의 아들의 나라로 옮기셨으니
> 그 아들 안에서 우리가 속량 곧 죄 사함을 얻었도다
> 그는 보이지 아니하는 하나님의 형상이시요
> 모든 피조물보다 먼저 나신 이시니
>
> 골 1:13-15

우리는 하나님을 너무 당연하게 생각해 왔습니다. 우리는 물질주의와 세속주의 그리고 세상의 다른 많은 것들을 사랑함으로써, 우리 영혼 안에 있는 하나님의 불꽃을 꺼트렸습니다. 우리는 우리의 이미지대로 하나님을 만들어 냈는데, 이는 비참할 정도로 하나님의 본 이미지를 훼손시켰습니다. 많은 우리 세대의 사람들은 하나님을, 자신들을 위해 사용할 수 있고 통제할 수 있는 '거룩한 집사'로 만들어 놨습니다. 자신들을 위해 충실하게 기다려 주며, 자신의 모든 변덕을 다 맞춰 주는 하인으로 말입니다. 어떤 믿는 자들은 하나님을 따뜻하고, 접근할 수 있고, 용서가 많으신 분으로 알고 있습니다. 또한 어떤 이들은 하나님을 차갑고, 접근할 수 없으며, 비난하시는 하나님으로 알고 있습니다. 우리가 하나님을 어떤 시각으로 보든지간에, 저와 여러분이 '하나님은 이럴 것이다'라고 생각하는 우리의 생각이, 우리에게 있어서 가장 중요합니다.

나의 기도

아버지 저를 용서하여 주시옵소서. 제가 당신의 크신 사랑을 당연하게 여겼습니다. 이기적이게도 저의 뜻과 방법을 요구하였음을 용서하여 주옵소서. 이 세상의 것을 사랑하는 저의 마음을 제거하여 주시고, 당신만을 사랑하게 하여 주옵소서.

> **우리는 결국 우리가 머릿속에서
> 만들어낸 하나님에 의해 살아가게 될 것이다.**

Day 64

> 말씀이 길 가에 뿌려졌다는 것은 이들을 가리킴이니
> 곧 말씀을 들었을 때에 사탄이 즉시 와서
> 그들에게 뿌려진 말씀을 빼앗는 것이요
>
> 막 4:15

사탄은 하나님에 대한 우리의 생각을 왜곡시키기 위해서, 무슨 일이든 서슴지 않고 합니다. 그들이 왜곡시킨 왜곡이 우리 삶 안에서 사탄의 '이익'을 채워주고 있기에, 사탄은 얼마든지 시간과 노력을 들여서라도, 우리 생각 속에 자신의 기지를 확보하려 합니다. 이렇게 왜곡된 부정확하고 부적절한 우리의 생각은, 우리를 엄청난 위험에 빠트립니다. 우리가 하나님을 잘못 생각하면 할수록 그리고 낮춰서 생각하면 할수록, 우리 또한 그만큼 연약해지고, 실패하게 됩니다. 우리가 약하고 실패한 분야에서 사탄은 왜곡된 진실을 바탕으로 세력을 얻게 되고, 결국 우리 삶 안에 본거지를 얻게 됩니다.

나의 기도

아버지 만약 제 안에 잘못되고 왜곡된 당신의 이미지가 있다면 제거하여 주시고, 당신의 거룩함의 진실을 나타내 주시옵소서. 그리하면 사탄이 제 삶 가운데서 서 있을 곳을 잃게 될 것입니다.

> 우리 마음이나 생각 속에 심겨진, 거짓되고 왜곡된 하나님의 성품을
> 그냥 무시하고 넘어가서는 절대 안 된다.

Day 65

너희가 서로 거짓말을 하지 말라 옛 사람과 그 행위를 벗어 버리고
새 사람을 입었으니 이는 자기를 창조하신 이의 형상을 따라
지식에까지 새롭게 하심을 입은 자니라

골 3:9-10

생각들로 형성된 영적인 요새는 악한 세력이 힘을 키워가며 몰래 거할 수 있는 자리가 될 수 있습니다. 영적 요새란, 우리에게 스스로 자신을 나타내신 하나님에게 맞선, 사탄의 거짓된 메시지에 동의한 우리들의 생각들이 집합해 있는 곳입니다. 하나님에 대한 잘못된 개념과 생각은 우리가 새롭게 함을 입었다고 해서 자동적으로 없어지지 않습니다. 우리는 진실한 하나님의 성품과 형상에 대한 지식으로 새로움을 입는 과정을 지속적으로 겪게 됩니다. 우리가 온전히 하나님을 알기 전에는, 이 과정이 끝나 버렸다고 함부로 가정해서는 결코 안 될 것입니다.

나의 기도

아버지, 당신에 대해 참된 계시를 받지 못하게 제 생각 속에 자리 잡은 사탄의 요새를 보여주시옵소서. 이 요새를 무너트리시고, 저로 하여금 당신을 닮아 가는 데 방해가 되는 모든 것들을 깨트려 주시옵소서.

우리는 결코 새로움을 입는 과정이
끝났다고 단정 지어서는 안 된다.

Day 66

그 중에 이 세상의 신이
믿지 아니하는 자들의 마음을 혼미하게 하여
그리스도의 영광의 복음의 광채가 비치지 못하게 함이니
그리스도는 하나님의 형상이니라

고후 4:4

예수님께서는 죄가 없으셨고, 그릇된 생각이나 동기도 없으셨기 때문에, 사탄에게 자신의 삶에 접근할 수 있는 권리를 주지 않으셨습니다. 사탄은 예수님에게서 아무것도 찾을 수 없었습니다. 예수님의 마음에 정당하게 접근할 수 있다고 주장할 만한 영역을 단 1mm도 찾을 수 없었습니다. 사탄은 우리에게 정당하게 접근할 수 있는 통로를 확보하려고 끊임없이 기회를 노립니다. 죄와 영적인 무지함은 우리 안에 사탄이 거할 수 있도록 문을 열어주게 됩니다. 이 어두움은 마치 베일 같아서, 믿지 않는 자들의 생각 속에 복음의 빛을 가려 희미하게 합니다.

나의 기도

당신의 영광을 제 삶에 비춰 주시고, 사탄이 자신의 영역이라 주장할, 제 마음 깊은 곳의 어둠도 비춰 주시옵소서. 당신의 영으로 제가 어둠의 공격에 저항합니다. 오직 당신의 거룩한 삶을 비추는 빛이 되기를 소원합니다.

상어가 피에 몰리듯이 사탄도 거짓과 어두움에 끌린다.

Day 67

> 가난한 자와 고아를 위하여 판단하며
> 곤란한 자와 빈궁한 자에게 공의를 베풀지며
> 가난한 자와 궁핍한 자를 구원하여
> 악인들의 손에서 건질지니라 하시는도다
> 시 82:4-5

사탄의 목표는 우리를 어둠 가운데 잡아두는 것입니다. 그의 전략은 하나님에 대한 지식을 왜곡하거나 제한하여, 잘못된 생각을 우리 안에 심는 것입니다. 그로 인해 우리는 연약해지고, 붙들림 당하게 됩니다. 사탄은 영적으로 우리 안에서 발견할 수 있는 모든 어두운 부분들을 자신의 영역으로 주장할 궁리를 하고 있는데, 잘못된 생각과 사고체계, 죄의 무감각화, 자기변명, 합리화 등이 이에 포함됩니다. 사탄은 우리 안에 자신이 투자한 것과 관심을 가지고 있는 영역을 보호하기 위해, 우리 안의 어두운 영역을 이용하여 영적인 요새를 세웁니다.

나의 기도

아버지 제가 약하고 혼란스럽고 효율적이지 못하다고 느낄 때, 제 안에 있는 어두움이, 죄의 습관과 당신의 빛에 노출되어 파괴되어야 할 부분들을 숨기고 있을지도 모른다는 것을 깨닫게 해 주시옵소서. 오, 하나님, 제 삶 가운데 어두운 부분을 모두 당신의 빛으로 비춰 주시고, 저를 영적으로 성숙한 자리로 이끌어 주시옵소서.

> 사탄은 하나님의 마음에 대한 지식의 빛이
> 우리의 영적인 어둠 안에 비춰지는 것을 원치 않는다.

Day 68

네 성벽의 높은 요새를 헐어 땅에 내리시되
진토에 미치게 하시리라

사 25:12

우리의 적은 우리 삶 가운데 영적인 요새를 어떻게 세울까요? 첫째, 사탄은 거짓과 반 토막 진실을 가지고 시작합니다. 보통 사탄의 거짓말은 하나님의 성품에 관한 것이거나 또는 하나님께서 우리를 보시는 시각에 관한 것입니다. 다음 단계는 벽돌로 차근차근 성벽을 쌓는 것입니다. 이 벽돌은 하나님에 대한 우리의 잘못된 생각과, 하나님께서 우리를 어떻게 생각하실지에 대한 왜곡된 관념으로 이루어져 있는데, 특히 우리가 영적으로 미성숙한 단계에서 죄를 짓게 될 때 벽돌이 만들어집니다. 잘못된 사고로 접합된 반죽으로 성벽은 더욱 높게 쌓아집니다. 머지않아 우뚝 솟은 이 요새는, 백해무익한 생각들을 우리 안에 풀어놓기 시작합니다.

나의 기도

아버지를 닮아가는 것을 더디지게 만드는 제 삶 가운데 세워진 어떠한 형태의 사탄의 영적인 요새도 제가 거부합니다. 제 안의 모든 자만함과 헛된 생각의 벽들을 허물어 주시어, 제가 당신의 형상을 닮아 더욱더 성장할 수 있도록 하여 주옵소서.

**하나님을 아는 지식으로부터 우리를 막기 위해,
사탄은 될수록 많은 요새를 지으려 든다.**

Day 69

> 너희는 하나님으로부터 나서 그리스도 예수 안에 있고
> 예수는 하나님으로부터 나와서
> 우리에게 지혜와 의로움과 거룩함과 구원함이 되셨으니
>
> 고전 1:30

우리가 요새를 허물어 자유하게 되려면, 공격적인 자세를 취해야만 합니다. 우리는 하나님을 더 갈급해 하고, 하나님을 친밀하게 알기를 갈망해야 합니다. 그리고 모든 유혹에서 등을 돌리고, 싫다고 말할 수 있어야 합니다. 굳은 의지로 나약함과 중독을 이겨내겠다는 결심만으로는 우리의 죄를 씻을 수 없습니다. 우리의 죄를 씻어줄 수 있는 사람은 단 한 분, 예수 그리스도밖에 없습니다! 놀라운 그리스도의 아름다움과 그의 광채를 조금이라도 보게 될 때, 우리는 경외함으로 그분 앞에 엎드릴 수 있게 될 것입니다. 그러고는 기쁨과 사랑으로 우리 자신을 기꺼이 내려놓고, 그분께 드릴 수 있게 될 것입니다.

나의 기도

주님, 제가 당신의 의에 굶주리고 목마릅니다. 오직 주님 안에서만 희망을 가질 수 있음을 고백합니다. 당신의 뜻에 저를 맡깁니다. 제 마음속에 있는 모든 나약함을 극복할 수 있도록 도와주시옵소서.

> 우리가 진실을 깨달아 하나님을 구하고
> 거룩하지 못한 열정과 유혹에 저항할 때,
> 우리는 승리하는 삶을 살 수 있다.

Day 70

곧 창세전에 그리스도 안에서 우리를 택하사
우리로 사랑 안에서 그 앞에 거룩하고 흠이 없게 하시려고
그 기쁘신 뜻대로 우리를 예정하사 예수 그리스도로 말미암아
자기의 아들들이 되게 하셨으니
이는 그가 사랑하시는 자 안에서 우리에게 거저 주시는 바
그의 은혜의 영광을 찬송하게 하려는 것이라

엡 1:4-6

처음으로 웃으시는 하나님을 떠올릴 수 있게 된 날을 기억합니다. 하나님께서 이렇게 말씀하시는 것만 같았습니다. "내가 너를 기뻐한다. 너를 아는 것이 내 마음에 기쁨이구나." 저 또한 처음에는 우리가 일반적으로 가지고 있는 생각과 싸웠습니다. "누구요? 저요? 하나님, 제가 죄 짓는 것을 못 보셨나요? 약해 빠져서 죄 짓는 저를 어떻게 기뻐하실 수 있으세요?" 그러나 그때마다 하나님께서는 저에게 이렇게 대답해 주셨습니다. "나는 너의 마음의 진실함을 본다. 네가 잘 넘어지긴 해도, 나를 기쁘게 해 주고 싶어 하는 너의 마음의 소리를 나는 듣는단다. 너와 함께 교제하는 것이 즐겁구나!"

나의 기도

하나님, 아버지가 저로 인해 즐거워하시고 기뻐하신다는 것을 깨닫게 해 주시니 감사합니다. 아버지의 마음을 가르쳐 주시는 성령님이 얼마나 소중한지요! 창세 이전에 이미 저를 선택하셔서 자녀로 삼으셨다니 놀라울 따름입니다.

> 하나님께서는 우리가 실패했을 때
> 그분께로 달려오기를 원하시지, 도망가기를 원치 않으신다.

Day 71

내가 여호와의 인자하심을 영원히 노래하며
주의 성실하심을 내 입으로 대대에 알게 하리이다
내가 말하기를 인자하심을 영원히 세우시며
주의 성실하심을 하늘에서 견고히 하시리라 하였나이다

시 89:1-2

저는 30년 동안 사역을 해왔습니다. 이 시간 동안 저는 끔찍하게 고통받은 많은 사람들의 이야기를 들으며, 그들과 함께 슬퍼했습니다. 성추행, 학대 그리고 잔인하고 악의가 가득한 사람들의 손에 남용 당한 사람들의 이야기를 들었습니다. 참된 사랑을 경험한 적이 없는 사람들도, 말씀을 통해 그들을 향한 하나님의 마음을 알게 되면, 자신을 구속하고 있던 속박의 굴레에서 벗어나서 진실을 깨닫고 희망을 얻는 것을 보았습니다. 정결하고 신실하신 하나님, 우리를 열정적으로 사랑하시는 하나님을 아는 지식은, 육신의 아버지가 줄 수 있는 그 어떤 것보다도 더 강력하여, 우리의 삶에 변화를 가져올 수 있습니다.

나의 기도

오 하나님, 당신의 사랑을 아는 지식이 제 삶을 변화시켰습니다. 이 지식을 필요로 하는 자들, 마음과 삶의 변화를 위해 당신의 사랑이 필요한 자들에게, 당신의 사랑을 아는 이 지식을 넘겨주고 싶습니다.

하나님의 사랑을 우리에게 나타내고
우리 마음에 그분을 살아 숨 쉬게 하는 것은,
사람의 증언이 아닌 성령님이시다.
성령님의 계시는 누구에게나 열려 있다.

Day 72

여호와여 나의 부르짖음이 주의 앞에 이르게 하시고
주의 말씀대로 나를 깨닫게 하소서
나의 간구가 주의 앞에 이르게 하시고
주의 말씀대로 나를 건지소서

시 119:169-170

상처받고 깨어진 영혼을 가진 사람들 또는 성과지향적인 성격으로 인한 완벽주의자들은, 대개 하나님께로부터 무언가를 받는 것 자체를 어려워합니다. 가끔 우리는 우리 자신들의 압박감과 고통 또는 분노에 사로잡혀, 하나님의 음성을 인식조차 하지 못할 때가 있습니다. 말씀을 통해 우리를 향한 하나님의 진실된 마음을 계속 받다 보면, 점진적으로 우리 마음은 이 땅의 권위적인 인물들에게서 받은 상처에서 자유롭게 됩니다.

나의 기도

아버지, 깨지고 상처받은 영혼을 가진 사람들 또는 성과에 집착하는 많은 사람들을 알고 있습니다. 그들을 향한 당신의 사랑과 열정적인 애정을, 제 삶을 통해 그들에게 나타낼 수 있기를 원합니다.

성령님께서는 우리를 향한 하나님의 열정적인 사랑을
우리가 새롭게 이해할 수 있게 도와주시며,
하나님의 말씀을 깨닫도록 도와주실 것이다.

Day 73

하나님이 우리를 사랑하시는 사랑을 우리가 알고 믿었노니 하나님은 사랑이시라
사랑 안에 거하는 자는 하나님 안에 거하고 하나님도 그의 안에 거하시느니라
이로써 사랑이 우리에게 온전히 이루어진 것은 우리로 심판 날에 담대함을 가지게 하려 함이니
주께서 그러하심과 같이 우리도 이 세상에서 그러하니라
사랑 안에 두려움이 없고 온전한 사랑이 두려움을 내쫓나니 두려움에는 형벌이 있음이라
두려워하는 자는 사랑 안에서 온전히 이루지 못하였느니라

요일 4:16-18

하나님으로부터 온 좋은 경험과 하나님을 향한 우리의 열정은 좋은 것이지만, 우리로 하여금 예수님을 더 사랑하게 하지는 못합니다. 저는 분노와 좌절감에 찬 그리스도인이었고, 늘 기대치에 도달하지 못하여 무거운 죄책감과 패배감을 안고 살았습니다. 하지만 하나님께서 저를 진정 어떻게 생각하시는지 알게 되면서, 제 생각과 마음속에 있던 영적 요새가 무너지기 시작했습니다. 하나님이 실패하는 자를 정죄하실 것이라고 생각하여 두려워하는 사람은 고통 가운데 살아갈 것입니다. 우리가 나약할 때에도 하나님께서는 우리를 사랑하신다는 것을 알 때, 하나님의 그 사랑 안에서 담대할 수 있습니다.

나의 기도

아버지, 그리스도인으로서 모범이 되는 삶을 살고 싶었지만, 여전히 제 안에 문제들이 남아 있었던 때를 기억합니다. 저를 그냥 버려두지 아니하시고, 아버지께서 저를 얼마나 사랑하시는지 알려주신 것 감사합니다. 그 사랑을 알았기에, 저를 인정해 주시는 하나님 안에서 평안함과 안전함을 누릴 수 있었습니다.

고통은 담대함의 반대이다.

Day 74

골짜기마다 돋우어지며
산마다 언덕마다 낮아지며 고르지 아니한 곳이 평탄하게 되며
험한 곳이 평지가 될 것이요 여호와의 영광이 나타나고
모든 육체가 그것을 함께 보리라 이는 여호와의 입이 말씀하셨느니라

사 40:4-5

한 번도 같은 일몰을 하늘에 그린 적이 없으신 하나님께서는, 당신에게 정확히 어떻게 나타나셔야 하는지 알고 계십니다. 당신에게 말을 건넬 완벽한 시간과 장소도 알고 계십니다. 어떻게 해야 순간적으로 당신을 이해시킬지도, 언제 굶주린 당신의 마음과 상처 입은 영혼에 치유의 기름을 바르셔야 할지도 아십니다. 도움을 구하러 하나님 아버지께 나아갈 때, 당신은 무시당하지도 책망받지도 않을 것입니다. 당신의 실수로 인해 웃음거리가 되지도 않을 것입니다. 그는 상상할 수 없이 자비로우시고, 오래 참으시는 분이십니다. 하나님께서는 당신을 사랑과 주의 깊은 시선으로 돌보십니다. 당신을 향한 그분의 사랑은 결코 실패하지 않으며, 끝이 없습니다.

나의 기도

아버지, 저에게 신실하셨던 주님을 돌아보니 기쁨이 넘칩니다. 도움을 구할 때에 한 번도 모른다 하지 않으시고, 당신의 치유의 기름을 제 삶 가운데 부어 주신 것 감사드립니다.

우리의 삶 속에 계신 하나님과 그분의 말씀과 성령님의 역사는,
우리를 온전하고 영적인 성숙함의 자리로 인도하기에 충분하다.

Day 75

그리하면 왕이 네 아름다움을 사모하실지라
그는 네 주인이시니 너는 그를 경배할지어다

시 45:11

하나님께서 당신을 어떻게 생각하실까요? 생각만 해도 끔찍하신가요? 종교는 하나님을 차갑고 멀리 계신 분으로 만들었고, 완고한 율법주의자로 만들었지만, 사실은 그렇지 않습니다. 또한 하나님께서는 무언가를 요구하시는 분도 닦달하시는 분도 아니십니다. 하지만 많은 이들은 하나님을 기쁘게 해 드리려고 발버둥질 칩니다. 우리가 스스로를 혐오하고 신뢰하지 못할 때에도 주님은 우리를 기뻐하시며, 여전히 우리를 사랑하십니다. 하나님께서는 이 참된 계시를 교회가 빨리 깨닫기를 간절히 원하십니다.

나의 기도

하나님께서 저와 얼마나 개인적이고 친밀한 관계를 원하시는지 절대 잊지 않게 하여 주시옵소서. 당신의 임재 안에서 시간을 보내고 싶습니다. 제 삶이 당신의 사랑과, 당신의 뜻과, 당신의 아름다움에 빨려 들어가게 하여 주시옵소서.

**하나님께서는 애정과 사랑이 많으시며
굉장히 열정적인 존재이시다.**

Day 76

나에게 주의 법도들의 길을 깨닫게 하여 주소서
그리하시면 내가 주의 기이한 일들을 작은 소리로 읊조리리이다
나의 영혼이 눌림으로 말미암아 녹사오니
주의 말씀대로 나를 세우소서

시 119:27-28

구속은 단지 법적인 효력을 가진 교환이 아니라 하나님 앞에서 우리의 위치를 바꿔 준 사건으로, 하나님의 깊은 사랑과 애정이 담겨 있습니다. 하나님께서 우리에게 사랑과 기쁨으로 소통하실 때, 우리 또한 사랑과 기쁨으로 반응할 수 있게 됩니다. 구속의 법적인 측면을 지식적으로 이해하는 것은 필수이지만, 그것이 다는 아닙니다. 하나님께서는 더 큰 계획을 가지고 계십니다. 우리를 향한 하나님의 열정을 우리가 이해하게 되면, 우리는 그 어느 때보다 하나님께 열정적일 수 있을 것입니다. 또한 우리를 위한 하나님의 헌신을 이해한다면, 우리는 온전히 하나님께 헌신할 수 있을 것입니다.

나의 기도

주님의 자비하심으로 저를 구속하여 주신 그 사건을 제가 머리로만 이해하지 않게 하여 주시옵소서. 저를 위한 당신의 열정과 사랑에 대한 계시로, 저의 마음을 사로잡아 주시옵소서.

성령님께서는 하나님의 열정적인 사랑을 아는 지식을
우리에게 부어 주심으로,
우리가 하나님을 사랑할 수 있게 하셨다.

Day 77

내게 입맞추기를 원하니 네 사랑이 포도주보다 나음이로구나
네 기름이 향기로워 아름답고 네 이름이 쏟은 향기름 같으므로
처녀들이 너를 사랑하는구나

아 1:2-3

오늘날 믿음의 사람들은 친밀함에 굶주려 있는 우리를 만족시키려면, 교회교(churchianity)보다 더 좋은, 가장 좋은 포도주를 마시고 소유하는 것보다 더 나은, 그분이 있어야 한다는 사실을 깨닫기 시작했습니다. "당신의 사랑이 포도주보다 더 좋아요"라고 외친 처녀처럼, 믿는 자들은 그들의 돈과 물질이 영혼의 필요를 공급해 줄 수 없다는 것을 깨닫는 단계에 이르고 있습니다. 교회 안에서나 세상에서 뛰어난 자가 된다 해도, 그것이 우리 영혼을 채워줄 수는 없습니다. 다른 이성과의 감성적이고 로맨틱한 관계도, 절대 우리 영혼의 깊은 갈망을 만족시켜 줄 수 없습니다. 우리를 죄에서 건져주지도 못하고, 우리 스스로에게서 건져주지도 못하는 힘을 잃은 종교가 이제 지겨워지려 합니다. 또한 분노와 경쟁과 부도덕함으로 가득한 지도자들이 지겹고, 무관심하고 냉소적인 교회로 인해 지칩니다.

나의 기도

하나님, 제 삶에 슬며시 들어오는 교회교를 용서하여 주시옵소서. 힘없는 종교가 지겹고, 제 마음에 미묘하게 들어오는 죄가 지겹고, 열정적으로 당신을 사랑하고 섬기는 데 방해가 되는 출석교인의 모습이 지긋지긋합니다. 저를 용서하여 주시옵소서.

우리는 예수님의 이름을 가지고
메마른 우물에서 물을 길으려는 시도에 지쳐 있다.

Day 78

네 기름이 향기로워 아름답고
네 이름이 쏟은 향기름 같으므로
처녀들이 너를 사랑하는구나

아 1:3

하나님의 사람들이 새롭게 자신들을 내려놓고, 거룩한 무모함으로 예수님께 나아가기 시작했습니다. 하나님께서는 예수님의 재림 전에, 하나님 중심적인 기독교에 굶주린 이들과 인간 중심적인 기독교를 거부하는 사람들로 이루어진 교회를 세우실 것입니다. 교파는 더 이상 중요하지 않게 될 것입니다. 하나님의 아들이 능력으로 역사하시고, 그의 아름다움을 사람들에게 보이신다면, 사람들은 다 그에게로 몰릴 것입니다. 우리는 왜 예수님을 원하는 걸까요? 그것은 아마 이 세상이 우리에게 줄 수 있는 것보다, 하나님의 사랑과 애정이 더 나은 것을 알았기 때문일 것이고, 그리스도 예수의 견줄 수 없는 아름다움과 위대하심을 조금이라도 보기 시작했기 때문일 것입니다.

나의 기도

아버지, 당신의 영이 제 마음에 새롭게 일어나고 있음을 느낍니다. 인간 중심적인 기독교의 틀에서 나와 살고 싶습니다. 저를 위한 당신의 계획을 성취하기 위해, 제 안에 있는 자기만족과 무관심에서 깨어나고 싶습니다.

**하나님의 영은 하나님의 때와
영원한 삶에 대한 계시를 우리에게 부어주시며,
우리로 하여금 자기만족에서 깨어 나오도록 부르고 계신다.**

Day 79

왕이 나를 그의 방으로 이끌어 들이시니
너는 나를 인도하라 우리가 너를 따라 달려가리라
우리가 너로 말미암아 기뻐하며 즐거워하니 네 사랑이 포도주보다 더 진함이라

아 1:4

아가서에 나오는 처녀는 열정으로 다시 깨어난 뒤에, 두 가지 기도를 드립니다. "당신에게로 인도하시고, 함께 달리게 하옵소서!" 여기서 우리는 기도 순서를 눈여겨봐야 합니다. 가장 먼저 우리는 그분께 친밀함으로 끌려야 합니다. 그러고는 함께 달려 나가며 사역해야 합니다. 사람들은 이렇게 기도하기가 쉽습니다. "예수님 당신과 함께 달려가게 해 주시옵소서" 또는 "제 사역의 범위와 영향력을 확장시켜 주시옵소서." 사람들은 하나님께 가까이 끌리는 열정 없이 이 모든 것들을 구하지만, 더욱더 큰 사역을 위해 먼저 예수님과 가까워지는 것이 하나님의 순서입니다. 이것이 진짜 '달려 나감'이며 진짜 사역입니다. 참된 사역은 사람들의 마음에 해방을 가져다주어, 그들로 하여금 하나님을 친밀하게 아는 것과 예배하는 것에 마음이 끌리게 해 줍니다.

나의 기도

아버지, 저의 발걸음이 그 어느 때보다 당신을 향하게 하시옵소서. 저를 당신에게로 가까이 이끄시고, 다른 사람들의 마음을 자유케 하는 데 저를 동역자로 삼아 주시옵소서. 그들에게 당신과 친밀해질 수 있는 길을 보여주는 자 되게 하시옵소서.

만약 우리가 그리스도와 함께 효과적으로 동역하려면 그분과 함께 뛰어야 하며,
그분의 사랑을 마주하기 위해, 한 사람의 예배자로서 먼저 나아가야 한다.

Day 80

예수께서 이르시되 네 마음을 다하고 목숨을 다하고 뜻을 다하여
주 너의 하나님을 사랑하라 하셨으니
이것이 크고 첫째 되는 계명이요 둘째도 그와 같으니
네 이웃을 네 자신 같이 사랑하라 하셨으니 이 두 계명이 온 율법과 선지자의 강령이니라

마 22:37-40

소수의 믿는 자들이 "주님, 저를 가까이 하소서"라고 고백하지만, 그들조차 실제로는 사역 가운데 주님과 함께 동역자로서 뛰어가는 것에 저항합니다. 성령님은 "방해하지 마시오"라는 문구를 보시려고 우리를 가까이 하신 것이 아닙니다. 우리가 우리의 안전지대에 머물며, 예수님께 사랑의 노래만 부르라고 가까이 하신 것도 아닙니다. 그리스도와 함께 기업을 물려받은 자로서, 우리는 그분께 친밀함으로 끌린 후에, 힘을 얻어 주님과 긴밀하게 협력하여 사역에 임해야 합니다. 교회는 끌림과 달려나감의 긴 여정 속에서 분명 성숙해질 것입니다. 우리는 예수님과 친밀함을 유지하는 동시에, 깨어진 자들을 세워나가고, 영적 싸움에서 승리하며, 서로를 섬기는 법을 배우게 될 것입니다.

나의 기도

아버지, 다른 이들이 당신께 끌릴 수 있도록, 제가 먼저 주님과의 친밀한 교제를 가질 수 있도록 이끌어 주시옵소서. 깨어진 사람들에게 당신의 구원을 알려주고 싶습니다. 제가 영적 전쟁에서 승리할 수 있도록 함께 해 주시고, 다른 이들의 마음을 돌이켜 당신을 위해 살도록 이끌어 줄 수 있게 하여 주시옵소서.

예수님과 깊은 친밀함을 가지고 그분의 종으로서 사역에 임할 때에,
마태복음 22장 37-40절에서 예수님이 주신 가장 큰 계명 두 가지를 지킬 수 있다.

Day 81

모든 일을 그의 뜻의 결정대로 일하시는 이의 계획을 따라
우리가 예정을 입어 그 안에서 기업이 되었으니
이는 우리가 그리스도 안에서 전부터 바라던
그의 영광의 찬송이 되게 하려 하심이라

엡 1:11-12

예수님께서 우리 영의 기쁨의 근원인 것을 깨닫는 일은, 영적으로 한층 더 성장하는 데 중요한 부분을 차지합니다. 그렇기 때문에 주님은 이 과정이 방해받는 것을 원치 않으십니다. 예수님께서는 그분의 사랑과 신실함에 대해 우리가 알아가며 안전함과 만족감이 커지는 시기에, 더 큰 성장을 위해 우리를 잠시 떠나십니다. 하지만 우리가 그분의 아름다움을 바라보며 기뻐할 때에 우리 영혼에 인을 쳐 주십니다. 이 과정을 통해, 영적인 친밀함을 방해하는 '타협'이 우리에게 다시는 만족감을 주지 못하게 만드십니다. 우리도 하나님 안에서 유업이 있고, 하나님 또한 우리 안에 유업이 있으십니다. 모든 것을 다 소유하신 하나님께서 우리에게서 받으실 유업을 기다리신다는 것이 참으로 놀랍지 않습니까?

나의 기도

아버지, 제가 승리를 향하여 나가지 못하고 제자리걸음 한다고 느낄 때, 그것이 영적인 성장의 계절이라는 것과 앞에 있을 일을 준비하는 계절인 것을 이해할 수 있도록 도와주시옵소서.

**우리는 공동 상속자로서, 그리고 영원히 그리스도와 사랑을 나누고
그분의 집과 보좌를 함께 하는 자로서 준비되고 성숙해진다.**

Day 82

> 내 사랑하는 자의 목소리로구나
> 보라 그가 산에서 달리고
> 작은 산을 빨리 넘어오는구나
>
> 아 2:8

주님은 우리를 열정적으로 사랑하시고 깊이 사랑하시기에, 자신에 대한 완전히 새로운 계시를 우리에게 주십니다. 이 아름다운 사랑의 노래에서 처녀는, 그의 사랑하는 자를 완전히 다른 시각에서 보고 있습니다. 그녀는 그의 사랑하는 자가 자신을 향해 노루처럼 뛰어오는 모습을 보고 있습니다. 여기서 언덕과 산은 넘어야 할 장애물을 말합니다. 장애물은 그리스도인들이 성숙되는 과정 중 겪게 되는 시험과 고난입니다. 또한 사탄의 주권과 영향력에 맞서 싸우는 것을 말하기도 합니다. 이 장애물은 복음에 반대하는 이 세상일 수도 있습니다. 장애물이 무엇인지는 중요하지 않습니다. 우리 하나님께서는 넘지 못하실 산이 없으십니다!

나의 기도

주님, 그리스도인들의 성장에 시험과 고난을 가져오는 언덕과 산이 있음을 알았습니다. 제가 이 산들을 한 걸음 한 걸음씩 넘을 때마다, 당신에게 더욱 가까워지고 있다는 사실을 한시도 잊지 않게 하여 주옵소서.

> 거룩한 열정으로 조금씩 나아가다 보면,
> 열정이 온전한 성숙과는 다른 것임을 알게 된다.

Day 83

내 사랑하는 자는 노루와도 같고 어린 사슴과도 같아서
우리 벽 뒤에 서서 창으로 들여다보며 창살틈으로 엿보는구나
나의 사랑하는 자가 내게 말하여 이르기를
나의 사랑 내 어여쁜 자야 일어나서 함께 가자

아 2:9-10

우리는 영적 여정의 초기 단계에서, 처녀가 그랬던 것처럼, 예수님을 우리의 마음을 충족시키시는 존재로 보게 됩니다. 그분과 함께 조금씩 더 성장해 나가면, 산을 뛰어넘으시는 전능하신 왕으로 그분을 마주하게 됩니다. 이러한 계절에 예수님께서는 자신의 나라를 반대하는 이 세상과의 전쟁에 함께 나가자고 우리를 부르시며, 안전지대에서 나오라고 도전하십니다. "일어나라, 아름다운 자야, 나와 함께 가자. 나무 그늘 아래에 영원히 앉아 있을 수만은 없단다. 일어나 나와 함께 산을 넘자. 나를 반대하는 곳에서도 나의 나라를 임하게 하는 데 함께 할 만큼 나를 사랑하느냐?"

나의 기도

사랑하는 아버지, 안전한 그늘에서 떠나 당신과 함께 저의 영적 성장을 방해하고 당신의 나라에 반대하는 언덕과 산을 제가 뛰어오를 수 있도록 용기를 주시옵소서.

주님께서 안전지대에서 나와
일어나라고 도전하신 적이 있으십니까?

Day 84

내 사랑하는 자야
날이 저물고 그림자가 사라지기 전에 돌아와서
베데르 산의 노루와 어린 사슴 같을지라
아 2:17

예수님께서 무언가를 부탁하셨을 때, 당신의 두려움과 나약함 때문에 거절한 적이 있으신가요? 예수님께서는 처녀에게 도전하셨듯이, 우리가 더욱 성숙한 제자가 되어 그분의 기쁨과 목적을 따라 살 수 있도록, 안전지대에서 나오라고 도전하십니다.

나의 기도

아버지, 여러 번 저에게 말씀하셨을 때, 제가 따르지 못했음을 용서하여 주옵소서. 성숙한 자가 되어 내 영이 항상 당신의 뜻에 "네"라고 대답할 수 있기를 원합니다.

아가서에 나오는 처녀처럼,
주님 혼자 달려나가 산을 정복하고
어두움을 정복하시라고 말하며,
주님이 주신 새로운 도전들을 거절한 적이 있다.

Day 85

내가 밤에 침상에서 마음으로 사랑하는 자를 찾았노라 찾아도 찾아내지 못하였노라
이에 내가 일어나서 성 안을 돌아다니며 마음에 사랑하는 자를
거리에서나 큰 길에서나 찾으리라 하고 찾으나 만나지 못하였노라
성 안을 순찰하는 자들을 만나서 묻기를
내 마음으로 사랑하는 자를 너희가 보았느냐 하고

아 3:1-3

주님께서는 가끔 우리를 훈련시키시기 위해, 그분의 임재를 거두시어 우리의 시선을 사로잡으시기도 합니다. 이는 처녀가 예수님의 말씀을 거절한 것을 회개할 수 있도록 기회를 주신 것과 동일합니다. 신실하신 주님께서 미성숙한 제자들을 훈계하시는 것은 화가 나셨기 때문이 아닙니다. 그분은 우리가 미성숙하여도 우리를 사랑하시고 기뻐하시지만, 우리를 너무 사랑하시기에 우리를 그대로 버려두지 않으시는 것입니다. 우리가 다 이해하지는 못할지라도 항상 우리를 성숙함으로 이끌고 계십니다. 우리가 그의 영광스러운 신부가 될 것과 하나님의 영광스런 아들과 함께 영적 보물을 상속받을 자임을 아시기 때문입니다.

나의 기도

사랑하는 나의 아버지, 당신의 임재가 저로부터 떠난 것처럼 느껴지는 어두운 계절에도, 사랑의 빛으로 저를 사로잡아 주실 아침을 바라보게 하시고, 당신과 새로운 차원의 관계를 가질 수 있도록 이끌어 주시옵소서.

주님은 우리의 근심과 연약함에 화내지 않으신다.

Day 86

또 아들들에게 권하는 것 같이 너희에게 권면하신 말씀도 잊었도다
일렀으되 내 아들아 주의 징계하심을 경히 여기지 말며
그에게 꾸지람을 받을 때에 낙심하지 말라 주께서 그 사랑하시는 자를 징계하시고
그가 받아들이시는 아들마다 채찍질하심이라 하였으니
너희가 참음은 징계를 받기 위함이라 하나님이 아들과 같이 너희를 대우하시나니
어찌 아버지가 징계하지 않는 아들이 있으리요
징계는 다 받는 것이거늘 너희에게 없으면 사생자요 친아들이 아니니라

히 12:5-8

주님은 우리가 두 손에 꼭 쥐고 놓지 않으려 하는 것들을 내려놓을 수 있도록 조심스럽게 우리 손가락을 펴십니다. 주님의 손길은 부드러울 것이지만, 그분의 의지는 확고합니다. 우리가 주님보다 우선시 여기는 것들에서 우리를 설득시키시고 떼어 놓으시며 이렇게 말씀하십니다. "네가 상속받을 그 영광을 네가 안다면, 결코 거절하지 못할 것이다. 나를 만날 수 없는 곳으로 내가 너를 이끈 적이 있더냐? 내가 너에게서 공급을 끊은 적이 있더냐? 너에게 열 배로 되돌려줄 것이 아니면, 결코 아무것도 너에게서 가져간 적이 없단다. 나의 훈계는 선하다. 이 훈계가 잠시 애석할지는 몰라도, 그 뒤에는 의의 열매를 맺을 수 있단다."

나의 기도

주님, 제 삶에서 반드시 내려놓아야 하는 것들에서 저의 손가락을 부드럽게 펴시는 것을 느낍니다. 주님께 이것들을 드립니다. 이것들이 제 삶 가운데 다시는 저의 성장을 방해하지 못하도록 하여 주시옵소서.

타협으로 인해 주님의 임재가 떠날 때, 우리는 순종으로 나아가
믿음을 가지고 다시 그분을 구해야 한다.

Day 87

날이 저물고 그림자가 사라지기 전에
내가 몰약 산과 유향의 작은 산으로 가리라
아 4 6-7

우리는 우리의 실패와 부족함을 보면서, 자동적으로 하나님께서도 우리를 비난하고 질책하실 거라 생각합니다. 만약 그렇게 생각한다면 사탄에게 제대로 속은 것입니다. 실제로는 사탄 자신이 우리를 비난하는 것이면서, 마치 하나님께서 비난하는 것처럼 우리를 속입니다. 하나님께서는 우리를 비난하지 않으십니다. 우리에게 비난의 생각을 주는 것은 사탄입니다. 하나님께서는 우리에게 용기와 확신을 주시는 분입니다. 우리가 실제로 순종하는 것보다, 우리 마음은 더 순종하고 싶어 하는 것을 알고 믿으시는 분입니다. 이런 우리를 우리가 상상하지도 못했던 방향으로 이끄시며 이렇게 말씀하십니다. "사랑한다, 내가 너를 사랑한다! 열정적이지만 미성숙한 처녀인 너를 가장 아름답고 성숙한 신부로 만들어 주마."

나의 기도

주님, 실패와 부족함이 저를 삼킬 때에, 제 마음 안에 비난의 목소리가 들려온다면, 그것이 하나님이 아닌 사탄이라는 것을 깨달을 수 있는 힘을 주시옵소서. 당신에게 순종할 수 있도록 저의 마음을 믿어 주시며, 저를 창조하신 목적으로 가까이 이끌어 주시니 감사합니다.

순종하고 싶은 열망이
자라나지도 않은 씨앗의 형태로 우리 마음 가운데 있을지라도,
그리스도는 그것을 보신다.

Day 88

그러므로 형제들아 내가 하나님의 모든 자비하심으로 너희를 권하노니
너희 몸을 하나님이 기뻐하시는 거룩한 산 제물로 드리라
이는 너희가 드릴 영적 예배니라 너희는 이 세대를 본받지 말고
오직 마음을 새롭게 함으로 변화를 받아
하나님의 선하시고 기뻐하시고 온전하신 뜻이 무엇인지 분별하도록 하라

롬 12:1-2

어떤 사람들은 하나님의 뜻을 항상 이루는 것은 어려운 일이라고 생각하지만, 그것은 사실이 아닙니다. 하나님의 뜻은 선하시며, 만족스러우며, 완벽합니다. 우리는 하나님의 뜻대로 살 때 가장 큰 성취감과 기쁨을 맛볼 수 있습니다. 반대로, 육신의 욕심과 하나님의 뜻이 충돌할 때에는, 우리 육신의 욕심을 버려야 할 때도 있습니다. 우리의 욕심을 버리는 것이 결코 쉬운 일은 아니지만, 우리는 우리 자신을 부인해야 합니다. "아무든지 나를 따라오려거든 자기를 부인하고 날마다 제 십자가를 지고 나를 따를 것이니라"(눅 9:23). 예수님과 함께 땀 흘리며 일하기 원한다면, 이 땅에서 예수님의 목적을 이루기 원한다면, 우리는 우리의 안전지대에서 나와 보이지 않는 하나님과 신실하신 그분의 말씀만을 의지하는 삶을 살아야 합니다.

나의 기도

주님 저의 편안함이, 매일 십자가를 지고 당신을 따르는 삶을 살지 않는 것에서 오는 편안함이라면, 더 이상 이 안전지대에 머물고 싶지 않습니다. 당신의 목적을 이루기를 제가 소원합니다. 무조건적으로 주님을 신뢰하는 믿음 안에서 살게 하여 주시옵소서.

**십자가를 지고 예수님을 따르지 않는다면,
그의 제자가 아니다.**

Day 89

> 내 누이 내 신부야 네가 내 마음을 빼앗았구나
> 네 눈으로 한 번 보는 것과 네 목의 구슬 한 꿰미로
> 내 마음을 빼앗았구나
>
> 아 4:9

마음을 빼앗는다는 것은 무슨 뜻일까요? 사전에 의하면 '빼앗다(ravish)'는 '폭력에 의해 가져가다. 미칠 듯이 기쁘다. 황홀하게 하다'란 의미를 가지고 있습니다. 신부가 예수님의 마음을 황홀함과 미칠 듯한 기쁨으로 사로잡은 것입니다! 주님의 사랑고백과 자신을 인정하시는 그분의 음성을 들은 처녀는 두려움을 떨쳐버리고, 주님을 따라갈 용기를 되찾습니다. 여기서 기억해야 할 것은, 처녀가 이 시점에서 한 일은 "네"라고 말한 것밖에 없다는 것입니다. 하나님께 순종하려는 그녀의 진실한 마음만으로, 처녀는 하나님의 마음을 빼앗은 것입니다.

나의 기도

주님, 당신을 따르려 하는 저의 의지만으로도 당신의 마음을 빼앗을 수 있다는 것이 정말인가요? 당신의 사랑을 이해하기에는 제가 너무 작은 존재이지만, 당신께서 부르시는 곳으로 따라가고 싶어 하는 제 마음은 진실되오니, 주님 받아 주시옵소서.

> 불완전하지만 진정어린 당신의 헌신의 고백이
> 그분의 마음을 빼앗는다는 것을 아셨나요?

Day 90

우리는 낮에 속하였으니 정신을 차리고
믿음과 사랑의 호심경을 붙이고 구원의 소망의 투구를 쓰자
하나님이 우리를 세우심은 노하심에 이르게 하심이 아니요
오직 우리 주 예수 그리스도로 말미암아 구원을 받게 하심이라

살전 5:8-9

예수님께서 우리에게 마음을 빼앗기셨다는 계시는 우리 마음을 그분을 향한 열정으로 깨우며, 거룩한 불로 지핍니다. 우리를 사랑하시는 예수님의 사랑에 사랑과 헌신으로 반응할 때, 그 사랑은 우리에게 방패막이 되어 줍니다. 이는 시험의 때에도 우리 마음이 거룩한 사랑으로 불타오를 수 있도록 우리를 보호해 줍니다.

나의 기도

사랑하는 아버지, 정말 저를 열정적으로 사랑하시는 아버지께, 제 마음을 다하여 제 삶을 다함으로, 당신을 기쁘게 해 드리고 싶습니다. 저의 마음을 지켜주시고, 당신에게로 더욱더 가까이 이끌어 주시옵소서.

**예수님께서는 당신과 더욱
친밀한 관계를 가지고 싶어 하신다.**

Day 91

여호와는 말의 힘이 세다 하여 기뻐하지 아니하시며
사람의 다리가 억세다 하여 기뻐하지 아니하시고
여호와는 자기를 경외하는 자들과 그의 인자하심을 바라는 자들을 기뻐하시는도다

시 147:10-11

어쩌면 우리는 지속적으로 쏟아지는 적의 비난에 익숙해져 있을 수 있습니다. 스스로를 비난하는 마음과 다른 이들의 비난 때문에, 우리의 마음은 죄의식과 실패감 그리고 거절감으로 둘러싸여 있을 수도 있습니다. 이것들에서 벗어나 산다는 것이 어떤 삶인지 알지 못할 수도 있습니다. 우리는 우리 스스로를 실패자로 여기고, 사랑받을 가치가 없다고 생각할지도 모르지만, 주님은 우리를 다르게 보십니다. 실패할지는 몰라도, 예수님을 바라보며 그분을 따르겠다고 결심하는 우리의 그 순간의 결심이, 그분의 마음과 눈길을 사로잡습니다. "네가 나에게 준 눈길 한 번이 나의 마음을 사로잡는구나!" 예수님께서 외치십니다. "너의 헌신이 나를 감동시키는구나. 너는 너무 사랑스러우며, 내 마음에 기쁨과 즐거움이란다!"

나의 기도

사랑하는 하나님, 제가 영적인 실패자로 느껴질 때가 있습니다. 하지만 제 자신을 바라보지 않고 당신을 바라보게 하시고, 당신의 놀라운 사랑으로 새롭게 하여 주시옵소서. 당신의 사랑의 언약으로 저를 일으키시고, 당신이 원하시는 모습으로 저를 변화시켜 주시옵소서.

**하나님께서는 우리가 상상도 못한 방법으로 우리를 일으키시는데,
우리는 스스로를 끔찍하게 책망하고 비난한다.**

Day 92

베냐민에 대하여는 일렀으되
여호와의 사랑을 입은 자는 그 곁에 안전히 살리로다
여호와께서 그를 날이 마치도록 보호하시고
그를 자기 어깨 사이에 있게 하시리로다

신 33:12

사탄이 거짓말로 당신의 마음을 짓누를 때마다, 말씀으로 사탄에게 명령하십시오. 당신의 마음이, 당신의 실패를 인해 스스로를 무자비하게 비난하며 손가락질할 때, 사랑하는 예수님의 음성에 귀 기울이시고, 그분의 말씀을 가지고 이렇게 선포하십시오. "나는 아름다우며 그분의 기쁨이다. 나는 예수님의 마음을 빼앗은 자다!"

나의 기도

아버지, 당신의 사랑스런 음성이 들립니다. 그 음성이 저를 억압하는 적의 거짓된 속삭임을 물리칩니다. 저는 사탄의 거짓말을 듣지도, 믿지도 않겠습니다. 당신만이 나의 희망, 나의 생명, 나의 기쁨 되심을 고백합니다.

사랑하는 자가 확신을 주는 음성으로 이야기할 때,
이의를 제기하려 입을 열지 마십시오.
그분의 음성은 진실합니다. 받아들이고 믿으십시오.

Day 93

내 누이 내 신부야 네 사랑이 어찌 그리 아름다운지
네 사랑은 포도주보다 진하고 네 기름의 향기는 각양 향품보다 향기롭구나
내 신부야 네 입술에서는 꿀 방울이 떨어지고 네 혀 밑에는 꿀과 젖이 있고
네 의복의 향기는 레바논의 향기 같구나
내 누이 내 신부는 잠근 동산이요 덮은 우물이요 봉한 샘이로구나

아 4:10-12

이 구절은 믿는 자인 저와 여러분이 적용해야 할 중요한 영적인 원리를 담고 있습니다. 하나님께서 우리를 사랑하시는 것을 아는 것은, 우리로 하여금 시험과 박해의 때에 그분의 온전함을 경험하며, 굳세고 신실하게 설 수 있도록 준비시켜 줍니다. 예수님께서는 예수님을 사랑하는 우리의 마음이 포도주보다 낫고, 이 세상의 궁전이나 자신의 손으로 지으신 모든 창조물의 영광보다도 낫다고 하셨습니다. 예수님께서는 그의 아름다운 신부에게서 세 가지 기쁨을 찾으실 수 있는데, 이는 신부의 향기, 신부의 달콤한 입술, 신부의 의복에서 나는 향기입니다.

나의 기도

사랑하는 주님, 제 삶에서 박해와 시험의 때가 있을 것을 알지만, 당신의 사랑이 저를 더 강건하게 합니다. 제 삶에 무슨 일이 닥치더라도, 제 마음을 다해 한 평생 당신을 따르겠습니다.

**예수님께서는 흔들리지 않는 마음과 사랑으로
모든 것을 버린 그의 교회에, 진정으로 마음을 빼앗기셨습니다.**

Day 94

나의 유리함을 주께서 계수하셨사오니 나의 눈물을 주의 병에 담으소서
이것이 주의 책에 기록되지 아니하였나이까
내가 아뢰는 날에 내 원수들이 물러가리니
이것으로 하나님이 내 편이심을 내가 아나이다…
내가 하나님을 의지하였은즉 두려워하지 아니하리니
사람이 내게 어찌하리이까

시 56:8-9,11

신부의 향기는 그녀의 내면의 생각과 내면의 사랑스런 향기를 주님에게 뿜어냅니다. 하나님께서는 다른 이들은 들을 수 없는, 우리 내면의 비밀스런 외침을 들으실 수 있으십니다. 이는 아름다운 향기가 되어 그분 앞으로 올라갑니다. 하나님께서는 비록 기대에 미치지 못한다고 하셔도, 하나님을 기쁘게 해드리고 싶어 하는 우리 마음의 비밀스런 의도를 보십니다. 신령한 자의 외침은 향기가 되어 주님께 바쳐집니다. 오늘 이 구절에서 다윗은 자신의 실패에 스스로 회개의 눈물을 흘립니다. 우리의 회개와 슬픔의 눈물은 주님께 소중한 것입니다.

나의 기도

주님, 제가 당신 앞에서 정결하고 거룩한 향기를 뿜어낼 수 있게 하여 주시옵소서. 죄와 실패로 저의 마음이 무너질 때도 있지만, 당신의 사랑으로 제 눈물이 귀하다고 말씀해 주시니 감사합니다.

주변에 넘어지는 그리스도인과 자기 스스로를 비난하기 전에,
하나님께서 우리의 눈물을 소중히 여기신다는 것을 알아야 한다.

Day 95

내 신부야 네 입술에서는 꿀 방울이 떨어지고
네 혀 밑에는 꿀과 젖이 있고
네 의복의 향기는 레바논의 향기 같구나

아 4:11

사랑하는 자가 언급한 젖과 꿀 그리고 의복의 향기는 무엇을 말하는 걸까요? 젖과 꿀이 몸에 영양을 공급하듯이 입술에서 떨어지는 젖과 꿀은 생명을 주는 신부의 말을 의미합니다. 신부는 미성숙한 자들을 비난하고, 비판하며, 흠을 잡고 욕하는 대신, 믿음을 세워주는 말을 합니다. 의복의 향기는 의롭게 행한 일들을 의미합니다. 주님을 위해 우리의 삶을 내려놓으려는 우리의 의지와 자기중심적인 삶을 십자가에 못 박으려는 우리의 마음이, 주님께는 기쁨의 향기가 되어 올라갑니다.

나의 기도

주님, 제 입술로 하여금 제가 만나는 이들에게 당신의 생명과 구원을 불어넣게 하시고, 의롭게 주님을 섬기는 행동이 다른 이들로 하여금 주님께로 돌이킬 수 있는 계기가 되게 하여 주시옵소서. 주님의 발 앞에 제 생명을 내어 드립니다. 저의 사랑과 헌신이 주님의 마음에 기쁨의 향기로 닿을 수 있기를 기도합니다.

우리는 구원 받는 자들에게나 망하는 자들에게나
하나님 앞에서 그리스도의 향기니
이 사람에게는 사망으로부터 사망에 이른 냄새요
저 사람에게는 생명으로부터 생명에 이르는 냄새라
누가 이 일을 감당하리요(고후 2:15-16)

Day 96

> 북풍아 일어나라 남풍아 오라
> 나의 동산에 불어서 향기를 날리라
> 나의 사랑하는 자가 그 동산에 들어가서
> 그 아름다운 열매 먹기를 원하노라
>
> 아 4:16

주님께서 처녀에게 자신의 사랑을 아낌없이 주셨을 때, 처녀는 아가서의 위대한 기도자들 중 한 명이 됩니다. 여기서 북풍은 차갑고 쓰라린 겨울을 의미합니다. 남풍은 씨를 뿌리는 봄의 바람과 성장을 불러오는 여름의 바람, 즉 따뜻하고 상쾌한 바람을 의미합니다. 신부는 이 두 가지 바람을 다 구합니다. 그녀의 마음에 있는 것들을 들출 수 있는 거센 북풍도 구했고, 축복과 상쾌함을 주는 남풍도 구했습니다.

나의 기도

아버지, 추수 때의 따뜻하고 상쾌한 바람과 함께 겨울의 북풍도 함께 구할 수 있는 용기를 저에게 주시옵소서. 제가 겨울을 지내는 동안, 축복의 씨를 제 삶에 뿌리시고, 제가 추수의 때에 당신을 찬양하게 하옵소서.

우리에게는 항상 축복을 동반하는 남풍이 필요하다.

Day 97

그런즉 너희는 하나님께 복종할지어다
마귀를 대적하라 그리하면 너희를 피하리라
하나님을 가까이하라 그리하면 너희를 가까이하시리라
죄인들아 손을 깨끗이 하라 두 마음을 품은 자들아 마음을 성결하게 하라
약 4:7-8

우리는 훈련의 바람과 축복의 바람을 다 구하며 이렇게 기도합니다. "당신이 정말 저를 사랑하신다면, 제가 당신에게 모든 것을 다 내어 드려도 안전하다는 것을 압니다. 당신을 깊이 신뢰합니다. 저를 훈련시키시더라도, 제 삶을 앗아갈 수 있는 시험은 허락하지 아니하시니, 역경이 두렵지 않습니다. 저를 한 걸음 한 걸음 지켜주시니 두렵지 않습니다." 북풍을 사탄의 공격과 혼돈해서는 안 됩니다. 우리는 사탄의 맹공격에 늘 저항해야 합니다. 사탄의 공격을 초청하는 것은 어리석은 일입니다. 우리는 늘 사탄과 그의 술수에 저항해야 합니다. 우리는 우리의 사랑하는 자를 온전히 신뢰하기 때문에 이렇게 기도하는 것을 두려워하지 않습니다. "예수님 사랑합니다. 저의 모든 미성숙함이 사라지기를 소원합니다. 제 마음이 당신의 마음과 함께 멍에를 질 수 있기를 소원합니다. 제 안에 있는 당신의 유업이 제게는 가장 중요합니다. 제가 북풍을 마다하지 않겠습니다!"

나의 기도

주님, 영적으로 낙담과 공격의 바람을 일으켜 제 삶을 망가트리려 하는 사탄의 계획에 저항합니다. 오직 주님의 축복과 신실한 유업을 제가 소망합니다.

**하나님께서는 사탄의 공격을
우리 마음을 단련시키시는 데 사용하기도 하신다.**

Day 98

내가 내 사랑하는 자를 위하여 문을 열었으나 그는 벌써 물러갔네
그가 말할 때에 내 혼이 나갔구나
내가 그를 찾아도 못 만났고 불러도 응답이 없었노라
성 안을 순찰하는 자들이 나를 만나매 나를 쳐서 상하게 하였고
성벽을 파수하는 자들이 나의 겉옷을 벗겨 가졌도다
예루살렘 딸들아 너희에게 내가 부탁한다 너희가 내 사랑하는 자를 만나거든
내가 사랑하므로 병이 났다고 하려무나

아 5:6-8

처녀에게 드디어 두 가지 어려운 시험이 찾아옵니다. 주님께서 그분의 임재를 거두시고, 주님의 사람들조차 그녀를 거절합니다. 첫 번째 시험은 그녀의 심령에 만족을 주었던 하나님의 실질적인 임재가 사라지는 것입니다. 이것은 일시적인 시험일 뿐입니다. 하나님께서 임재를 거두신 것은 불순종 때문이 아니라, 더 성숙하고자 하는 처녀의 마음의 소원과 순종함에서 비롯된 것입니다. 임재를 거두시면서 주님께서는 물으십니다. "신부야, 너에게 하나만 물어보자꾸나. 나만이 너에게 있어 유일한 만족이냐? 내가 네 삶에 유일한 이유이냐? 내가 네 목적의 수단이냐 아니면 네 삶의 최종 목표이냐? 영적으로 아무런 느낌이 없어도 나를 섬기겠느냐? 분별할 수 있는 나의 임재가 사라진다 하더라도, 너는 여전히 '나는 당신의 사랑하는 종입니다'라고 고백할 수 있겠느냐?"

나의 기도

주님, 당신이 멀게 느껴지던 제 삶의 어려운 계절에, 주변 사람들에게도 거절당한 것 같은 어려운 마음이 들 때도 있었습니다. 이런 때에, 제가 당신의 유업이며, 주님이 저를 사랑 가운데 안전하게 지키실 것을 기억하게 하여 주옵소서.

우리 또한 언젠가는 이 두 가지 시험을 겪게 될 것이다.

Day 99

성 안을 순찰하는 자들이 나를 만나매
나를 쳐서 상하게 하였고
성벽을 파수하는 자들이 나의 겉옷을 벗겨 가졌도다

아 5:7

두 번째 시험은 순찰하는 자들, 즉 교회 지도자들이 그녀를 상하게 하고, 겉옷을 가져가 버리는 것입니다. 당신이 헌신했던 형제자매들에게 오해를 사게 되어, 그들이 당신에게 맞서 들고일어난 경험이 있으신가요? 헐벗고 피 흘리며 서 있는데, 하나님마저 당신을 떠나버린 것 같은 느낌을 아시나요? 두 번째 시험의 때에는 주님 안에 있는 모든 유업을 처녀가 잃어버린 것처럼 보여집니다. 그녀는 하나님의 임재를 빼앗겼고, 교회의 은총 아래에 있을 곳도 잃어버렸습니다.

나의 기도

주님, 오해와 거절이 제 삶 가운데에 들어올지라도, 당신께서 당하셨던 고통을 기억하며 저를 주님께 온전히 맡겨 드릴 수 있게 하여 주시옵소서. 겨울의 끝자락이 희미하게 나마 보일 때, 추수의 때를 기다릴 수 있도록 저를 이끌어 주시옵소서.

**우리가 진리와 함께 할 때,
주님의 사람들조차 우리를 칠 때도 있다.
우리는 다른 믿는 자의 오해와 거절을 견뎌 낼 줄 알아야 한다.**

Day 100

예루살렘 딸들아 너희에게 내가 부탁한다
너희가 내 사랑하는 자를 만나거든
내가 사랑하므로 병이 났다고 하려무나

아 5:8

구약에 나오는 욥처럼, 처녀는 자신이 잠시 겪고 있는 이 시험이 무엇 때문인지 알지 못했습니다. 고통 가운데 그녀의 영은 날로 성숙해졌습니다. 그녀는 이렇게 외치지 않았을까요? "더 이상 혼자 감당하지 못하겠어요. 사랑하는 나의 왕이시여, 당신만이 내 열정과 내 기업 되십니다." 그러고는 아직은 영적으로 미성숙한 예루살렘의 딸들에게 부탁합니다. "만약 내 사랑하는 자를 만나거든 내게 모습을 감추었다고, 나를 이대로 내버려 두었다고 해서 내가 화나지 않았다고 전해주렴. 그를 사랑한다고, 사랑해서 병이 났다고, 화난 것이 아니라고 말해주렴." 험한 시험 가운데 있으면서도, 처녀와 같은 사랑이 우리 안에 있는 것을 주님께서 보실 때 이렇게 외치실 겁니다. "그래! 이것이 바로 참된 나의 신부의 마음이란다!"

나의 기도

사랑하는 아버지, 제가 원하는 것은 당신의 임재 안에 사는 것입니다. 제 삶에 무슨 일이 닥치더라도, 당신의 임재 안으로 다시 들어갈 수 있는 길을 알려 주시옵소서. 제가 험한 시험을 피하지 아니하고 감당하여, 당신 앞에 정결한 신부로 설 수 있게 하여 주옵소서.

고통 중에 그녀의 영은 성숙해지고 있었다.

Day 101

여자들 가운데에 어여쁜 자야
너의 사랑하는 자가 남의 사랑하는 자보다 나은 것이 무엇인가
너의 사랑하는 자가 남의 사랑하는 자보다
나은 것이 무엇이기에 이같이 우리에게 부탁하는가
내 사랑하는 자는 희고도 붉어 많은 사람 가운데에 뛰어나구나

아 5:9-10

저는 아가서 5장 10-16절이 하나님의 말씀 중, 사랑에 대해 가장 잘 표현해 주고 있는 구절이 아닌가 싶습니다. 처녀는 헐벗고 상처 입은 채, 비난하는 자들 앞에서 사랑하는 왕의 모습, 그의 머리와 머리카락, 그의 눈과 입술, 그의 뺨과 얼굴, 그의 손과 다리 그리고 그의 몸을 상징적인 언어를 사용하여 설명합니다. 처녀는 그의 뛰어남과 그가 하는 모든 일이 얼마나 사랑스러운지 끊임없이 자랑합니다. "그는 눈이 부셔! 그는 내가 사랑하는 사람이자 나의 친구야." 처녀는 사랑하는 자를 잘 알기 때문에, 요동하지 않습니다. 그의 아름다움을 위의 열 가지 특징을 들어 열거하는 동안, 그녀의 안에는 찬양이 넘칩니다. 이런 처녀의 반응은 사랑하는 자가 그 모습을 감추고, 주변 사람들이 자신을 거절하도록 버려둔 사랑하는 자에게 보여줄 만한 반응이 전혀 아닙니다. 상사병에 걸린 처녀는 화내지 아니하고, 오히려 그의 위대함을 찬양합니다.

나의 기도

주님, 당신의 아름다움과 당신을 둘러싼 영광의 빛이 당신을 영원토록 빛나게 합니다. 그 빛으로 제 삶을 비추시고, 저를 둘러싸고 있는 어둠을 쫓아 주시옵소서.

그녀는 왕의 위대함에 집중한다.

Day 102

> 여자들 가운데에서 어여쁜 자야
> 네 사랑하는 자가 어디로 갔는가
> 네 사랑하는 자가 어디로 돌아갔는가
> 우리가 너와 함께 찾으리라
>
> 아 6:1

당신이 고통과 박해와 거절 가운데서도, 온전히 예수님께 헌신하며 여전히 그분을 향한 변함없는 애정을 과시할 때, 주변 사람들은 어떤 반응을 보일까요? 당신에게 희생은 전혀 아무 문제가 되지 않으며, 당신의 앞길에 그 무엇이 있든 간에, 예수님께 온전히 헌신하는 당신의 모습을 보면 사람들은 뭐라고 할까요? 성령님께서 우리 마음에 예수님이 어떠한 분이신지 알려주실 때마다, 우리의 헌신은 더욱 깊어지며, 예수님을 열정적으로 따르고자 하는 우리의 마음은 더욱더 강렬해질 것입니다. 하나님께서는 많은 이들에게 자극을 주고자, 열정적으로 헌신하며 믿는 자들을 일으키고 계십니다.

나의 기도

하나님, 저 또한 다른 이들을 자극할 수 있는, 하나님이 세우고 계시는 믿음의 사람이 되고 싶습니다. 길을 잃은 자들에게 제 삶이 증거가 되게 하시고, 당신의 영으로 하여금 제 안에 거하게 하시어, 저를 보는 이들마다 당신을 보게 하여 주시옵소서.

> **다른 이들로 하여금 이렇게 외치게 하십시오.**
> **"하나님 안에서 네가 누리는 것을 나도 누리고 싶어. 나도 하나님을 원해!"**

Day 103

너는 나를 도장 같이 마음에 품고 도장 같이 팔에 두라
사랑은 죽음 같이 강하고 질투는 스올 같이 잔인하며 불길 같이 일어나니
그 기세가 여호와의 불과 같으니라
많은 물도 이 사랑을 끄지 못하겠고 홍수라도 삼키지 못하나니
사람이 그의 온 가산을 다 주고 사랑과 바꾸려 할지라도 오히려 멸시를 받으리라
아 8:6-7

저는 이 아가서를 짧은 기도문으로 만들어 묵상하라고 권해드리고 싶습니다. 진실한 사랑을 노래한 이 아름다운 노래가 담고 있는 예언적인 말들을 이해하기 시작하면, 우리는 깜짝 놀랄 것입니다. 우리의 사랑하는 이가, 아직은 온전히 발달되지 않은 우리 내면의 양질의 것을 확인시켜 주시고 끌어내 주시며, 우리에게 이 노래를 똑같이 불러 주고 계시다는 것을 깨달을 때, 우리는 변화될 것입니다. 우리가 모든 면에서 아직은 연약하고, 실패하며, 성장 중에 있을 때에도, 하나님께서 우리를 향해 가지고 계신 애정과 마음을 볼 수 있는 새로운 눈을 주시기를 구하십시오. 그리고 절대로 하나님의 아름다운 사랑의 노래가 당신의 마음에서 떠나게 하지 마십시오.

나의 기도

당신의 사랑의 노래를 제 마음으로 찬양하게 하여 주시옵소서. 당신의 사랑의 불이 제 삶에 힘이 되게 하여 주시옵소서. 당신의 영을 기름 부으시어 제 삶을 씻어 주시면, 제가 당신의 사랑의 깊이를 잊지 못할 것입니다.

당신을 향한 하나님의 사랑의 메시지를 고이 간직하십시오.

Day 104

> 그 때에 내가 말하되 화로다 나여 망하게 되었도다
> 나는 입술이 부정한 사람이요
> 나는 입술이 부정한 백성 중에 거주하면서
> 만군의 여호와이신 왕을 뵈었음이로다 하였더라
>
> 사 6:5

예수님께서 영광 중에 나타나시면, 우리에게는 정결하고자 하는 마음이 새롭게 생깁니다. 이사야는 주님께서 영광 받으시는 것을 보고, 자신의 깨끗함을 구했습니다. 그리고 주님의 일을 위해 자신을 바치며 이렇게 외칩니다. "내가 여기 있나이다 나를 보내소서"(사 6:8). 예수님께서는 싸우는 교회, 죄에서 벗어나고자 몸부림치는 교회, 조금의 부도덕함은 괜찮다고 몰래 권하는 교회를 위해 이 땅에 오신 것이 아닙니다. 안에서부터 자유로운 교회, 그분을 위해 온전히 헌신된 교회를 위해 오신 것입니다.

나의 기도

주님께서 어떤 분인지에 대한 계시는, 저와 이 세상으로 하여금 당신의 말씀에 순종할 수 있는 힘을 줍니다. 흠도 주름도 없는 당신의 신부가 되고 싶습니다. 온전한 정결함으로 당신 앞에 설 수 있도록 도와주시옵소서.

> 예수님에 대한 계시를 받으면 받을수록,
> 순종할 수 있는 더 큰 의욕이 생긴다.

Day 105

이르시되 추수할 것은 많되 일꾼이 적으니
그러므로 추수하는 주인에게 청하여 추수할 일꾼들을 보내 주소서 하라
갈지어다 내가 너희를 보냄이 어린 양을 이리 가운데로 보냄과 같도다
눅 10:2-3

오늘날 너무나도 많은 그리스도인들이 교회의 스테인드글라스 뒤, 자신들의 안전지대에서 팔짱을 끼고 앉아서는, 교회 문 밖의 처절한 곤경에 빠진 믿지 않는 자들에게는 무관심합니다. 또한 대다수의 사람들은 자신들의 행복한 삶을 추구하는 것에 너무 집중한 나머지, 예수님조차 그들의 삶을 더욱 행복하게 해줄 수단으로 삼고 있습니다. 왜 크리스천들이 수동적으로 자신의 안전지대에서 팔짱을 낀 채, 성령을 내쫓고, 기도와 하나님의 말씀을 무시하게 됐을까요? 하나님께서 나가서 길을 잃고, 가난한 자들을 돌보라 하신 말씀을 어째서 모른 척하게 됐을까요? 왜 타협하고 타락하게 됐을까요? 도대체 우리는 뭘 하고 있는 걸까요? 이런 교회에게 예수님께서는 자신의 눈부신 광채와 영광의 모습을 보여주실 것입니다. 이 계시는 우리의 내면 깊은 곳에서부터, 절대적인 순종과 애정으로 우리를 깨울 것입니다. 그리고 다시는 타협과 수동적인 자세로 돌아가지 않게 할 것입니다.

나의 기도

죄 가운데 길을 잃은 자들의 아픔을 제가 느낄 수 있게 하여 주시옵소서. 길을 걸을 때에도 그들의 희망 없음을 보게 하시고, 도움을 청하는 그들의 외침으로 나의 귀를 채워 주시옵소서. 그들을 향한 당신의 놀라운 구원의 희망을 들고 나아가게 하여 주시옵소서.

**대다수의 믿는 자들은 새로운 위험을 감수하고 싶어 하지 않으며,
사랑을 모르는 이들에게 하나님의 사랑을 알리기 위해
익숙해진 교회의 편안함에서 벗어나고 싶어 하지 않는다.**

Day 106

너희는 넉 달이 지나야 추수할 때가 이르겠다 하지 아니하느냐
그러나 나는 너희에게 이르노니 너희 눈을 들어 밭을 보라
희어져 추수하게 되었도다

요 4:35

저는 대부흥이 올 것도, 많은 영혼의 추수가 일어날 것도 믿습니다. 대추수를 바라는 우리들은 하나님의 일꾼으로서 준비되어 있어야 합니다. 역사는 앞으로도 우리가 우리와 똑같은 사람들을 생산해 낼 것을 말해 줍니다. 저는 가끔 이렇게 기도하고 있는 제 모습을 발견합니다. "하나님, 당신의 교회에 무언가를 새롭게 부어주시기 전에는, 개종한 이들에게 가치 있을 그 무언가를 부어 주시기 전에는, 추수의 문을 활짝 열지 말아 주시옵소서. 돈, 권력, 자리 그리고 즐거움을 추구하며, 쉽게 범죄하는 그런 그리스도인으로 이루어진 또 하나의 세대를 허락하지 마시옵소서. 또한 간절히 구합니다. 수많은 새로운 믿는 영혼들을 보내 주시기 전에, 먼저 우리에게 당신의 아들의 아름다움과 그의 사랑을 아는 지식으로 채워 주시옵소서." 기억하십시오. 바울은 우리 모두가 하나가 되고, 친밀해지고, 성숙해지기 전까지 계속해서 예수님을 아는 지식이 이어질 것이라고 예언했습니다.

나의 기도

주님, 제 주변의 사람들이 아무런 희망 없이 죄 가운데 사는 동안, 저 혼자만 주님을 아는 것으로 만족하고 싶지 않습니다. 당신의 방법으로 저를 훈련시키시고, 잃어버린 영혼을 얻기 위하여 하나 되며, 친밀함과 성숙함으로 나아가는 당신의 위대한 군대가 되게 하여 주옵소서.

우리는 우리에게 있는 것으로,
새로운 영혼들을 먹이게 될 것이다.

Day 107

모든 성도 중에 지극히 작은 자보다 더 작은 나에게 이 은혜를 주신 것은
측량할 수 없는 그리스도의 풍성함을 이방인에게 전하게 하시고
영원부터 만물을 창조하신 하나님 속에 감추어졌던
비밀의 경륜이 어떠한 것을 드러내게 하려 하심이라

엡 3:8-9

하나님께서는 사람이나 사역 또는 교회를 유명하게 만드시는 것에는 관심이 없으십니다. 하나님께서는 그의 아들을 온 나라 가운데 드러내시는 것에 관심이 있으십니다. 하나님께서는 그의 아들을 위해 타오르는 열정과 헌신으로, 이렇게 고백할 믿는 자들을 찾고 계십니다. "저는 잠시 이 땅에 있다가 갈 뿐이며, 제 시민권은 하늘에 있습니다. 오직 당신의 이름을 높여 드리고 싶습니다. 당신을 위하여 사람들의 마음을 사로잡고 싶습니다!" 궁극적으로 하나님께서는 그의 백성에게 더 큰 은혜와 능력을 부어 주시기를 원하십니다. 하지만 저는 하나님께서 그리스도의 성품의 놀라움을 풍성하게 선포하는 교회를 찾으실 때를 대비하여, 더 큰 능력과 강력하신 성령님의 능력을 아껴두고 계신다고 믿습니다. 스스로를 위해서가 아닌, 그의 아들을 위하여 다른 이들의 마음을 사로잡고자 하는 믿는 자들에게, 하나님은 기름 부으시고 권능을 주실 것입니다.

나의 기도

하나님, 제 세대에 당신의 영이 이 온 땅 가운데 강력하게 역사하는 것을 보기 원합니다. 하나님 제게 기름 부으시고 능력을 더하시어, 잃어버린 영혼들을 당신에게로 이끌게 하시옵소서. 그들이 개인적으로 당신과 친밀한 관계를 가지는 변화된 삶을 살 수 있도록 돕는 자가 되게 하여 주시옵소서.

영적인 슈퍼스타의 시대는 지나갔다.

Day 108

남편들아 아내 사랑하기를 그리스도께서 교회를 사랑하시고
그 교회를 위하여 자신을 주심 같이 하라
이는 곧 물로 씻어 말씀으로 깨끗하게 하사 거룩하게 하시고
자기 앞에 영광스러운 교회로 세우사 티나 주름잡힌 것이나
이런 것들이 없이 거룩하고 흠이 없게 하려 하심이라

엡 5:25-27

성령님께서는 예수님을 위해서 사람들에게 감동을 주시지, 세상에 신나는 최신 사역을 주기 위해서 또는 가장 큰 빌딩을 목사에게 주기 위해서 감동을 주시는 것이 아닙니다. 하지만 참으로 신기하게도, 성령님께서는 예수님을 영화롭게 하는 삶을 살지 않는 남자와 여자에게 기름 부으시기도 합니다. 마지막 때에 교회 안에는 예수님께 충성하여 떨어지지 않는 자들이 생길 것입니다. 만약 오늘날 이뤄지고 있는 사역 중에, 저런 충성으로 임하는 사역이 있다면 모방하십시오. 만약 그렇지 못하다면, 단지 목사가 기도할 때 사람들이 뒤로 좀 넘어간다고 해서 감동받지 마십시오. 넘어가는 것만으로 충분하지 않습니다. 이러한 일들이 계속 일어날 수는 있겠지만, 이보다 더 좋은 무언가가 임박해 있음을 저는 믿습니다. 그리스도를 개인적으로 아는 지식이 주는 만족을 충만하게 경험하는 삶과 사역이 바로 우리 코앞에 와 있습니다.

나의 기도

주님, 만약 세상이 당신을 버린다 해도, 저는 돌아서지 않겠습니다. 영적인 허울만 멀쩡한 삶이 아닌, 당신의 위대한 구원이 주는 큰 기쁨이 가득 넘치는 삶 되게 하여 주시옵소서.

**우리가 기도할 때 사람들이 뒤로 넘어지는 것보다
훨씬 더 놀랍고 위대한 무언가가 있다.**

Day 109

우리 주 예수 그리스도의 하나님 영광의 아버지께서
지혜와 계시의 영을 너희에게 주사 하나님을 알게 하시고
엡 1:17

내가 아버지의 이름을 그들에게 알게 하였고 또 알게 하리니
이는 나를 사랑하신 사랑이 그들 안에 있고
나도 그들 안에 있게 하려 함이니이다
요 17:26

예수님을 위해 영향력 있는 사람이 되고 싶으십니까? 삶을 통해 그분을 영화롭게 해 드리길 원하십니까? 그렇다면 오늘 이 두 개의 성경구절을 삶의 최대 기도제목으로 삼으시길 권유합니다. 이 두 구절을 반복해서 읽고 묵상하십시오. 또한 이 구절들을 가지고 기도할 때, 마음에 드는 생각들을 기록하십시오. 예수님의 아름다움을 아는 지식에 대한 영적인 계시를 하나님께 구하기 시작하십시오. 하나님께서 아들을 사랑하시는 것처럼, 그 아들을 사랑할 수 있게 해 달라고 구하십시오. 우리는 "성령으로 말미암아 속사람을 능력으로 강건하게 하시오며"(엡 3: 16) 이렇게 되기 전까지 계속 인내하며 기도해야 합니다.

나의 기도

아버지, 지혜와 계시의 영을 부으셔서, 당신을 더욱 잘 알게 하옵소서. 매일 당신을 새롭게 알아가게 하시고, 당신의 놀라움과 아름다움을 아는 지식을 계시의 영을 통해 부어 주시옵소서.

우리는 하나님의 포로가 되기 전까지 쉬지 않아야 한다.
그분의 온전하신 목적에 사로잡혀,
다른 이들을 예수님을 향한 열정으로 이끌고
그분께 사로잡히도록 이끌어야 한다.

Day 110

사랑하지 아니하는 자는 하나님을 알지 못하나니
이는 하나님은 사랑이심이라
하나님의 사랑이 우리에게 이렇게 나타난 바 되었으니
하나님이 자기의 독생자를 세상에 보내심은 그로 말미암아 우리를 살리려 하심이라…
보라 아버지께서 어떠한 사랑을 우리에게 베푸사
하나님의 자녀라 일컬음을 받게 하셨는가 우리가 그러하도다

요일 4:8-10, 3:1

23년의 결혼생활 동안, 자녀가 없이 지낸 친구 부부가 있었습니다. 입양을 하기에는 나이가 너무 많이 들어 버렸기에, 그들은 입양 신청서에 이름조차 올려놓지 못했습니다. 그런 그들에게 생후 며칠밖에 안 된 귀여운 남자아이가 생겼습니다. 그 아이가 제 친구들에게 받은 사랑을 돌려주든 돌려주지 않든, 제 친구들은 자신의 어린 아들을 사랑할 것을 알고 있었습니다. 그런데도 그들은 자신들의 사랑과 애정을 아이에게 부어주며, 그 아이의 사랑을 받으려 애썼습니다. 드디어 그 어린아이가 부모의 사랑에 반응하며, 사랑을 돌려줄 수 있을 만한 나이가 되었습니다. 그 사랑에 제 친구들의 마음은 녹아버렸습니다. 그들이 느낀 감동은, 자녀 된 우리가 하나님께 사랑을 돌려드릴 때, 하나님께서 느끼시는 감정에 비하면 참으로 적은 것입니다.

나의 기도

아버지께 받은 엄청난 사랑의 일부라도 제가 아버지께 돌려드리게 될 때, 아버지의 마음에 기쁨과 사랑이 넘치기를 기도합니다. 당신을 더욱 경배할 수 있는 방법을 가르쳐 주시고, 더욱 사랑할 수 있도록, 제게 해 주신 모든 일에 제가 감사의 마음을 표현할 수 있도록 가르쳐 주시옵소서.

우리를 그의 집에, 그의 아들과 딸로 삼아 주신
그분의 완전한 사랑은, 절대 고갈되지 않는다.

Day 111

내가 행하는 것을 내가 알지 못하노니
곧 내가 원하는 것은 행하지 아니하고 도리어 미워하는 것을 행함이라
만일 내가 원하지 아니하는 그것을 행하면
내가 이로써 율법이 선한 것을 시인하노니
이제는 그것을 행하는 자가 내가 아니요 내 속에 거하는 죄니라

롬 8:15-17

무엇이 아이로 하여금 그의 부모를 가장 닮고 싶게 할까요? 그것은 애정과 존경일까요, 아니면 거절의 두려움과 죄책감일까요? 같은 원칙이 영적인 세계에서도 적용이 되는 것이 사실입니다. 조작, 두려움 또는 죄책감 등 잘못된 동기로 믿는 자들을 부추겨 그리스도와 친밀하게끔 만들면, 성과를 빨리 얻는 것처럼 보여져도, 그 결과는 오래 지속되지 못합니다. 기도, 금식 그리고 성경공부와 같은 필수적인 영적 훈련조차 잘못된 동기부여를 통해 이루어지면, 율법주의, 자만, 불안 또는 병적인 자기반성을 초래할 수 있습니다. 그분이 우리를 자녀 삼으셨다는 의미를 조금이라도 이해하게 될 때, 우리 영은 날마다 더 주님을 갈망하게 됩니다.

나의 기도

아버지, 당신의 모든 것이 저로 하여금 당신을 더욱 닮기 원하게 합니다. 어떻게 하면 매일 주님을 더욱 닮아갈 수 있을지 보여주시옵소서.

**그의 자녀를 향한 하나님의 깊은 애정과 포용을 아는 것이,
지속적인 영적인 성장에 가장 좋은 동기가 된다.**

Day 112

그의 영광의 풍성함을 따라 그의 성령으로 말미암아
너희 속사람을 능력으로 강건하게 하시오며
믿음으로 말미암아 그리스도께서 너희 마음에 계시게 하시옵고
너희가 사랑 가운데서 뿌리가 박히고 터가 굳어져서
능히 모든 성도와 함께 지식에 넘치는 그리스도의 사랑을 알고

엡 3:16-19

하나님의 사랑 안에 안정적으로 견고하게 뿌리 내리게 되면, 더 일관적으로, 더 열정적으로 변하고 싶은 마음과 더 성숙하게 되고 싶은 마음이 생깁니다. 또한 하나님을 더 친밀하게, 더 온전하게 알기를 갈망하게 되며, 마음과 마음으로 하나님과 교제하기를 원하게 됩니다. 저와 여러분이 예수님과 친밀해지기를 구하면 구할수록, 우리가 하나님의 왕 된 자녀인 것을 명백하게 알 수 있습니다. 우리는 그리스도를 따름으로 같은 가족으로서의 '닮음'을 나타낼 수 있게 될 것이고, 더 나아가서는 우리의 형제, 자매들을 사랑함으로, 가족의 행복의 범위를 넓혀 나갈 수 있게 될 것입니다. 아버지께서 싫어하시는 것은 피하고, 좋아하시는 것은 행하기를 구하게 될 것이고, 그분의 영광을 구하게 될 것입니다.

나의 기도

오 하나님, 당신의 끝없는 사랑에 깊이 뿌리 내리는 것보다 제가 더 원하는 것은 없습니다. 당신을 닮고, 그 닮음을 나타내고 싶습니다. 당신의 사랑을 다른 이들에게 보여줄 수 있도록 정결하고 거룩하게 살게 하여 주시옵소서.

> 우리는 모두 아버지께 기쁨이 되어 드리는
> 지혜로운 자녀가 되기를 원한다.

Day 113

남편들아 아내 사랑하기를 그리스도께서 교회를 사랑하시고
그 교회를 위하여 자신을 주심 같이 하라
이는 곧 물로 씻어 말씀으로 깨끗하게 하사 거룩하게 하시고
자기 앞에 영광스러운 교회로 세우사 티나 주름잡힌 것이나
이런 것들이 없이 거룩하고 흠이 없게 하려 하심이라

엡 5:25-27

저와 여러분이 매일 샤워를 해야 하는 것처럼, 영적으로도 매일 먼지와 때를 제거하기 위해 씻어야 합니다. 때가 쌓이게 놔두면, 우리 영은 무뎌지고 무감각하게 됩니다. 분노, 욕설, 무절제 그리고 육욕과 같은 내적인 부패함은 성령을 슬프게 하며, 우리 영을 무감각하게 만들며, 하나님께 온전히 반응하지 못하게 만듭니다. 성경에 대한 지식과 성경공부를 통해 마음을 훈련시킨다고 해서, 우리가 하나님의 말씀과 뜻을 마음에 새기며 묵상할 때 속사람이 깨끗함을 입는 것처럼 깨끗함을 입을 수는 없습니다. 성경공부를 하면서, 그분의 속죄의 말씀을 묵상하고 예수님과 개인적으로 대화를 나눌 때, 영적인 배고픔, 민감함 그리고 친밀함을 갈구하며 영적으로 성장할 수 있게 됩니다.

나의 기도

사랑하는 아버지, 당신의 말씀으로 나를 정결케 하시고, 영적으로 무뎌진 것과 민감하지 못한 부분을 씻어 주옵소서. 제 삶을 향한 당신의 말씀과 뜻을 제가 묵상할 때에, 제 내면에 감춰진 죄를 드러내시고 깨끗하게 하여 주옵소서.

**예수님에게 우리 마음을 집중하여 소통할 때,
하나님의 말씀은 우리 마음을 정결하게 한다.**

Day 114

하나님이여 사슴이 시냇물을 찾기에 갈급함 같이
내 영혼이 주를 찾기에 갈급하나이다
내 영혼이 하나님 곧 살아 계시는 하나님을 갈망하나니
내가 어느 때에 나아가서 하나님의 얼굴을 뵈올까

시 42:1-2

예수님을 향한 애정 없이, 우리는 절대 정결하게 살 수 없습니다. 예수님을 향한 살아 있는 헌신 없이, 외적인 훈련과 헌신만으로 높은 거룩함의 기준에 도달하려 한다면, 그 안에는 실질적인 힘도 생명도 거의 없을 수밖에 없습니다. 예수님께서는 규율과 규칙으로 우리의 영혼을 지키시지 않으십니다. 우리 마음에 예수님을 향한 애정이 커질수록, 우리에게 유혹을 이길 새로운 힘이 생기는 것을 볼 수 있습니다. 예수님을 향한 열성이 당신의 영혼의 초석으로 세워질 때, 다른 이들이 세상적인 것으로 당신을 유혹하더라도 물리칠 수 있게 되며, "나는 더 이상 세상에 속하지 않는다"라고 말할 수 있게 됩니다. 예수님을 진정 사랑하게 되면, 이 견고하고 분명한 메시지가 당신의 영혼에서부터 나오게 될 것입니다.

나의 기도

사랑하는 하나님, 목마릅니다. 저에게서 잘라 버려야 할 것을 잘라 내시고, 제가 뿌리 내려야 할 때에, 뿌리 내릴 수 있게 하여 주옵소서. 이것이 제가 가장 소원하는 일입니다.

> **예수님을 향한 강한 목마름은,
> 육의 욕망이나 잘못된 관계가 주는 유혹보다도 더 강렬하여,
> 그것들에 저항할 수 있는 마음을 준다.**

Day 115

내가 어렸을 때에는 말하는 것이 어린아이와 같고
깨닫는 것이 어린아이와 같고 생각하는 것이 어린아이와 같다가
장성한 사람이 되어서는 어린아이의 일을 버렸노라
우리가 지금은 거울로 보는 것 같이 희미하나 그 때에는 얼굴과 얼굴을 대하여 볼 것이요
지금은 내가 부분적으로 아나 그 때에는 주께서 나를 아신 것 같이 내가 온전히 알리라
그런즉 믿음 소망 사랑 이 세 가지는 항상 있을 것인데 그 중의 제일은 사랑이라

고전 13:11-13

영혼이 적극적으로 예수님과의 친밀함을 유지하려고 노력하는 이유는, 유혹을 이기기 위해서입니다. 반대로 영적인 공황상태에 머물면서 환상에서 또 다른 환상으로 방황하는 수동적인 영혼은 하나님의 사랑을 다 받을 수 없기 때문에, 유혹 앞에 넘어지기 쉽습니다. 예수님과 친밀함을 유지하는 과정에서, 친밀함을 느끼는 우리의 느낌은 있다가도 없어집니다. 마치 그네를 타는 것처럼, 때로는 하나님을 향한 불타오르는 열정으로 높은 곳에 있다가, 영적인 메마름으로 다시 내려옵니다. 예수님을 향한 불타오르는 갈망으로 사랑하는 계절이 있고, 엄청난 감정과 영감으로 기도를 하게 되는 때도 있습니다. 하지만 아무런 하나님의 임재도 느끼지 못하며 기도하게 되는 계절도 있습니다. 그러나 우리가 지속적으로 앞으로 나아갈 때, 메마른 황무지의 계절 동안에도, 우리 마음은 예수님을 향한 사랑과 성숙함으로 성장한다는 사실을 깨닫게 될 것입니다.

나의 기도

사랑하는 아버지, 당신의 사랑이 유혹으로부터 저를 보호합니다. 제 삶의 메마른 황무지의 계절에도 제가 당신 안에서 성숙함으로 자라게 하시고, 당신이 원하시는 대로 성장하도록 이끌어 주시옵소서.

**우리는 있다가도 없어지는 느낌에 의존하지 말고,
예수님을 바라보아야 한다.**

Day 116

너는 나를 도장 같이 마음에 품고 도장 같이 팔에 두라
사랑은 죽음 같이 강하고 질투는 스올 같이 잔인하며 불길 같이 일어나니
그 기세가 여호와의 불과 같으니라

아 8:6

하나님의 거룩한 불은 끊임없이 소멸하는 불입니다. 그렇기에 결국에는 예수님께 집중하는 자의 마음은 예수님을 향한 사랑의 불이 붙을 것입니다. 그러나 불을 구하고 그분 앞에 나아가기에는 우리가 너무 바쁘다면, 붙었던 불도 사라지고 말 것입니다. 하지만 우리의 이 부주의한 삶 때문에 성령의 불이 꺼진다고 해서, 우리를 향한 하나님의 사랑이 줄어드는 것은 아닙니다. 여기서 이야기하는 불은, 하나님의 사랑이나 애정을 말하는 것이 아닙니다. 그의 아들을 위해 하나님께서 우리에게 부어주신 열정과 열심을 뜻합니다. 우리를 향한 하나님의 사랑은 잃지 않더라도, 예수님을 향한 열정은 잃어버릴 수 있습니다.

나의 기도

그렇습니다, 아버지. 당신의 사랑의 불이, 당신을 더 사랑하고 더 알고자 하는 불을, 제 안에 붙여 주셨던 것입니다.

요동치는 우리의 영성에 따라
우리를 향한 하나님의 사랑도 늘었다가 줄어든다고 말하는
사탄의 교묘한 거짓말에 속아서는 안 된다.

Day 117

여호와의 인자하심과 인생에게 행하신 기적으로 말미암아 그를 찬송할지로다
그가 사모하는 영혼에게 만족을 주시며
주린 영혼에게 좋은 것으로 채워 주심이로다

시 107:8-9

예수님과 친밀하다는 것은 어쩌면 그분을 더 간절히 원하는 우리의 마음이, 조금씩 만족함을 얻고 있다고 말할 수 있습니다. 거듭난 사람이라 해서 자동적으로 하나님과 친밀함을 느끼는 것은 아닙니다. 사역을 효과적으로 했을 때, 다른 사람을 도왔고 하나님 나라에 일꾼으로 쓰임받았다는 만족감을 느낄 수는 있지만, 우리 속사람이 하나님을 마주하게 되었을 때 오는 만족과는 다릅니다. 성령님께서 믿는 자들에게 은사를 주시고 우리를 통하여 능력을 행하시지만, 그렇다고 해서 은사와 능력이 하나님을 더 갈망하는 우리 마음의 배고픔을 궁극적으로 채워 줄 수는 없습니다. 영적인 갈급함을 채우지 않으면, 우리는 영적 침체와 쉼이 없는 절망스러운 생활을 하게 될 것입니다.

나의 기도

예수님, 당신만이 제 마음의 갈급함을 채우실 수 있습니다. 제가 오직 바라는 것은 당신뿐입니다. 제 평생에 주님과 친밀하게 하여 주시옵소서.

**성령님께서 우리 속사람에게 주시는 갈급함을 채울 수 있는 것은,
예수님과의 친밀한 관계뿐이다.**

Day 118

내가 여호와를 항상 내 앞에 모심이여 그가 나의 오른쪽에 계시므로…
이러므로 나의 마음이 기쁘고 나의 영도 즐거워하며 내 육체도 안전히 살리니

시 16:8-9

예수님과의 친밀함은 속사람에게 깊은 안정감과 쉼을 줍니다. 그분과 개인적으로 깊은 교제를 할 때, 하나님께서 우리를 받아주셨고 소중히 여기신다는 사실을 알게 되며, 이는 우리를 성장시킵니다. 또한 이 사실은 우리를 불안함과 협박에서 자유롭게 하며, 우리의 행동이나 의견이 받아들여지지 않을 것에 대한 공포로부터 우리를 점진적으로 자유롭게 해 줍니다. 예수님께 집중함으로, 우리를 향한 하나님의 마음을 확인하는 것은 필수사항입니다. 사람들로부터 받아들여지는 것이 필요한 것처럼, 하나님께로부터 받아들여짐 없이 사는 것은 비참한 일입니다. 하나님의 사랑 안에서 안전하고 자신만만할 때, 우리는 사람들이 우리에 대해 말하고 행동하는 것에 대한 공포에서 벗어날 수 있습니다. 우리가 그분을 기쁘게 한다는 사실을 알 때, 다른 이들의 비판이 마치 과거에 일어난 일인 양 더 이상 영향을 주지 않게 됩니다. 감정의 보상을 위해 우리의 가치를 다른 이들에게 '증명'하려 하는 지배적인 욕구가 멈추게 됩니다. 하나님의 기쁨과 만족하시는 미소가, 우리가 가지고 있는 가장 강력한 감정이 될 것입니다.

나의 기도

아버지, 당신의 사랑 안에서 쉬는 법을 배울 때, 다른 이들로부터 오는 공포와 위협에서 벗어날 수 있음을 깨달았습니다. 제게 필요한 것은 저를 만족스러워 하시는 당신의 미소입니다.

> 하나님께서 우리를 사랑하시고, 받아들여 주시고,
> 가치 있게 여기신다는 것을 아는 것이야말로
> 우리에게 엄청난 가치와 진정한 자신감을 준다.

Day 119

내 영혼아 여호와를 송축하며 그의 모든 은택을 잊지 말지어다
그가 네 모든 죄악을 사하시며 네 모든 병을 고치시며
네 생명을 파멸에서 속량하시고 인자와 긍휼로 관을 씌우시며
좋은 것으로 네 소원을 만족하게 하사
네 청춘을 독수리 같이 새롭게 하시는도다

시 103:2-5

상처 났던 곳을 온전히 치료하려면, 치료자 되시는 하나님을 만나야 하며, 그분과 친밀한 관계를 형성하도록 노력해야 합니다. 마음의 상처는 어떻게 치료를 받을 수 있을까요? 우리의 쓸쓸함, 자기연민, 복수심을 포함한 모든 감정을 다 하나님께 다시 돌려 드려야 합니다. 우리의 슬픔, 분노, 수치스러움, 자존심, 심지어 우리의 희망, 야망 그리고 꿈까지 하나님의 제단 앞에 내려놓아야 합니다. 이때, 내 삶은 내가 살겠다는 마음과 권리까지 내려놓아야 합니다. 비극적인 일을 생각하거나 과거에 더 잘될 수 있었다는 생각을 내려놓고, 예수님께 우리 마음의 중심을 내어 드려야 합니다. 예수님만이 우리의 자기연민을 승리로, 우리의 눈물을 성공의 기쁨으로 변화시키실 수 있습니다.

나의 기도

아버지, 아직도 치유가 필요한 저의 내면을 보여주시옵소서. 상처를 제게 보이사 제단 위에 내려놓게 하시고, 저의 자기연민을 승리와 성공의 기쁨으로 변화시켜 주시옵소서.

**내면의 상한 마음을 치유하기 위해서는
예수님과 친밀한 관계에 집중하는 것이 필수이다.**

Day 120

태초에 말씀이 계시니라 이 말씀이 하나님과 함께 계셨으니
이 말씀은 곧 하나님이시니라 그가 태초에 하나님과 함께 계셨고
만물이 그로 말미암아 지은 바 되었으니
지은 것이 하나도 그가 없이는 된 것이 없느니라
그 안에 생명이 있었으니 이 생명은 사람들의 빛이라
빛이 어둠에 비치되 어둠이 깨닫지 못하더라

요 1:1-5

어둠과 가장 잘 싸울 수 있는 방법은, 빛이 있는 곳으로 가는 것입니다! 예수님의 계시의 빛이 우리 마음에 들어올 때, 어둠은 쫓겨납니다. 우리 스스로가 마음의 어두움을 쫓아내려고 시도하면, 좌절하게 되고 헛되기만 합니다. 하지만 예수님께서 베일을 벗으시고 우리 마음에 나타나시면, 우리 마음에 빛이 들어와 어둠이 도망가게 됩니다. 이는 방 안에 들어오는 자연광과 같은 원리입니다. 바가지로 어두움을 퍼내려 하는 것은 터무니없는 짓입니다. 간단하게 스위치만 켜면, 어두움은 자동적으로 사라집니다. 이 원칙은 영적인 삶에도 적용이 됩니다. 어두움을 저항하는 것에만 집중하여 우리 스스로 어두움을 제거하려 한다면, 지쳐 쓰러질 것입니다. 대신, 빛을 더 받는 것에 집중한다면, 어두움에 정면으로 맞설 수 있습니다.

나의 기도

하나님, 당신의 사랑의 빛이 제 안에 거할 때에, 제 마음 가운데 있던 모든 어둠이 완전히 사라질 것을 압니다. 당신의 사랑의 빛에 제압 당하지 않을 어둠이 하나도 없음을 고백합니다.

> 참된 성도 가운데 거하는 어두움 중에,
> 하나님의 빛과 계시를 뛰어넘는 어두움은 없다.

Day 121

우리의 싸우는 무기는 육신에 속한 것이 아니요
오직 어떤 견고한 진도 무너뜨리는 하나님의 능력이라
모든 이론을 무너뜨리며 하나님 아는 것을
대적하여 높아진 것을 다 무너뜨리고
모든 생각을 사로잡아 그리스도에게 복종하게 하니

고후 10:4-5

사탄은 예수님과 친밀하지 않은 성도들이 한 트럭 몰려와도 두려워하지 않습니다. 사탄은 성도들의 삶 가운데 도전받지 않고 정복되지 않은 어둠이 있는 한, 자신들의 나라에 성도들이 실질적인 위협을 줄 수 없다는 것을 알고 있습니다. 사탄은 예수님을 두려워합니다. 실질적으로 예수님을 아는 지식이 없는 성도를 공격하면, 그들을 어둠을 정복하는 자가 아닌 희생자로 만드는 일이, 시간문제라는 것을 잘 알고 있습니다. 사탄은 예수님을 향한 순결함과 단순한 헌신을 가진 성도들을 곤란해 합니다. 하나님과의 비밀스러운 친밀함, 신실함 그리고 순종의 역사를 가지고 있는 남자와 여자가 성령의 검을 휘두르면, 사탄은 도망칠 수밖에 없습니다.

나의 기도

아버지, 당신의 힘과 능력으로 다시는 적의 공격에 흔들리지 않겠습니다. 사탄의 속임수에 제가 희생자가 되지 않게 하시고, 당신의 사랑 안에서 승리하는 자가 되게 하여 주시옵소서.

**미성숙하고 연약할지라도 거룩한 열정으로 불타오르는 성도가,
사탄에게는 위협적이다.**

Day 122

이 일 후에 내가 보니 하늘에 열린 문이 있는데
내가 들은 바 처음에 내게 말하던 나팔 소리 같은 그 음성이 이르되
이리로 올라오라 이 후에 마땅히 일어날 일들을 내가 네게 보이리라 하시더라
내가 곧 성령에 감동되었더니 보라 하늘에 보좌를 베풀었고 그 보좌 위에 앉으신 이가 있는데
앉으신 이의 모양이 벽옥과 홍보석 같고 또 무지개가 있어 보좌에 둘렸는데
그 모양이 녹보석 같더라 또 보좌에 둘려 이십사 보좌들이 있고
그 보좌들 위에 이십사 장로들이 흰 옷을 입고 머리에 금관을 쓰고 앉았더라
보좌로부터 번개와 음성과 우렛소리가 나고 보좌 앞에 켠 등불 일곱이 있으니
이는 하나님의 일곱 영이라 보좌 앞에 수정과 같은 유리 바다가 있고
보좌 가운데와 보좌 주위에 네 생물이 있는데 앞뒤에 눈들이 가득하더라

계 4:1-6

지속적인 기도의 삶을 살기 위해 막 노력하기 시작했던 시기에, 저는 마치 공중에다 대고 손이 닿지 않는 흐릿한 존재에게 기도하는 것처럼 느끼곤 했습니다. 진짜 살아계신 분께 기도한다는 감각 없이, 단절된 느낌을 가지고 기도했습니다. 하지만 몇 년 전 시작한 간단한 짧은 기도로 인해, 제 기도생활은 놀랍게도 풍성해졌습니다. 저는 이것을 하나님의 '보좌를 바라보는 기도'라고 부릅니다. 요한은 우리의 기도가 올라가는, 하늘의 한 장면을 묘사하고 있습니다. 하나님의 보좌와 예수님 그리고 네 생물과 이십사 장로들에 대한 요한 사도의 묘사는, 제 기도생활에 엄청난 변화를 가져왔습니다.

나의 기도

아버지, 환상에서 묘사한 당신의 그 보좌에, 매일 제 기도가 상달되고 응답된다는 것을 제가 기억하게 하시옵소서.

요한은 우리의 기도와 간구가 어디로부터 응답되는지 생생하게 묘사했다.

Day 123

보좌 앞에 수정과 같은 유리 바다가 있고
보좌 가운데와 보좌 주위에 네 생물이 있는데 앞뒤에 눈들이 가득하더라
그 첫째 생물은 사자 같고 그 둘째 생물은 송아지 같고
그 셋째 생물은 얼굴이 사람 같고 그 넷째 생물은 날아가는 독수리 같은데
네 생물은 각각 여섯 날개를 가졌고 그 안과 주위에는 눈들이 가득하더라
그들이 밤낮 쉬지 않고 이르기를
거룩하다 거룩하다 거룩하다 주 하나님 곧 전능하신 이여
전에도 계셨고 이제도 계시고 장차 오실 이시라 하고

계 4:6-10

하나님의 은혜로 가득한 이 보좌는 현존하는 모든 것 중 단연 으뜸입니다. 보좌는 완전한 창조 질서의 토대가 된 곳이고, 모든 것의 중심이 됩니다. 모든 만물을 창조하신 이가 앉아 있는 보좌이기에, 모든 것의 이유가 되는 자리입니다. 모든 것은 하나님의 즐거움을 위해 존재합니다. 심판의 자리에서 하나님 앞에 서게 될 때, 그분께서 우리를 어떻게 생각하시는지 그것만이 문제가 될 것입니다. 하나님 아버지께서 이 하늘 보좌에 앉아 계시고, 예수님이 그 우편에 앉아 계시다는 사실을 잊어버릴 때, 우리의 문제는 우리에게 넘을 수 없는 산이 되어버립니다. 문제를 넘을 수 없다면, 믿을 수 없을 만큼 절망스러울 겁니다. 세상 모든 일이 다 지나갈 것이라는 것과 보좌에 앉아 계신 하나님을 벗어나서는 모든 것이 의미를 잃게 된다는 사실을 우리는 어리석게도 종종 잊어버립니다.

나의 기도

예수님, 하나님의 보좌 옆에 앉아 계시면서, 제 삶을 돌보고 계신 것이 참으로 놀랍습니다. 저를 대신하여 중보해 주시니 감사합니다. 제 삶이 주님께 기쁨이 되어 드리기를 소망합니다.

하나님을 기쁘시게 하는 것들을 제외한 모든 것들은 헛되다.

Day 124

또 함께 일으키사 그리스도 예수 안에서 함께 하늘에 앉히시니
이는 그리스도 예수 안에서 우리에게 자비하심으로써
그 은혜의 지극히 풍성함을 오는 여러 세대에 나타내려 하심이라

엡 2:6-7

하늘 보좌가 있는 방에서 경배하고 중보하는 상상을 해 보신 적 있으신가요? 불꽃에 둘러싸인 강력한 보좌 앞에 서 있다고 떠올려 보십시오. 거룩한 분, 머리와 그 옷이 눈 같이 하얀, 형용할 수 없는 그분이 보좌에 앉아 계신 것을 상상해 보십시오. 하늘 보좌 오른쪽과 왼쪽으로 조금 더 적은 보좌에 이십사 장로들이 흰 옷을 입고, 황금 왕관을 쓰고 앉아 있는 그림을 떠올려 보십시오. 양쪽 보좌에서 무수하게 많은 천사들이 경배하는 소리에 귀 기울여 보십시오. 그리고 바로 하나님 오른쪽에 예수님이 앉아 계시는 모습을 떠올려 보십시오. 그분의 아름다움과 광채는 말로 다 표현할 수 없습니다. 이런 주님께서 웃으시며, 은혜의 보좌로 당신을 부르고 계십니다. 우리가 은혜의 보좌 앞에 매일 나아가고, 매년 나아갈 때, 우리의 영적 삶은 분명 풍성해질 것입니다. 우리 영은 활기를 띠며, 우리의 생각은 새로움을 입을 것입니다.

나의 기도

주님, 당신과 함께 아버지의 보좌 앞에 서 있다는 생각만으로 벅찹니다. 저를 은혜의 보좌의 자리로 부르시고, 또한 그 거룩한 자리에 섰을 때 저의 존재를 새롭게 하시니 감사합니다.

머지않아 우리는 영광 중에 변하게 될 것이다.

Day 125

우리가 다 수건을 벗은 얼굴로
거울을 보는 것 같이 주의 영광을 보매
그와 같은 형상으로 변화하여 영광에서 영광에 이르니
곧 주의 영으로 말미암음이니라

고후 3:18

구약시대에 얼굴을 가리는 행위는 인간과 하나님 사이의 엄청난 거리를 잘 말해 주고 있으며, 우리와 하나님 사이에는 중재가 필요하다는 것을 알게 해 줍니다. 그리스도를 통해 하나님께서는, 은혜의 보좌로 담대히 나아오라고 초청하셨습니다(히 4:15). 그리스도가 우리의 벌을 대신 받으셨고 의를 우리에게 선물로 주셨기 때문에, 우리는 정죄함 없이 나아갈 수 있습니다. 우리는 주님께 마음 문을 열고 우리의 실패와 상처, 실망감, 공포 그리고 좌절감을 꾸밈없이 털어놓을 수 있습니다.

나의 기도

예수님, 제가 은혜의 보좌 앞으로 담대하게 나아갈 수 있는 것은, 당신이 의로움을 선물로 주셨기 때문입니다. 앞으로 더욱 주님을 닮아 갈 수 있도록 저를 변화시켜 주시옵소서.

가려지지 않은 예수님의 영광을 바라보자.

Day 126

우리가 다 수건을 벗은 얼굴로
거울을 보는 것 같이 주의 영광을 보매
그와 같은 형상으로 변화하여 영광에서 영광에 이르니
곧 주의 영으로 말미암음이니라

고후 3:18

많은 그리스도인들은 하루 중 10시간을 입 다물고 혼자 방에서 성경을 읽어야만, 하나님의 말씀이 역사할 것이라는 잘못된 생각을 가지고 있습니다. 하지만 하나님의 말씀은 전임 사역자로서 봉급을 받지 않을, 99퍼센트의 일반 사람들을 위해 주로 쓰여졌습니다. 하나님의 약속은, 봉급을 받는 설교자들을 위해서만 쓰여진 것이 아닙니다. 거리에 지나다니는 평범한 사람들을 위해 쓰여졌고, '끔찍한 2살짜리 아이에게 치여 사는 엄마들을 위해 쓰여졌고, 월마트 직원, 비서, 사업가, 학교 선생님 그리고 법정의 변호사를 위해 쓰여졌습니다. 하나님의 말씀은 죄에 빠져, 하나님을 부르짖는 마음만 남겨놓고 모든 것을 잃어버린 성도들을 위해 쓰여졌습니다. 그리스도인이라면 누구나 다, 영광 중에 점진적으로 변화될 수 있습니다.

나의 기도

주님, 저 또한 당신의 약속의 말씀을 받은 매일의 삶을 사는 평범한 사람일 뿐입니다. 제가 영광 중에 변화될 수 있는 방법을 당신의 말씀을 통하여 가르쳐 주시옵소서.

**영광 중에 변화된다는 것은, 내 안에 계신 성령님이
내 마음과 의지, 감정에 역사하시는 것을 말한다.**

Day 127

내가 너희를 생각할 때마다 나의 하나님께 감사하며
간구할 때마다 너희 무리를 위하여 기쁨으로 항상 간구함은
너희가 첫날부터 이제까지 복음을 위한 일에 참여하고 있기 때문이라
너희 안에서 착한 일을 시작하신 이가
그리스도 예수의 날까지 이루실 줄을 우리는 확신하노라

빌 1:3-6

하나님의 영광은 불타는 나뭇가지에 제한되어 있지 않습니다. 어떤 사람들은 완전한 영광이 아니면 영광이 없다고 생각하는데, 그것은 잘못된 생각입니다. 영광 중에 변화된다는 것은, 모든 믿는 자에게 주신 하나님의 약속입니다. 우리는 그 엄청난 영광 중에 일부를 경험하기도 하고, 희미하여 종종 눈치 채지 못하고 지나갈 정도의 영광을 경험하기도 합니다. 하나님의 은혜를 과소평가하거나, 그분의 자그마한 시작을 절대 무시해선 안 됩니다. 그리고 이렇게 말해서도 안 됩니다. "난 절대로 변화되지 않을 거야. 나는 늘 욕망과 분노, 탐욕의 굴레에서 벗어날 수 없을 거야. 난 절대로 자유롭게 되지 못할 거야." 하나님의 영광이 이미 당신의 삶에 역사하기 시작했습니다. 죄의 습관에서부터 벗어나, 자유로워진 당신의 마음과 성령님과 동행하고 싶어 하는 당신의 거짓 없는 마음에 감사하십시오. 그 작은 시작이야말로 온전한 성숙함의 길로 이끄는 확실한 발걸음입니다.

나의 기도

성령님, 제가 더 성장하고 주님을 닮아가면서, 매번 내딛는 작은 발걸음들을 볼 수 있도록 도와주시옵소서. 이 작은 발걸음이 저를 영적으로 더 성숙하게 하며, 당신의 형상에 매일 더 가까이 다가가게 해 준다는 것을 깨닫게 하여 주시옵소서.

당신 안에 선한 일을 시작하신 이가 그 일을 마치실 것을 확신하십시오.

Day 128

그러나 내가 나 된 것은 하나님의 은혜로 된 것이니
내게 주신 그의 은혜가 헛되지 아니하여
내가 모든 사도보다 더 많이 수고하였으나 내가 한 것이 아니요
오직 나와 함께 하신 하나님의 은혜로라

고전 15:10

변한다는 것은 어려운 과정입니다. 하지만 희소식이 있습니다. 성화되고 변화되기 위해서 우리는 애쓰지 않아도 됩니다 그저 바라만 보면 됩니다! 그리스도인들 중 일부는 오히려 거꾸로 가고 있습니다. 자족하는 삶을 위한 "이렇게 하세요"라는 식의 설교와 책과 테이프들을 통해서는 결코 진정한 회복을 할 수 없습니다. 변화는 실존하시는 예수님의 영광과 그의 광채를 바라보는 데서 옵니다. 하나님께서 자신의 임재로 우리 마음을 변화시키지 않으시는 한, 우리는 절대 변할 수 없습니다. 우리는 스스로를 규칙적으로 기도실로 끌고 갈지는 모르지만, 그렇다고 변할 수 있는 것이 아닙니다. 오직 그분의 은혜가 우리 안에서 역사함으로 말미암아 우리는 변화됩니다.

나의 기도

주님, 어떤 대가를 치르더라도 주님의 형상대로 변할 수 있도록, 당신의 아름다움을 바라볼 수 있게 허락하여 주시옵소서. 주님, 저를 변화시켜 주시옵소서. 은혜 안에서 원래 창조하신 그 모습을 회복하게 하여 주시옵소서.

노력이나, 심리학적 기법을 이용해서는
온전히 변할 수 없다.

Day 129

귀 있는 자는 성령이 교회들에게 하시는 말씀을 들을지어다
이기는 그에게는 내가 감추었던 만나를 주고 또 흰 돌을 줄 터인데
그 돌 위에 새 이름을 기록한 것이 있나니
받는 자밖에는 그 이름을 알 사람이 없느니라

계 2:17

예수님께서는 세상을 사랑하시고, 교회를 사랑하십니다. 그러나 은밀한 가운데 예수님을 사랑하는 자들에게 따로 주시는 양식이 있습니다. 주님의 임재 가운데 엄청나게 자신들을 소모하는 자들에게 주시는 거룩한 만나가 바로 그것입니다. 예수님을 위해 우리의 삶을 어떻게 소모할 수 있느냐고요? 간단합니다. 비밀이 아니에요. 생각해서 결정을 내리면, 마음이 따라올 겁니다. 그분의 임재 안으로 들어가세요. 죄는 거부하십시오. 기도하며 주님께 울부짖으세요. 경배하며 당신의 영혼을 드리세요. 하나님의 마음을 채우는 것들이, 당신의 마음에 채워질 때까지 말씀을 읽고 묵상하세요. 온전히 그분께 당신을 내어 드리는 겁니다. 하나님과 친밀해지기 위해서는 시간이 필요하며, 이 시간을 대신할 것은 없습니다. 당신을 위해 값을 매길 수 없을 만큼 귀하신 자신의 몸을 내어주시고, 소중한 피를 쏟으신 그분께 당신의 삶도 내어 드리고 쏟으십시오.

나의 기도

주님, 당신의 임재 가운데 거하기 원하는 자들을 위해 따로 마련하신 거룩한 만나를 저도 원합니다. '주님을 위해 어떻게 제 삶을 소모'할 수 있는지 보여주시옵소서. 저의 구원을 위해 자신을 버리신 주님처럼, 제 삶을 당신을 위해 버릴 수 있게 하여 주시옵소서.

**우리는 사탄을 위해 삶을 소모한 후 지옥이라는 불구덩이로 떨어지거나,
예수님을 위해 우리의 삶과 재능을 소모할 수 있다.**

Day 130

한 사람의 범죄로 말미암아 사망이 그 한 사람을 통하여 왕 노릇 하였은즉
더욱 은혜와 의의 선물을 넘치게 받는 자들은
한 분 예수 그리스도를 통하여 생명 안에서 왕 노릇 하리로다

롬 5:17

영적인 새로움을 원하십니까? 당신이 상상할 수 있는 만족을 뛰어넘는 진정한 만족을 맛보기 원하십니까? 그렇다면 두 가지 진실에 집중해 보세요. 첫째, 그분의 성품을 알아간다는 의미에서, 그분이 어떻게 보이시는지 아는 것과, 하나님의 아름다움을 아는 친밀한 지식에 집중해 보세요. 둘째, 그분의 형상대로 창조되었다는 것이 어떤 의미인지 생각해 보세요. 다른 말로 하면, 그리스도 안에서 우리가 하나님께 어떤 모습으로 비추어질지 생각해 보세요. 이 두 가지 진실이 당신의 마음을 다른 무엇보다 설레게 할 것입니다. 아름다운 하나님으로부터 온 우리의 아름다움을 진정 아는 것은, 영원토록 우리 마음을 흥분시키고 사로잡기에 충분한 진실입니다. 예수님께서 지니신 그 아름다움을, 의의 선물로 신부에게 주셨다고 상상해 보세요.

나의 기도

사랑하는 아버지, 당신 안에서 새로움을 입길 원합니다. 당신의 형상으로 재창조되기를 갈망합니다. 당신의 의로움으로 장식한 신부로 준비시켜 주시옵소서.

> 영혼의 온전한 만족과 자신의 존재에 대한 의미,
> 그리고 진정한 기쁨이 저장되어 있는 보물창고는,
> 오직 하나님 그분을 아는 친밀한 지식을 통해서만 접근할 수 있다.

Day 131

새 사람을 입었으니
이는 자기를 창조하신 이의 형상을 따라
지식에까지 새롭게 하심을 입은 자니라

골 3:10

이 구절에서 우리는 새로움을 입는 것과 관련하여 중요한 원리를 이끌어낼 수 있습니다. 이 원칙은 여러분 개인이 새로움을 입기 위해서 반드시 필요하며, 동시에 다른 사람들을 주님께로 온전히 헌신할 수 있도록 인도하기 위해서도 중요합니다. 교회의 가장 취약점은, 하나님의 성품을 온전히 알고 이해하지 못한 것입니다. 하나님께서 어떤 분이신지 우리가 알게 될 때, 우리 안에 있는 무언가가 눈을 뜹니다. 하나님께서는 우리 영혼이 자신의 아름다움에 대한 빈 지식을 가지고 있을 때는, 우리 영혼으로 하여금 무뎌지도록 창조하셨습니다. 만약 우리가 규칙적으로 하나님의 말씀에 새롭게 접근하지 않으면, 성령님께서 하나님에 대해 우리에게 알려주실 수 없음으로, 우리 영혼은 점점 더 무뎌지고 냉담해질 것입니다.

나의 기도

하나님, 당신의 성품에 대한 참된 이해가 제 안에서 일어나게 하여 주시옵소서. 당신을 알고 싶고, 당신께서 무엇을 원하시는지도 알고 싶습니다. 제 삶과 이 세상을 향해 가지고 계신 당신의 비전을 가르쳐 주시옵소서.

**하나님의 성품과 그를 아는 지식은,
당신의 친구와 당신이 사랑하는 자들을 주님께로 돌이킬 것이다.**

Day 132

예수께서 대답하여 이르시되 진실로 진실로 네게 이르노니
사람이 거듭나지 아니하면 하나님의 나라를 볼 수 없느니라
니고데모가 이르되 사람이 늙으면 어떻게 날 수 있사옵나이까
두 번째 모태에 들어갔다가 날 수 있사옵나이까
예수께서 대답하여 이르시되 진실로 진실로 네게 이르노니
사람이 물과 성령으로 나지 아니하면 하나님의 나라에 들어갈 수 없느니라

요 3:5-8

자신의 육신의 연약함에 대해 올바른 계시를 받지 못한 하나님 나라의 남자와 여자를, 하나님께서 리더십과 사역으로 기름 부으실 때 위험할 수 있습니다. 그들의 자만으로 인해 하나님 나라에 피해를 줄 수 있습니다. 그들의 나약함은 스스로를 의롭게 생각하게 할 수 있고, 또한 영적 권위를 잘못 사용할 수 있게 하기 때문입니다. 올바른 계시를 벗어난 많은 이상한 일들이 일어날 수 있습니다. 우리의 육체가 연약하다는 것을 알지 못할 때, 우리는 무모할 정도로 자만해집니다. 하지만 또 연약함에 너무 집중하면 그로 인해 낙심하게 됩니다. 하나님께서는 무모한 자만도, 낙심케 하는 자기비하도 원치 않으십니다. 오히려 하나님의 사랑 안에서 우리가 안정감을 느끼기를 원하시고, 사랑으로 우리를 기뻐하신다는 사실에 우리가 확신을 가지기를 원하십니다. 하나님께서는 연약한 우리의 사랑도 값지게 여기십니다.

나의 기도

주님, 주님이 저를 바라보시는 그 시각으로 제 자신을 볼 수 있게 하여 주시옵소서. 제 육체의 연약함을 먼저 보여주시고, 그 연약함을 변화시키는 당신의 사랑을 보여주시옵소서. 당신의 사랑 안에서 제가 안정감을 느끼게 하여 주시옵소서.

**육체의 연약함에 대한 겸손한 계시가 없는 리더가
사역의 기름부으심을 받으면, 그것만큼 악용될 수 있는 것도 없다.**

Day 133

저희가 조반 먹은 후에 예수께서 시몬 베드로에게 이르시되
요한의 아들 시몬아 네가 이 사람들보다 나를 더 사랑하느냐 하시니
가로되 주여 그러하외다 내가 주를 사랑하는 줄 주께서 아시나이다
가라사대 내 어린 양을 먹이라 하시고
…주께서 세 번째 네가 나를 사랑하느냐 하시므로 베드로가 근심하여 가로되
주여 모든 것을 아시오매 내가 주를 사랑하는 줄을 주께서 아시나이다

요 21:15-18

넘어지거나 실패할 때마다 우리는 하나님의 은혜를 차단시키고 싶어 합니다. 우리의 마음은 수치스러움으로 인해 꽁꽁 잠겨버립니다. 모든 것을 다 아시는 하나님께서, 우리가 예수님을 진심으로 사랑하는 자들이라는 것을 아시리라고는 왜 생각하지 못하는 걸까요? 우리는 너무나 우리의 넘어짐에 집중한 나머지 낙망의 강으로 휩쓸려 내려가서, 우리가 하나님을 사랑하는 것과 우리가 사랑 받고 있다는 사실조차 잊어버립니다. 낙심할 때에, 우리를 뜨겁게 사랑하시어 십자가를 감당하신 예수님의 사랑을 기억하는 것이 아니라, 다른 것에 우리의 확신을 둡니다. 예수님께서 죽음으로 성취하신 마지막 사역에 마음과 눈을 고정시킨다면, 주님께서 우리에게 오셔서 우리를 어떻게 생각하시는지, 우리가 진짜로 누구인지 말씀해 주실 것입니다.

나의 기도

예수님, 당신을 진심으로 사랑하는 연인이 되고 싶습니다. 갈보리에서 감당하시고 끝내신 그 일에, 제 눈을 고정시키고 마음을 집중할 수 있게 도와주시옵소서. 나를 위한 그 크신 희생의 사랑을 제가 깨달을 수 있게 하여 주시옵소서.

부활의 능력으로 돌아오신 주님께서는, 베드로에게 새로운 정의를 내려주셨다.
"너는 사랑 받는 자이고, 사랑하는 자이다."

Day 134

여호와여 주의 인자하심이 하늘에 있고
주의 성실하심이 공중에 사무쳤으며
주의 의는 하나님의 산들과 같고 주의 판단은 큰 바다와 일반이라
여호와여 주는 사람과 짐승을 보호하시나이다

시 36:5-6

어떤 때는 사역이 잘 풀려서 술술 돌아가기도 하고, 어떤 때는 잘 풀리지 않아서 어려움의 연속이기도 합니다. 사역이 어려울 때는, 하나님의 임재나 기름부으심을 느낄 수가 없고, 사람들도 지루해 보입니다. 또한 주변 환경이 축복의 연속일 때가 있고, 그렇지 못할 때가 있습니다. 건강이 굉장히 좋을 때도 있고, 아플 때도 있습니다. 가장 중요한 관계가 건강할 때가 있는가 하면, 무너질 때도 있습니다. 위의 이 모든 상황이 변화시킬 수 없는 근본적인 진실이 하나 있습니다. 저는 사랑 받고 있고, 사랑하는 자라는 사실입니다. 삶의 모든 측면에서 압박이 느껴질 때, 이 진실은 제게 엄청난 위로를 가져다주며, 저를 낙심에서 건져줍니다. "저는 사랑 받고 있고, 사랑하는 자이므로 성공한 자입니다."

나의 기도

아버지, 당신이 저를 온전한 사랑으로 조건 없이 사랑하신다는 사실은, 제 삶의 다른 무엇과도 비교할 수 없는 값진 진실입니다! 제가 아버지의 사랑을 기억하는 한, 저는 당신 앞에서 성공한 자입니다.

나는 진정으로 주님 앞에서 성공한 자이다.

Day 135

내 영혼아 네가 어찌하여 낙망하며
어찌하여 내 속에서 불안하여 하는고 너는 하나님을 바라라
나는 내 얼굴을 도우시는 내 하나님을 오히려 찬송하리로다

시 43:5

때때로 배우자, 자녀, 부모 또는 가장 친한 친구를 통해 들려오는 비난의 목소리에 우리는 귀 기울일 필요가 없습니다. 우리를 비난하는 이들은, 참된 우리의 모습이 아닌 다른 모든 모습들로 우리들에게 이름 붙일 것입니다. 우리의 약점과 흠과 실패를 가지고 우리를 정의 내릴 것입니다. 그러나 기억하십시오! 우리가 고군분투하고 있는 그 영역에 의해서 우리는 정의 내려지지 않습니다. 우리는 이미 하나님을 사랑하는 자로 그리고 하나님이 사랑하시는 자로 정의 내려졌습니다. 이것이야말로 우리의 삶에 가장 필요한 정의입니다. 이 강력한 정의는 우리의 속사람에게 강건하게 하는 회개를 일평생 이어갈 수 있도록 도와줍니다. 건강이나 사역은 잃어버릴 수 있고, 관계도 깨질 수 있으며, 영적 공격에 의해 쓰러지고 다칠 수는 있으나, 우리가 정말 사랑 받고 있다는 사실을 안다면 그리고 정말 하나님의 연인이 되고자 구하는 사람이라면, 하나님의 눈에 우리는 성공한 사람입니다.

나의 기도

아버지, 제 주변 사람들은 저의 약점으로 저를 단정 짓지만, 당신은 당신의 힘과 사랑으로 저를 정의 내려주시니 감사합니다.

하나님이 누구신지에 대한 지식과 하나님 안에서 우리가 누구인지 아는 지식은
우리 영혼에 지속적인 새로움을 가져다주며,
우리로 하여금 만나는 이들마다 영향을 끼치게 한다.

Day 136

그가 나를 죽이시리니 내가 소망이 없노라 그러나
그의 앞에서 내 행위를 변백하리라
사곡한 자는 그의 앞에 이르지 못하나니 이것이 나의 구원이 되리라

욥 13:15-16

고통과 압박 속에 있을 때, 저는 이 고백을 하나님께 드립니다. "저는 사랑 받은 자이고, 저 또한 주님을 사랑합니다. 그러므로 저는 성공한 자입니다. 제 사랑이 아직 씨앗의 형태로 머물 뿐이며 미성숙하다 해도, 당신을 사랑합니다. 제 사랑이 연약할지라도, 제 영혼은 당신을 사랑하는 자리에 있습니다." 압박의 고통은 우리의 영혼을 은밀한 곳으로 몰고 갑니다. 상황이 어려울 때, 대부분의 사람들은 상황이 어떻게든 좋아질 것이라고 말하며 매달려 봅니다. 하지만 한 차원 높은 생각은 이것입니다. "나는 사랑 받고 있고, 사랑하는 자이다. 그러므로 나는 성공했다." 이 고백을 할 수 있을 때, 아픔과 어려움은 당신을 오히려 위로의 자리로 데려갈 것이며, 낙심에서부터 우리 영혼을 구해 줄 것입니다.

나의 기도

아버지, 저도 매일 이렇게 고백할 수 있도록 도와주시옵소서. "저는 당신의 사랑을 받고 있고, 저 또한 당신을 사랑합니다. 제 사랑이 연약할지라도 당신의 연인이 되고 싶은 것이 제 마음입니다. 그러므로 제 삶은 성공한 삶입니다."

**하나님께서 우리에게 중압감을 허락하시는 단 한 가지 이유는,
우리 영혼을 다시 현실에 눈 뜨게 하시기 위해서다.**

Day 137

나를 눈동자같이 지키시고 주의 날개 그늘 아래에 감추사
내 앞에서 나를 압제하는 악인들과 나의 목숨을 노리는 원수들에게서 벗어나게 하소서
시 17:8-9

제 삶 가운데 공격이 들어올 때, 저는 은밀한 장소에 숨어, 제 영혼의 정체성에 다시 초점을 맞춥니다. 그곳에서 저는 다시 살아나며, 생기를 띠기 시작합니다. 이는 계속해서 운동으로 근육을 단련시키는 것과 똑같습니다. 제가 사랑 받고 있고, 사랑하는 자이므로 성공적이라는 이 절대적인 진리 안에서, 저는 계속해서 마음을 넓혀 나갑니다. 하나님의 아들이시자 하늘에 계신 저의 신랑이 기쁜 마음으로 저를 선택하셨는데, 제가 중요하지 않은 존재라는 생각은 말도 안 되는 것입니다. 하나님께서는 계속해서 확장되는 끝이 없는 영원한 그의 나라에서 다스리고 통치하라고 우리를 선택하셨습니다. 우리는 하나님을 두근거리게 하는 존재입니다. 하나님께서 갈망하시는 것은 우리입니다. 그분께서 기업으로 기다리고 계시는 것이 우리입니다. 우리가 이 사실을 안다면, 스스로를 중요한 존재가 아니라고 생각하여 낙심한 채 풀죽어 있을 수 없을 것입니다. 그분으로 인해 우리가 어떤 존재인지 볼 수만 있다면 말입니다!

나의 기도

사랑하는 하나님, 주의 날개 그늘 아래 저를 감추시고, 그곳에서 당신의 영으로 저를 소생시켜 주시옵소서. 하나님 때문에, 하나님께 사랑 받고 있다는 사실로 인해, 진정한 존재감을 찾을 수 있게 하여 주옵소서.

저와 여러분은 결코 무의미한 존재일 수 없습니다.

Day 138

예수께서 이 말씀을 하시고 심령이 괴로워 증언하여 이르시되
내가 진실로 진실로 너희에게 이르노니 너희 중 하나가 나를 팔리라 하시니
제자들이 서로 보며 누구에 대하여 말씀하시는지 의심하더라
예수의 제자 중 하나 곧 그가 사랑하시는 자가 예수의 품에 의지하여 누웠는지라
시몬 베드로가 머릿짓을 하여 말하되 말씀하신 자가 누구인지 말하라 하니
그가 예수의 가슴에 그대로 의지하여 말하되 주여 누구니이까

요 13:21-25

다윗 왕은 하나님과 깊고 친밀한 삶을 유지하면서 하나님께 영향을 받은 인물 중 한 명일 뿐입니다. 신랑과 신부에 대한 가장 위대한 계시를 받은 것은 사도 요한입니다. 요한의 삶을 생각해 보십시오. 마귀를 내쫓는 이들이 자신들의 무리 중에 속히지 않았다 하여 꾸짖었던 자가 요한입니다. 주님의 우편에 영원히 앉게 해 달라고 예수님께 부탁했던 자입니다. 상상해 보세요. 요한은 영생에서 예수님의 우편에 앉아, 영원히 모든 사람들 위에 서서 주인공이 되고 싶어 했습니다. 때때로 요한은 사람들을 꾸짖기도 했지만, 그는 그 머리를 주님의 품에 의지했던 사람입니다. 당신이 주님의 품에 안겨, 예수님의 보듬어 주심을 받는 사람이 된다면, 당신의 마음도 요한처럼 불타오르게 될 것입니다.

나의 기도

주님, 다윗이 주님을 사랑한 것처럼 당신을 사랑하며, 요한처럼 당신의 품을 원하는 자가 되게 하여 주옵소서. 당신의 영광에 대한 계시를 허락하시고, 당신의 사랑 안에서 제 마음이 불타오르게 하여 주시옵소서.

**예수님께서는 사도 요한에게
신부에 대한 계시를 나타내라고 맡기셨다.**

Day 139

그러나 여호와께서 기다리시나니 이는 너희에게 은혜를 베풀려 하심이요
일어나시리니 이는 너희를 긍휼히 여기려 하심이라
대저 여호와는 정의의 하나님이심이라 그를 기다리는 자마다 복이 있도다

사 30:18

우리가 천국에 가면 하나님께서 우리를 기뻐하실 것이라는 사실은, 대부분의 사람들이 믿을 수 있습니다. 어떤 이들은 우리가 엄청난 영적 변화를 경험한 후에야, 하나님께서 우리를 기뻐하실 거라고 생각합니다. 그러나 깜짝 놀랄 만한 소식이 있습니다. 하나님께서는 지금 당신의 연약한 그 모습 그대로 당신을 기뻐하십니다. 승리로 우뚝 섰을 때도, 실패로 좌절했을 때도, 하나님께서는 동일하게 당신을 기뻐하십니다. 그것이 가능한 이유는, 하나님께서는 당신의 성과에 따라 즐거워하시는 분이 아니라, 그분의 마음을 따라 기뻐하시는 분이시며, 당신의 신실한 마음을 보시는 분이시기 때문입니다. 한 가지 더 기쁜 소식이 있습니다. 하나님께서 우리를 기뻐하신다는 계시를 하나님께 직접 정기적으로 받게 되면, 우리는 큰 폭으로 성장할 수 있으며, 성숙해질 수 있습니다. 우리는 이 계시를 받기 위해 발버둥 칠 필요가 없습니다. 또한 이 계시는 우리의 삶에 놀라운 힘의 근원이 되어줄, 환상적인 열쇠가 될 것입니다.

나의 기도

주님, 제가 비록 실패하고 낙심해 있을지라도, 저를 사랑하심을 믿습니다. 저의 행위대로 저를 기뻐하지 아니하시고, 저를 사랑하심으로 기뻐하시니 감사합니다.

**어려움에 부딪혀도, 높은 곳을 향해 잘 나아가고 있어도,
우리는 변함없이 위대한 하나님의 기쁨이다.**

Day 140

옛적에 여호와께서 나에게 나타나사
내가 영원한 사랑으로 너를 사랑하기에
인자함으로 너를 이끌었다 하였노라

렘 31:3

많은 믿음의 사람들이, 하나님을 향해 왜곡된 시선을 가지고 있습니다. 평신도들을 쿡 찔러보면 이렇게 이야기할 것입니다. "하나님께서 절대 주권을 가지고 계신다는 것도 알겠고, 선하신 것도 알겠는데, 뭐를 느끼시는지는 잘 모르겠어. 하나님께서는 감정하고는 좀 거리가 있어 보여." 하나님께서는 종종 우리에게 시험을 허락하시고, 훈련시키시는 엄격한 코치 정도로 여겨집니다. 어떤 이들에게 하나님은 엄격한 심판관으로, 우리의 죄를 늘 꼬집어 내려 하시는 분으로, 우리가 실패하기 전까지는 조금도 감정적이지 않으시다가 실패만 하면 화내시는 분으로 생각합니다. 또 다른 많은 이들은 하나님을 군대 지휘관쯤으로 여겨, 목적을 위해 우리를 희생시키시는 분으로 생각합니다. 그들은 하나님께서 이렇게 말씀하신다고 생각할 것입니다. "앞을 향해 나아갈 이유가 있다면, 길을 가다 몇몇쯤은 잃어도 어쩔 수 없겠군." 사랑하는 여러분, 이러한 왜곡들은 성경에 기록된 하나님과는 거리가 멉니다.

나의 기도

아버지, 다른 많은 이들처럼, 당신을 왜곡된 시선으로 바라보곤 했습니다. 용서하여 주시옵소서. 왜곡된 저의 사고를 바르게 돌이켜 주시고, 말씀에 기록된 것처럼 당신을 볼 수 있도록 허락하여 주시옵소서.

**우리는 그분의 목적을 위해 단지 제자로 부름 받았다고 생각하며,
우리로 인해 불타고 있는 아버지의 마음은 깨닫지 못하고 있다.**

Day 141

> 그러므로 주 내가 흉용하고 창일한 큰 하수
> 곧 앗수르 왕과 그의 모든 위력으로 그들을 뒤덮을 것이라
> 그 모든 골짜기에 차고 모든 언덕에 넘쳐
>
> 아 8:7

은행에 5백만 달러가 저금되어 있고, 5백만 달러의 집을 소유하고 있는 젊은 부부가 있다고 상상해 보겠습니다. 부부에게는 다섯 살짜리 딸아이가 있습니다. 어느 날 그 아이가 불치병에 걸린 것을 알게 됩니다. 의사는 그 아이를 성공적으로 잘 치료하려면 적금, 집, 주식 등 그들의 모든 소유를 다 팔아야 할 것이라고 말했습니다. 그래서 그들은 집과 소유를 현금화하여 천만 달러를 다 사용했고, 그들의 딸은 살게 되었습니다. 바울 사도는 주님을 위한 자신의 희생은, 예수님의 아름다움을 경험하는 그 놀라움에 비교하면, 배설물과 같다고 말했습니다(빌 3:8). 왜일까요? 예수님의 아름다움은 바로 사랑의 희생이었기 때문입니다. 남녀노소 할 것 없이, 예수님의 아름다움과 그의 사랑으로 가득하게 되면, 그들이 유일하게 원하게 될 것은, 전심으로 예수님을 사랑할 수 있는 힘일 것입니다. 순교자들은 기꺼이 삶을 드린 그들의 헌신이, 하나님께서 주신 은혜의 선물이자, 초자연적인 사랑 아래서 가능하게 된 것이라 말할 것입니다. 사랑할 수 있는 힘은 우리에게 큰 상입니다.

나의 기도

성령님, 예수님의 사랑과 아름다움이 제 안에 가득하게 하여 주시옵소서. 전심으로 주님의 사랑에 반응할 수 있는 힘을 얻고 싶습니다. 가르쳐 주시옵소서.

진정한 연인에게 있어서 상급은 사랑할 수 있는 능력이다.

Day 142

우리가 즐거워하고 크게 기뻐하며 그에게 영광을 돌리세
어린 양의 혼인 기약이 이르렀고 그의 아내가 자신을 준비하였으므로
그에게 빛나고 깨끗한 세마포 옷을 입도록 허락하셨으니
이 세마포 옷은 성도들의 옳은 행실이로다 하더라

계 19:7-8

처음으로 제가 그리스도의 신부라는 계시를 하나님께서 주셨을 때, 저는 저항했습니다. 억센 복싱 선수를 아버지로 둔 제가 어떻게 그리스도의 몸 된 신부라고 외칠 수 있었겠습니까? 저는 혼란스러워 하며 말했습니다. "주님, 이건 말도 안 돼요!" 하지만 지금은 용맹스런 전사의 전투정신을 가지고 어둠을 향해 달려 나가는 것보다, 사랑에 빠진 신부로서 어둠을 향해 달려 나가는 것이 더 강력하다는 것을 이해합니다. 사랑하는 자는 선두에서 건더낼 힘이 있기 때문입니다. 시간이 지나면서 다른 전사들은 지치고, 상처 입고, 그 마음에 있던 열정이 사라질 것입니다. 뜨거운 전쟁의 열기에 마음은 상처 입기 쉽습니다. 하지만 신부는 사랑으로 인한 들뜬 마음과 신랑의 아름다움에 매료되었기 때문에, 그 마음이 더 보호받을 수 있으며, 힘을 얻을 수 있습니다. 심지어 그들은 순교자로 죽기까지 하지만, 그들의 마음은 그리스도를 향한 사랑과 열정으로 불타오릅니다.

나의 기도

나의 구원자 되신 주님, 저도 당신의 신부로서 전사가 되고 싶습니다. 당신이 주시는 힘과 능력으로, 믿음 가운데 전쟁에서 잘 싸우고 싶습니다. 당신의 사랑의 불 속에서, 제 마음을 강건하게 하시옵소서.

사랑에 빠진 신부로서 어둠을 향해 달려 나간다면,
우리와 우리 마음은 보호받을 것이다.

Day 143

> 내가 하나님의 열심으로 너희를 위하여 열심을 내노니
> 내가 너희를 정결한 처녀로
> 한 남편인 그리스도께 드리려고 중매함이로다
>
> 고후 11:2

신랑에 대한 계시는 사도 바울에 의해 전해졌습니다. 바울은 자신의 사역을, 믿지 않는 자들을 돌이켜 하나님께 순결한 신부로 선사하는 중매라고 이야기합니다. 신랑의 친구라는 사역의 정체성을 가지고 살아갈 때, 우리는 이러한 정체성이 없는 자들과 굉장히 다른 삶을 살게 됩니다. 우리는 하나님과의 관계를 통해 정체성을 발견합니다. 저는 하나님을 신랑으로 생각할 때, 가장 먼저 우리를 얼마나 원하실지 생각해 봅니다. 하나님의 사랑에 얼마나 설레는지…. 기뻐하시는 하나님, 인류를 강렬히 갈망하시는 하나님, 영적인 즐거움을 통해 우리에게 먼저 다가오시는 하나님에 대한 계시는, 그 어떠한 것보다 우리를 흥분시키기에 충분합니다!

나의 기도

하나님, 신부인 저를 위해 기다리시는 신랑으로서, 예수님을 나타내 주시옵소서. 제 마음을 더 끌어당기시고, 아들의 희생을 받아들여 신부가 될 다른 많은 사람들의 길을 준비하는데, 저를 사용하여 주옵소서.

**우리보다 훨씬 더 큰 존재와 연결되어 있기 때문에,
신랑의 친구는 두려움이 없다.**

Day 144

내가 여호와로 말미암아 크게 기뻐하며 내 영혼이
나의 하나님으로 말미암아 즐거워하리니 이는 그가 구원의 옷을 내게 입히시며
공의의 겉옷을 내게 더하심이 신랑이 사모를 쓰며
신부가 자기 보석으로 단장함 같게 하셨음이라

사 61:10

신랑 되신 하나님께서는, 우리를 말할 수 없이 갈망하시며 기뻐하십니다. 우리를 좋아하시고, 즐거워하시고, 원하시고, 따라다니시며 기뻐하십니다. 우리의 아버지 되시며, 우리를 원하는 신랑 되십니다. 한편, 성령님은 이러한 하나님의 계시를 전해 주시고, 우리 마음에 그 사랑을 부어주시는 분으로, 우리가 온 마음 다해 아버지에게는 자녀로서, 하나님의 아들에게는 신부로서 반응할 수 있도록 도와주십니다. 우리 마음을 아버지 하나님께 집중하든지, 신랑 되신 하나님께 집중하든지 우리는 똑같이 뜨거운 갈망을 경험하게 됩니다. 우리가 나약하고 깨어진 가운데서도, 하나님께서 여전히 우리를 원하시고, 갈망하시고, 기뻐하신다는 것을 우리가 느낄 때, 우리 안에는 변화가 일어납니다. 마음을 하나님께 다 내어 드릴 수 있게 됩니다. 그분을 우리의 신랑으로 볼 때, 기뻐하시는 그분을 느끼면서 우리는 만족할 수 있게 됩니다. 하나님께서 천국에서뿐만이 아니라, 우리가 아직 이 땅 가운데 있을 때에도, 우리를 기뻐하시고 즐거워하신다는 것을 깨달으면, 우리의 삶과 성품은 완전히 변화됩니다.

나의 기도

제가 사랑 받고 있고, 저로 인해 기뻐하며 즐거워하고, 저를 원하시는 이가 있다는 사실이 참으로 놀랍습니다. 당신의 사랑이 저로 하여금 제 마음을 당신께 돌려 드리고, 당신 앞에 기쁨이 되고자 제 삶을 드리고 싶게 만듭니다.

우리를 향한 하나님의 불타오르는 갈망을 느낄 때, 우리의 내면은 변화된다.

Day 145

> 이기는 그에게는 내가 내 보좌에
> 함께 앉게 하여 주기를 내가 이기고
> 아버지 보좌에 함께 앉은 것과 같이 하리라
>
> 계 3:21

예수님의 입에서 나온 이 강력한 말씀은, 우리가 유업으로 무엇을 받게 될지 이야기해 줍니다. 이 구절은 주님께서 얼마나 우리와 함께 보좌에 앉기 원하시는지를 보여줍니다. 사랑하는 여러분, 우리는 영원한 도시에서 엄청난 부와 권력을 가진 상류 계층과 결혼하였습니다. 그 날이 오면 여러분은 순식간에 완전한 능력을 가지고, 이 도시에서 살게 될 것입니다. 하나님께서 우리를 향하여 가지고 계신 유일한 목표는, 우리로 하여금 자발적으로 우리 마음을 하나님께 드리게 하는 것입니다. 그러므로 마음을 드리는 것은, 우리의 존재 이유와 하는 모든 일의 중점이 되어야 합니다. 마지막 날에 면류관을 받을 때, 우리는 이렇게 말할 것입니다. "당신을 사랑하는 것이 너무 즐거웠기에 당신을 사랑했습니다. 사랑하기를 강요받지 않았습니다. 우리가 그렇게 살기를 원했습니다. 강제적인 순종 같은 것으로 당신을 섬기지 않았습니다. 우리는 자발적인 하나님의 연인입니다. 우리가 당신의 아름다움 때문에 당신의 연인이기를 자청했습니다."

나의 기도

아버지, 제한 없이 제 마음을 다 드립니다. 평생 당신을 사랑하며, 영원히 당신의 신부로 사는 것 이외에 제가 원하는 것은 아무것도 없습니다.

**신랑 되신 하나님과 관계를 발전시키는 것이,
우리를 향한 그분의 온전한 계획을 알 수 있는 가장 좋은 방법이다.**

Day 146

> 때가 아직 낮이매 나를 보내신 이의 일을 우리가 하여야 하리라
> 밤이 오리니 그 때는 아무도 일할 수 없느니라
> 내가 세상에 있는 동안에는 세상의 빛이로라
>
> 요 9:4-5

하나님께서는 당신이 일하는 연인이기를 원하십니다. 당신의 정체성은 연인이지만 하는 것은 일입니다. 그렇다고 하나님을 사랑하려 발버둥 치는 일꾼이기만 해서는 안 됩니다. 당신은 하나님의 연인입니다. 우리 본연의 정체성은 연인입니다. 그것이 우리입니다. 우리는 하나님의 연인이지만 일을 하게 된 것이지, 그 반대가 아닙니다. 타락한 세상에서는 누군가가 되기 위해 무언가를 하려고 합니다. 하지만 하나님께서는 정확히 그 반대가 정답입니다. 하나님은 우리가 연인이기에 일하기 원하십니다. 우리가 누구인지에 의해, 해야 할 일이 결정되는 것은 굉장히 중요합니다. 무언가가 되기 위해 또는 더 많은 것을 성취하기 위해, 자기중심적인 동기를 가지고 노력하는 삶을 살지 않는 것 또한 중요합니다. 마음이 새로움을 입지 못하면, 우리는 중요하게 여김을 받고 싶어 일하게 되고, 다른 이들의 눈에 중요한 사람이 되고 싶어 일하게 됩니다. 하나님께서는 정확히 그 반대를 우리에게 기대하십니다. 우리는 먼저 전사가 아니라 먼저 신부가 된 자들입니다. 우리는 먼저 연인이고, 그 다음에 전쟁을 하는 전사입니다.

나의 기도

주님, 당신의 크신 사랑을 이해하게 되면서, 잃어버린 영혼들을 위하여 적과 맞서 싸울 힘을 얻습니다. 제 사랑이 다른 이들을 당신 앞으로 데려오게 하여 주시옵소서.

> 하나님께서는 우리가 무언가를 하기 이전에
> 먼저 누군가가 되기를 바라신다.

Day 147

내 사랑하는 형제들아 견실하며 흔들리지 말고
항상 주의 일에 더욱 힘쓰는 자들이 되라
이는 너희 수고가 주 안에서 헛되지 않은 줄 앎이라

고전 15:58

하나님께서는 우선 우리가 관계지향적이고, 그 다음으로 성과지향적이기를 바라십니다. 우리는 지상 대명령이라고 불리는 수행해야 할 일이 있습니다. 하지만 하나님 안에서 우리가 누구인지를 아는 것이, 그분을 위해 우리가 무엇을 하는가보다 훨씬 더 중요합니다. 그것이 하나님 나라의 공식입니다. 하나님께서는 우리가 영의 밭에 씨를 뿌리고, 영적 정원을 가꾸기를 원하십니다. 우리가 사랑 받는다는 것을 아는 것과 하나님의 애정을 느끼는 것은, 온전한 하나님의 연인이 되기 위한 성장에 반드시 필요합니다. 이는 우리의 생명의 근원입니다. 이것이야말로 진정한 성공을 위해 가장 필요한 요소들입니다. 우리가 우선 관계지향적이게 되면, 성공을 만끽하려고 사역하지 않게 됩니다. 우리는 이미 예수님과의 관계를 통해, 성공을 만끽하고 있기 때문입니다. 우리는 성공의 토대 위에 지상 대명령을 수행해야 합니다. 주님 안에서 느끼는 성공은, 우리로 하여금 역경을 마주했을 때에도, 계속해서 일할 수 있는 힘을 줍니다. 하지만 성공을 얻기 위해 일하게 되면, 심심치 않게 찾아오는 유혹과 전쟁에서 우리는 빠른 속도로 소진할 것입니다.

나의 기도

계속해서 아버지와의 관계를 발전시켜 나가고 싶습니다. 제 삶의 초점은 당신과 관계를 맺어 나가는 데 있습니다. 하나님께서 저를 사랑하시고, 저와 함께하기 원하시는 것을 아는 것이, 지상 대명령을 성취할 힘의 원동력입니다.

**영적인 차원에서 성공을 하고 나면,
더 온전한 순종과 인내를 가지고 사역에 임할 수 있다.**

Day 148

그에게 마리아라 하는 동생이 있어 주의 발치에 앉아 그의 말씀을 듣더니
마르다는 준비하는 일이 많아 마음이 분주한지라
예수께 나아가 이르되 주여 내 동생이 나 혼자 일하게 두는 것을
생각하지 아니하시나이까 그를 명하사 나를 도와주라 하소서
주께서 대답하여 이르시되 마르다야 마르다야 네가 많은 일로 염려하고 근심하나
몇 가지만 하든지 혹은 한 가지만이라도 족하니라
마리아는 이 좋은 편을 택하였으니 빼앗기지 아니하리라 하시니라

눅 10:38-42

우리는 그리스도의 명령에 따라 모든 민족과 나라에 나아가야 합니다. 하지만 종의 마음은 두 번째가 되어야지, 첫 번째가 되어서는 안 됩니다. 마르다의 문제도 우선순위에 있었습니다. 마리아와 마르다가 작은 갈등을 겪고 있을 때, 사실 마르다는 잘못한 것이 없습니다. 그녀는 섬기기를 원했을 뿐입니다. 다만 그녀가 본래 타고난 성품과 능력과 관심이 섬기는 것이었기에, 그녀의 우선순위를 연인에서 일꾼으로 바꾼 것입니다. 마르다의 일이, 그녀로 하여금 연인이 되는 것을 방해한 것입니다(40절). 사역을 하면서 일꾼들을 보게 될 때, 저는 속으로 말합니다. "이제 반 정도 왔군." 하지만 이러한 일꾼들이, 우선순위를 바로 세워 먼저 연인이 되고 나면, 훨씬 더 효과적인 일꾼들이 되는 것을 많이 봐왔습니다.

나의 기도

아버지, 저 또한 마르다처럼 주님을 섬기는 것보다 사역에 더 집중할 때가 많습니다. 항상 제가 먼저 '연인'이며, 둘째로 '일꾼'인 것을 기억하게 하여 주시옵소서.

수많은 사람들이 이 땅에서 풍요로운 삶과 자신의 위안을 추구하다 보니
연인은 고사하고, 일꾼이 되는 것조차 생각해 보지 못한다.

Day 149

내가 주의 법을 어찌 그리 사랑하는지요
내가 그것을 종일 작은 소리로 읊조리나이다 주의 계명들이 항상 나와 함께 하므로
그것들이 나를 원수보다 지혜롭게 하나이다
내가 주의 증거들을 늘 읊조리므로 나의 명철함이 노인보다 나으니이다

시 119:97-100

성경을 공부하십니까? 하나님의 말씀을 연구하는 것도 좋지만, 우리가 기억해야 할 것은, 우리는 먼저 학생으로 부름 받지 않았다는 것입니다. 저는 성경을 연구하는 것을 너무나도 좋아합니다. 하지만 먼저 학생으로 부름 받지 않았다는 것을 잘 압니다. 저는 먼저 연인으로 부름 받았습니다. 하나님의 연인이 되는 것은 정말이지 영광스러운 일입니다! 저는 하나님을 사랑하는 것이 너무나도 좋습니다! 그러므로 제 마음에 사랑을 일으키고, 제가 영향을 주는 사람들의 마음에 사랑을 일으킬 수 있는 방식으로 저는 공부합니다. 개인에 따라 다르겠지만, 학생이 되는 것이 연인이 되는 것에 도움이 되기도 하고 방해가 되기도 합니다. 같은 페이지에 서 있는 우리들은 먼저 진실을 위해 논쟁하고, 싸우는 자로 부름 받지 않았습니다. 어떤 이들은 그들의 삶을 진실을 보존하는 데 사용해야 한다고 생각합니다. 그들은 우리가 연인으로서 먼저 부르심 받은 것을 깨닫지 못한 자들입니다.

나의 기도

당신을 사랑하는 것에 제 삶의 초점이 맞추어져야 할 것입니다. 제가 먼저 연인으로 부름 받은 것을 잊지 않게 해 주시옵소서. 먼저 사랑하는 법을 가르치시고, 그 이후에 섬기는 법을 가르쳐 주시옵소서.

**하나님께서는 진리를 위해 우리가 싸우기를 원하시지만,
하나님의 연인인 것을 모르는 채 싸우기를 원치 않으신다.**

Day 150

> 그러므로 내 사랑하는 형제들아 견실하며
> 흔들리지 말고 항상 주의 일에 더욱 힘쓰는 자들이 되라
> 이는 너희 수고가 주 안에서 헛되지 않은 줄 앎이라
> 고전 15:58

우리는 종교적인 생활을 하라고 부름 받지 않았습니다. 우리는 종교적인 시스템이나, 정치 구조의 쳇바퀴 속으로 뛰어들라고 부름 받지 않았으며, 특정 교리나 정책에 획기적인 선을 그으라고 부름 받지도 않았습니다. 지상 대명령은 아버지 되신 하나님께서 그의 아들과 파트너가 될 우리 신부에게 마음으로 하신 말씀입니다. 교회가 예수님의 연인 같은 파트너가 되어, 그에게서 온전한 사랑의 힘을 공급 받아서 사역할 때마다, 그 사랑이 자연스럽게 흐르기를 원하셔서 하신 말씀입니다. 종종 지상 대명령은 전형적인 일꾼의 패러다임으로, 또는 엄청난 희생을 수반하는 임무로 여겨집니다. 하지만 마지막 때에는, 신랑 되신 하나님과의 사랑의 파트너십으로부터 복음이 성취될 것입니다. 복음을 전파하는 것이 희생이 아니라, 특권이 될 것입니다. 주님께 완전히 상사병이 걸려서 마음을 다해 추수할 밭을 일구게 될 것입니다.

나의 기도

아버지, 종교적 시스템이나 정치가 제 삶에 자리 잡을 때마다, 신랑 되신 하나님의 연인으로 가장 먼저 부름 받았다는 것을 상기시켜 주시옵소서.

하나님께서는 우리를 가장 먼저 연인으로 부르셨다.

Day 151

나의 힘이신 여호와여 내가 주를 사랑하나이다
여호와는 나의 반석이시요 나의 요새시요 나를 건지시는 이시요
나의 하나님이시요 내가 그 안에 피할 나의 바위시요 나의 방패시요
나의 구원의 뿔이시요 나의 산성이시로다
내가 찬송 받으실 여호와께 아뢰리니 내 원수들에게서 구원을 얻으리로다

시 18:1-3

사역을 시작한 많은 그리스도인들은 금방 지쳐버립니다. 하나님을 연인으로 사랑하며 기초를 단단히 세우기 전에, 사역을 시작했기 때문입니다. 우리가 먼저 하나님의 연인으로 부름 받았다는 것을 깨닫지 못하면 낙심과 지루함과 좌절을 막을 수 없게 됩니다. 연인으로서 삶을 즐기는 것이 우리의 노동의 대가입니다. 그 즐거움은 다른 무엇과도 비교할 수 없는 즐거움입니다. 먼저 연인으로서 살면, 복음을 위해 열심히 일할 때 다른 사람으로부터 공격이 들어오거나, 무시당하거나, 혹은 일이 잘 풀리지 않아도, 늘 대피할 수 있는 은밀한 장소가 생깁니다. 저는 하나님께서 저를 사랑하신다는 사실에, 아직도 푹 빠져들어서 즐거워할 수 있는 은밀한 장소가 있습니다. 이곳에서 하나님께서는 아버지의 사랑을 저에게 부어 주십니다. 이것이야말로 진정한 영적인 즐거움입니다!

나의 기도

주님, 당신의 신부로서 당신과 친밀함을 나눌 수 있는 특권을 저에게 주셔서 감사합니다. 주님과의 사랑의 관계야말로, 이 땅에서 제가 해야 할 일들을 이룰 수 있는 힘이 됩니다. 저는 주님께서 사랑하시는 자입니다.

**하나님께서는 우리가 사랑 받도록 만드셨고,
그 사랑이 하나님께 다시 흘러 들어가도록 창조하셨다.**

Day 152

나는 주의 힘을 노래하며 아침에 주의 인자하심을 높이 부르오리니
주는 나의 요새이시며 나의 환난 날에 피난처심이니이다

시 59:16

하나님께서는 그의 자녀들을 위해 많은 즐거움을 예비하셨습니다. 하지만 하나님께서 우리 인간의 영에 직접 소통하시는 것보다 더 큰 즐거움은 없습니다. 하나님과 갖는 이 평강의 시간은, 우리 삶과 영의 깊은 곳에 활력을 불어 넣어 줍니다. 하나님께서 그분의 사랑을 저에게 부어 주실 때, 그 사랑이 다시 하나님께로 흘러 들어가며, 하나님께 다시 그 사랑을 돌려 드릴 때, 그분의 애정과 아름다움에 대한 더 큰 계시들이 다시 저에게 돌아옵니다. 이런 순환을 통해 제 영혼은 더 풍성하고 풍성하게 됩니다. 조금이라도 사랑 받는다고 느낄 때, 조금이지만 하나님을 사랑할 때, 우리 인간의 영은 강력한 에너지를 공급 받습니다. 저는 이 메시지를 전합니다. 하나님의 고귀한 전사가 되고 싶기 때문입니다. 저는 첫 번째 계명을 가장 우선순위에 놓아야 하는 이유에 대해서 메시지를 나누기 위해 힘씁니다. 그리스도의 몸으로서, 실제로 그 풍성함을 경험했기 때문입니다. 우리는 우리 영혼을 재조명할 필요가 있습니다. 주님과 사랑하며 동행하는 것에서 오는 환상적인 기쁨을 깨닫기 위해서는 우리의 우선순위를 바로 잡아야 합니다.

나의 기도

주님, 사랑합니다. 주님을 더욱 사랑할 수 있도록 도와주시옵소서. 매일 주님을 향한 그 사랑이 더 커질 수 있게 하여 주시옵소서. 제 자신과 제가 하는 모든 일을 주님을 사랑하는 데 사용하게 하옵소서.

그리스도인들이 소진하는 이유는 하나님과의 관계를 통해 오는 사랑의 즐거움을 맛보지 못하기 때문이다.

Day 153

우리가 만일 미쳤어도 하나님을 위한 것이요
정신이 온전하여도 너희를 위한 것이니 그리스도의 사랑이 우리를 강권하시는도다
…그가 모든 사람을 대신하여 죽으심은
살아 있는 자들로 하여금 다시는 그들 자신을 위하여 살지 않고
오직 그들을 대신하여 죽었다가 다시 살아나신 이를 위하여 살게 하려 함이라

고후 5:13-15

압박하다(constrain)라는 영어 단어의 뜻은 '단단히 움켜쥐다' 입니다. 바울은 그리스도의 사랑으로 하나님 안에서, 하나님을 통해 사역하는 동기를 부여 받았습니다. 하나님의 사랑이 바울이 행한 모든 일의 원동력이었습니다. 이것은 거룩한 삶을 사는 자들에게 주어지는 강력한 힘입니다. 저는 사람들에게 죄를 극복하기 위해 노력하기보다는, 하나님을 즐기는 데 더 많은 시간을 할애하라고 조언합니다. 많은 이들이 사랑이 아닌 두려움에 영향을 받습니다. 사실, 제 주변의 많은 친구들도, 두려움에 영향을 더 많이 받는 것을 봅니다. 그리고 때로는 저 또한 그렇습니다. 일단 두려움이 우리 안에 생기면, 우리는 첫 번째 계명에 우리 자신을 던져야 합니다. 첫째 계명이 삶에서 가장 먼저가 될 때, 둘째 계명과 지상 대명령을 훨씬 더 안정적으로 행할 수 있습니다. 성령님께서 우리 안에서 행하시는 이 놀라움과 즐거움 그리고 자유와 권능은 모든 그리스도인들의 손이 닿는 곳에 있습니다.

나의 기도

성령님, 제 마음을 사랑으로 단단히 움켜쥐셔서, 저를 위해 준비해 놓으신 놀라움과 즐거움과 자유와 권능을 제가 경험할 수 있게 하여 주시옵소서.

우리 영혼이 첫째 계명을 사수하려 들 때,
우리는 일꾼이기 이전에 연인이 될 수 있다.

Day 154

너희는 주께 받은 바 기름 부음이 너희 안에 거하나니
아무도 너희를 가르칠 필요가 없고
오직 그의 기름 부음이 모든 것을 너희에게 가르치며
또 참되고 거짓이 없으니 너희를 가르치신 그대로 주 안에 거하라

요일 2:27

우리는 이 땅에서 기름부음 받은 사역, 재정의 돌파구, 좋은 친구, 건강과 힘을 부차적인 상급으로 받을 수 있습니다. 이 모든 것이 다 중요한 상급임은 분명하지만, 여전히 부차적인 것들입니다. 저는 이 상급들을 사랑합니다. 우리는 부차적인 상급이 필요하며, 그것이 하나님의 뜻이기도 합니다. 하지만 우리는 첫째 계명을 지키는 것을 노동을 수반하는 희생이라 생각하고, 상급을 우선시할 때가 많습니다. 나른 말로 하면, 사역에 얼마나 기름 부으심을 받고, 돈이 얼마나 있으며, 우리 건강 상태가 어떻고, 깊고 충성된 우정을 나누는 이들이 몇이나 되는지에 마음을 가장 많이 쏟고 있다는 말입니다. 하나님을 위해 우리가 희생하고 있다고 생각할 때, 우리는 이 부차적인 상급을 우선시하기 쉽습니다. 그러나 예수님께서 우리의 가장 큰 목적 되시고, 그 목적이 성취되었을 때, 우리에게 상급은 부차적인 것이 됩니다.

나의 기도

아버지, 주님을 사랑하는 것을 절대 노동으로 여기거나 어려운 희생으로 여기지 않게 하여 주시옵소서. 당신의 아들, 예수가 저의 가장 큰 목적이 되게 하여 주옵소서.

> 우리가 지음 받은 첫째 목적은 예수님을 사랑하는 것이고,
> 그것이 충족되기 시작하면,
> 하나님의 은혜 안에서 우리는 능력을 가지고 담대할 수 있다.

Day 155

여호와께 감사하라 그는 선하시며
그의 인자하심이 영원함이로다

시 118:1

우리는 주님의 사랑을 받음으로 그분의 연인입니다. 그것이 우리의 첫 번째 정체성입니다. 이 관점에서 우리를 보면, 우리 삶이 완전히 달라집니다. 무슨 일이 생기든지 우리 마음에 노래가 가득하고, 우리 영은 즐겁고, 우리 속사람은 유하게 되기 때문입니다. 한번은 주님께서 저를 위험한 사역으로 부르셨는데, 이 기간 동안 저로 하여금 예기치 못한 많은 벽에 부딪히게 하셨습니다. 그러면서 하나님께서 제게 분명하게 하신 것이 하나 있습니다. 하나님께서는 제가 사역이나 재정적인 성공을, 가장 우선적인 상급으로 기대하는 것을 원치 않으셨습니다. 하나님께서는 우리의 목적이 천만 명이 모인 경기장에서 복음을 전파하여 백만 명을 주님께로 인도하는 것이 아니라, 그의 아들 예수가 우리의 가장 큰 목적 되기를 원하십니다. 좋은 소식이 하나 있습니다. 가장 첫째 되는 상급, 예수가 당신 안에 있다면, 당신은 감옥에 있다 할지라도 성공할 수 있습니다. 살면서 사역 가운데 실망할 때도 있을 것이고, 지역 교회가 당신을 오해해서 사임시킬 수도 있겠지만, 만약 당신이 하나님을 사랑하고 하나님께 사랑 받는 것을 가장 큰 상급으로 여긴다면, 여전히 스스로를 성공한 자로 생각할 수 있을 것입니다.

나의 기도

당신을 사랑하고 당신에게 사랑받는 것이야말로 제가 원하는 유일한 상급입니다. 성과나 성공이 당신의 사랑보다 더 중요한 것이 되지 않게 하여 주시옵소서.

**하나님의 온전하신 뜻 안에 있다는 것을 알면서도,
사역 가운데 설 곳을 잃어버렸다고 느낄 때가 있다.**

Day 156

**성령과 신부가 말씀하시기를
오라 하시는도다**

계 22:17

이 성경구절에서 우리는, 온전히 하나님의 아들이자 인간의 아들이고, 온전히 하나님이시자 온전히 인간이신 분을 봅니다. 이전에는 이해할 수 없었던 신랑의 모습으로 그분을 봅니다. 이 넘치는 계시를 통해, 우리는 상사병에 걸린 신부로서, 우리 자신들을 완전히 새로운 시각에서 보게 됩니다. 이 새로운 영적 정체성은 우리의 감성적인 화학작용에 변화를 가져오며, 우리의 모든 것을 바꿔놓습니다. 성령님과 교회가 이 신부의 정체성으로 하나가 될 때, 우리는 함께 "오라"고 외칠 것입니다. 성령님께서 하나님의 사람들에게 신랑의 생김새와 성품을 보여주실 때, 연인들은 온 마음 다해 헌신하게 될 것입니다. 신랑 되신 하나님에 대한 계시는, 앞으로 다가올 마지막 때에 신부에게 힘과 방패가 되어 줄 것입니다.

나의 기도

아버지, 신랑 되신 하나님에 대한 계시가 새롭게 부어질 때마다, 주님께서 이 땅에 다시 오셔서, 저를 영원히 그의 신부로 삼아주실 그날이 더욱 기다려집니다.

**오늘날 성령께서는 신랑 되신 하나님을
우리에게 알리는 사역을 하고 계신다.**

Day 157

> 너는 나를 도장 같이 마음에 품고 도장 같이 팔에 두라 사랑은 죽음 같이 강하고
> 질투는 스올 같이 잔인하며 불길 같이 일어나니 그 기세가 여호와의 불과 같으니라
>
> 아 8:6

모든 것을 뛰어넘는 강렬한 욕구보다 더 매력적이고 거부할 수 없는 것은 없습니다. 할리우드는 깊고 영원한 사랑을 경험하고자 하는 인간의 마음의 욕구를 이용해, 엄청난 돈을 벌어들였습니다. 사랑하는 한 여인을 위해 가진 모든 것을 파는 한 남자의 이야기처럼 모든 시대의 사랑이야기는 닮아 있습니다. 사람들은 비슷한 구성의 스토리를 보고 또 보러 극장에 몰려옵니다. 왜일까요? 조건 없는 사랑, 사랑하는 이를 위해 모든 것을 희생하는 사랑에 목말라 있기 때문입니다. 셰익스피어의 세월을 뛰어넘는 클래식 작품 "로미오와 줄리엣"은 사람들의 마음 깊은 곳에 감동을 줍니다. 우리의 삶이 사랑으로 인해 불타오를 때 가치가 있다고 이 작품은 외칩니다. 여러분, 마음에 불이 붙으면 희생하지 못할 것이 없습니다.

나의 기도

세상은 모두 잘못된 곳에서 사랑을 찾아 헤매고 있습니다. 아버지, 다른 이들에게 아버지의 사랑을 알릴 수 있도록 도와주시옵소서. 당신의 사랑에 대한 계시를 나누는 것이 저의 가장 첫째 되는 목표가 되게 하시옵소서.

**그의 아들과 인간을 향한 하나님의 뜨거운 사랑을 경험할 때,
당신의 삶은 송두리째 변할 것이다.**

Day 158

기록된 바 하나님이 자기를
사랑하는 자들을 위하여 예비하신 모든 것은
눈으로 보지 못하고 귀로 듣지 못하고
사람의 마음으로 생각지도 못하였다 함과 같으니라

고전 2:9

교회가 세상을 위해 아무것도 준비되지 못한 무언가가 지평선상에 있습니다. 준비되지 않은 교회가 준비되지 않은 세상을 준비시키는 것은 불가능합니다. 다시 오실 이는 혜성처럼 잠시 두각을 나타내셨다가 사라질 분이 아니십니다. 다시 오실 이는 우주를 한 손바닥에 놓고 보시는 분이십니다. 사랑하는 여러분, 그분은 온 세상이 입이 쩍 벌어질 만큼 맹렬하게 오실 것입니다(계 19장 참고). 어떠한 혁명적인 철학도, 사람의 기술도, 훈련이나 교육도 그분의 심판을 멈추게 할 수 없습니다. 친구 되신 여러분, 이 세상은 앞으로 일어날 일에 대해 하나도 준비되어 있지 않습니다. 주님께서 오시는 그날은 불의 날이 될 것입니다(벧전 3:7). 소멸하는 불이신 우리의 신랑은 사랑과 심판으로 맹렬하게 타오르실 것입니다.

나의 기도

아버지, 그 어느 때보다 당신이 오실 날이 가까워지고 있는데, 대부분의 세상은 당신의 재림을 위해 전혀 준비되어 있지 않습니다. 이 세상에 하나님의 사랑을 알리는 데 제가 열정을 다해 소멸할 수 있도록 도와주시옵소서.

> 이 지구에 하나님께서 허락하신 자비가 있다면,
> 그것은 준비된 교회와 준비된 신부이다.

Day 159

예수께서 베다니 문둥이 시몬의 집에 계실 때에
한 여자가 매우 귀한 향유 한 옥합을 가지고 나아와서 식사하시는 예수의 머리에 부으니
제자들이 보고 분하여 가로되 무슨 의사로 이것을 허비하느뇨
이것을 많은 값에 팔아 가난한 자들에게 줄 수 있었겠도다 하거늘

마 26:6-9

저는 베다니의 마리아를 정말 좋아합니다. 그녀는 사도가 아니었습니다. 그녀는 유명하지 않았고, 책을 쓰지도 않았고, 집회를 열지도, 많은 말을 하지도 않았습니다. 오히려 그녀는 열정적인 자신의 사랑은 비밀에 부쳤습니다. 하지만 그녀의 사랑은 강렬했습니다. 3천 달러 정도의 가치가 나가는 그녀의 전 재산인 귀한 향유 옥합을 그녀는 사랑하는 자를 위해 아낌없이 부었습니다. 유다뿐만이 아니라 모든 사도들이 화를 냈습니다. 하지만 예수님께서는 그들의 반응을 무시하셨습니다. 아름다운 경배를 드린 그녀를 높이심으로, 그들의 비난을 잠재우셨습니다. 예수님께서는 그녀가 결코 책을 쓰거나, 집회에서 말씀을 전하거나, 세상적으로 인정받을 만한 일을 하지 않을 것을 알고 계셨습니다. 이름 없던 자임에도 불구하고, 오직 사랑으로 그리스도의 마음을 움직인 그녀를 우리는 결코 잊지 못할 것입니다. 사랑하는 즐거움의 값어치를 깨달은 자들이 세상의 헛된 것 대신에 사랑을 선택할 때, 놀라운 일이 일어나게 됩니다.

나의 기도

나의 주 되신 예수님, 마리아는 당신께 드릴 것이 적었지만, 그녀의 모든 것을 드렸습니다. 미련 없이 전 재산을 깨트리는 희생으로, 아낌없이 자신의 사랑을 부었습니다. 저 또한 제가 가진 모든 것, 제가 아는 모든 것을 주님께 드릴 수 있도록 도와주시옵소서.

**예수님과 사랑에 빠져서 세상의 보화를
내려놓을 때, 멋진 일이 일어난다.**

Day 160

네가 만일 전능자에게로 돌아가면 네가 지음을 받을 것이며
또 네 장막에서 불의를 멀리 하리라
네 보화를 티끌로 여기고 오빌의 금을 계곡의 돌로 여기라
그리하면 전능자가 네 보화가 되시며 네게 고귀한 은이 되시리니
이에 네가 전능자를 기뻐하여 하나님께로 얼굴을 들 것이라
욥 22:23-26

하나님께서는 자비로우셔서 자신을 보화로 여기는 모든 이들과 구원자의 헤아릴 수 없는 가치를 아는 자들에게 영원한 상급을 내려 주십니다. 하나님께서는 어떻게 해서든지 우리를 축복해 주기 원하십니다. 우리가 행한 작은 일보다, 훨씬 더 우리를 높여 주십니다. 하나님께서 우리가 행한 일보다 우리를 더 높여 주시는 것은, 우리가 심판을 초래하는 죄를 선택하지 아니하고, 그분을 선택했기 때문입니다. 우리가 하나님의 하나님 되심을 아는 것만으로도, 이렇게 놀라운 축복을 우리에게 주십니다.

나의 기도

아버지, 제 삶을 축복할 방법을 모색하신다니 정말 놀라울 따름입니다. 당신의 보좌 앞 제단에 저의 모든 것을 바칩니다. 오직 아버지께서 제게 주신 축복의 약속들만 붙들겠습니다.

개인적으로 나는 이 거룩한 초청에 응할 것이다.

Day 161

여호와의 인자하심은 자기를 경외하는 자에게 영원부터 영원까지 이르며
그의 의는 자손의 자손에게 이르리니 곧 그의 언약을 지키고
그의 법도를 기억하여 행하는 자에게로다

시 103:17-18

아직 영적으로 미성숙할 때에도, 하나님께서 우리를 기뻐하신다는 확신을 사람들은 가지고 싶어 합니다. 하나님께서 우리를 기뻐하신다는 것을 알아야, 우리는 제대로 된 삶을 살 수 있습니다. 당신도 이 확신을 갈망하는 것에서 자유롭지 못할 것입니다. 하나님께서 우리를 그렇게 지으셨기 때문입니다. 어떤 이들은 하나님께서 자신들을 기뻐하신다는 사실을 받아들이는 것 자체를 어려워합니다. "내가 천국에 가면 하나님께서 나를 기뻐하시겠지만, 내가 이 땅에 있는 동안에는 불가능해." 또 다른 이들은 오직 바울처럼 자신들이 영적으로 성숙한 사람이 되어야지만, 이 땅에서도 하나님께서 자신들을 기뻐하실 거라고 생각합니다. 사람들이 어떻게 생각하든지 진실은 하나입니다. 하나님께서는 우리가 성장하는 동안에도 우리를 기뻐하십니다. 이 진실을 아는 것은, 우리가 가지고 있는 열정을 영적 성숙함으로 바꾸는 데 꼭 필요한 열쇠입니다.

나의 기도

사랑하는 하나님, 있는 그대로 저를 사랑하신다는 것이 가능한 일인가요? 주님을 닮기 원하는 저의 힘없는 시도까지 기뻐하시고, 이런 제 모습을 사랑하신다는 것이 정말인가요?

우리가 미성숙하고 나약할 때에도 하나님께서는 우리를 기뻐하신다.

Day 162

이르되 여호와여 구하오니 내가 주 앞에서 진실과 전심으로 행하며
주의 목전에서 선하게 행한 것을 기억하옵소서 하고
히스기야가 심히 통곡하니

사 38:3

제가 신부운동과 함께 두 번째로 추구하는 것은, 사람들로 하여금 마음을 다하고, 열정을 다하는 마음을 갖게 하는 것입니다. 우리의 마음은 은혜와 열정의 자리를 사모하도록 지음 받았기 때문에, 은혜와 열정을 경험하는 것은 우리 영적 건강을 위해 중요합니다. 하나님께서 우리를 원하신다는 사실을 아는 것만으로는 부족합니다. 우리는 마음을 다하여 우리 자신을 그분께 드려야 한다는 사실을 알아야 합니다. 무언가 목숨 바쳐야 할 일이 우리에게 없다면, 살 이유도 없는 것입니다. 우리는 마음을 다하여 예수님을 사랑하는 것을 즐겨야 합니다. 영적으로 수동적인 자세를 취하고 지루해 하면 사탄의 공격에 노출되어 상처 입기 쉽습니다. 마음을 다해 주님을 사랑하고 섬기는 일은 분명 주님을 기쁘시게 하지만, 그게 다가 아닙니다. 많은 성도들은 자신들을 부인하고 포기하지 않으면서 하나님의 은혜 안에 거하려고 시도합니다. 우리는 조금만 사랑하는 것이 아니라 마음을 다해 사랑해야 하며, 마음을 다해 사랑할 때 하나님의 인도하심을 받는 은혜를 경험해야 합니다.

나의 기도

사랑하는 아버지, 마음을 다해 주님을 섬기는 것도 좋지만, 제 자신을 온전히 버리고 열정을 다해 저를 향한 당신의 뜻을 좇을 수 있게 하여 주시옵소서.

**온전하신 하나님은 우리가
온전함을 필요로 하고 갈망하도록 창조하셨다.**

Day 163

> 내가 여호와께 바라는 한 가지 일 그것을 구하리니
> 곧 내가 내 평생에 여호와의 집에 살면서 여호와의 아름다움을 바라보며
> 그의 성전에서 사모하는 그것이라
>
> 시 27:4

이 구절은 다윗이 가장 첫 번째로 삼은 삶의 목표였습니다. 다윗은 하나님께 매혹되기를 원했고, 그의 놀라움과 위엄으로 가득하기 원했으며, 경이로운 일을 갈망했습니다. 매혹적인 우리 하나님께서는 우리가 그분께 매혹되도록 창조하셨습니다. "이새의 줄기에서 한 싹이 나며 그 뿌리에서 한 가지가 나서 결실할 것이요" (사 11:1). 주님은 스스로를 가지라고 겸손하게 표현하셨는데, 이는 메시아를 뜻합니다. 성경은 그의 아름다움이 온 땅에 나타날 것이라고 약속하고 있습니다. 아버지께서는 그의 아들 예수 그리스도의 아름다움으로 마지막 때의 교회를 매혹시키실 것입니다. 성령님께서는 하나님의 깊은 아름다움을 살피시고, 그 아름다움의 계시를 우리에게 부어 주십니다. 하나님의 아름다움은 광대한 바다와도 같아서, 수십억 년이 지난 후에도, 우리는 여전히 천국에서 그의 아름다움을 새롭게 발견하고 있을 것입니다.

나의 기도

다윗 왕이 당신의 영광에 매혹된 것처럼 저도 그렇게 되기를 갈망합니다. 당신의 아름다움이 저를 놀랍고 경이롭게 합니다. 당신의 사랑에 계속 힘입어, 당신을 닮아 가는 일을 멈추지 않게 하여 주시옵소서.

> 하나님 앞에 섰을 때의 경이로움을 우리가 조금이라도 느낀다면,
> 죄에 대한 우리의 시각이 완전히 변할 것이다.

Day 164

그의 형통함과 그의 아름다움이 어찌 그리 큰지
곡식은 청년을 새 포도주는 처녀를 강건하게 하리라
슥 9:17

신부운동과 함께 제가 세 번째로 추구하는 것은, 바로 아름다움을 소유하기 원하는 마음을 품는 것입니다. 그리스도의 신부인 우리는 신랑의 아름다움이 우리 삶 가운데 부어지기를 갈망해야 합니다. 하나님의 영광의 임재로 인하여 하나님 앞에서 우리가 스스로를 아름답다고 느낄 때, 마음 깊은 곳에서 우리는 어떤 강렬함을 느낍니다. 부활하신 예수 그리스도의 몸은 우리가 상상할 수 있는 것 중 가장 아름다운 것입니다. 빌립보서 3장 21절은, 우리 몸을 부활하신 영광의 몸의 형체와 같이 변화시킬 것이라고 선포하고 있습니다. 아름다워지기 원하는 우리의 갈망이 하나님 안에서 채워질 때, 우리 마음은 힘을 얻으며 확장됩니다. 영적인 세계의 아름다움 중 일부만이 이 시대에 노출됐지만, 그 아름다움이 끼치는 영향력은 어마어마합니다. 하나님 앞에서 조금이라도 영적으로 아름답다 느낄 때, 우리는 강력한 힘을 얻습니다. 저는 저의 죄, 저의 몸부림 그리고 저의 나약함에 대해서 잘 알고 있습니다. 그러나 저는 제가 신부로서 누구인가도 잘 알고 있습니다. 그렇기에 주님께서 저를 기뻐하시고, 그의 아름다움으로 저를 매혹시킨다는 것을 기억하며, 주님 앞에 담대히 나아갈 수 있습니다. 주님 앞에서 저는 진정 아름답다고 느낍니다.

나의 기도

주님, 당신의 부활의 아름다움이 저로 하여금, 무슨 일을 하든지 당신을 기쁘게 해 드리고 싶은 마음으로 넘치게 합니다. 주님께서는 저를 아름답게 느끼게 해 주십니다. 오직 당신을 위해서 살고 싶습니다.

사랑의 복음은 강력한 힘이 있어, 죄에서 기쁨을 찾도록
우리를 지배하는 것들을 깨트리고, 우리를 돌이켜 자유롭게 한다.

Day 165

볼지어다 내가 문 밖에 서서 두드리노니
누구든지 내 음성을 듣고 문을 열면 내가 그에게로 들어가 그와 더불어 먹고
그는 나와 더불어 먹으리라 이기는 그에게는 내가 내 보좌에 함께 앉게 하여 주기를
내가 이기고 아버지 보좌에 함께 앉은 것과 같이 하리라

계 3:20-21

그리스도의 신부라면 누구나 다 위대하고, 고결하고, 성공하고 싶은 욕구를 가지고 있습니다. 하나님께서는 우리를 동반자로서 영원한 그분의 나라의 왕좌에 앉혀 주심으로, 우리의 깊은 갈망에 응답해 주셨습니다. 그리스도의 신부로서 우리는 모든 천사들보다 더 높은, 가장 높은 자리에 앉아 영광과 권능을 누리게 될 것입니다. 하나님께서는 요한계시록 3장 20절에서 언급하신 잔치에서, 그가 지으신 창조물 중에 신부가 가장 높고 영광스러운 자리에 앉을 수 있도록 다 준비해 놓으셨습니다. 그리스도와 함께 잔치에 참여할 신부는 그분과 함께 다스릴 것입니다. 왕 중의 왕과 결혼한 그의 신부는 천국에서 왕비가 됩니다. 우리는 다 제사장이며 왕입니다. 제사장으로서 우리는 마음을 다해 하나님을 사랑하는 연인이기도 하지만, 왕으로서는 하나님 나라의 정부에 속한 자들입니다.

나의 기도

주님, 제 안에 위대하고, 고결하고, 성공하고 싶어 하는 마음이 있습니다. 저를 동반자로서 영원한 당신의 나라의 왕좌에 앉혀 주심으로, 저의 갈망을 만족시켜 주시니 감사합니다. 주님, 영원한 나라에서 영광 가운데 당신과 함께 다스리고 통치하게 해 주시니 감사합니다.

하나님 안에서의 위대함은
이 땅에서의 상황으로 정의되는 것이 아니라,
하나님의 위대하심에 의해 결정된다.

Day 166

이에 그들이 맹인이었던 사람을 두 번째로 불러 이르되
너는 하나님께 영광을 돌리라
우리는 이 사람이 죄인인 줄 아노라 대답하되
그가 죄인인지 내가 알지 못하나
한 가지 아는 것은 내가 맹인으로 있다가 지금 보는 그것이니이다

요 9:24-25

우리는 그리스도의 신부로서 다른 이들에게 영향을 주고 싶어 하고, 그들이 중요한 사람이란 것을 느낄 수 있게 해 주고 싶어 하며, 복음의 기쁜 소식으로 다른 이들을 들뜨게 만들고 싶어 합니다. 예수님을 만난 소경을 떠올려 보십시오. 자신의 소경 친구들에게 얼마나 큰 설렘과 기쁨으로 주님을 만난 이야기를 할지 상상해 보세요. 그들에게 이 기쁜 소식을 전하면서 얼마나 흥분했을까요? 친구들에게 저녁에 예수님을 만날 수 있는 또 다른 모임이 있다고 알려 주면서, 맹인이 얼마나 큰 기쁨을 느꼈을지 상상해 보세요. 다른 이들에게 영향력을 행사할 수 있는 능력은 하나님께서 우리에게 주신 능력 중 하나입니다.

나의 기도

아버지, 저를 놀랍게 변화시키심으로 인해, 제 삶이 다른 이들에게 영향력을 줄 수 있게 하시고, 제가 당신의 기적과 같은 은혜를 전하는 기쁨과 열정을 잃어버리지 않게 도와주시옵소서.

**그 누구에게도 아무런 영향을 줄 수 없을 때,
우리의 영적 삶은 기쁨과 새로움을 잃어버린다.**

Day 167

내가 사랑하는 주의 계명들을 스스로 즐거워하며
또 내가 사랑하는 주의 계명들을 향하여
내 손을 들고 주의 율례들을 작은 소리로 읊조리리이다
시 119:47-48

집이 없는 어린 소년에게 멋진 바닷가로 여행을 떠날 수 있는 티켓을 주는 장면을 떠올려 보세요. 그러나 지저분한 어린 소년은 그 티켓을 당신에게서 받아서, 구석에 있는 큰 박스에 자신이 수집한 다른 물건들과 함께 던져 넣습니다. 어린 소년은 햄버거와 감자튀김, 애플파이와 아이스크림을 먹는 대신, 자신이 모은 쓰레기 더미에서 상한 고기를 찾아 먹은 후, 진흙바닥에서 놀다가 그것으로 파이를 만들어 후식으로 먹습니다. 좋은 것을 앞에 두고 왜 그럴까 답답하시죠? 우리는 세상을 향해 "예" 또는 "아니요"라고 결정을 내려야 하는 순간이 있습니다. 이 소년의 선택은 우리의 선택을 보여주고 있습니다. 하나님께서는 우리를 위하여 만찬을 준비하시고 우리가 먹을 것을 생각하시며 기뻐하십니다. 하나님께서 준비하신 식탁에서 영의 기쁨을 한 번 맛보고 나면, 이 세상이 주는 공허한 기쁨은 다 잊게 됩니다. 죄의 지배를 받는 우리의 마음을 자유롭게 할 수 있는 것은, 하나님 안에서 기뻐하는 것입니다.

나의 기도

아버지, 저는 당신을 선택하겠습니다. 모든 상황 속에서, 모든 결정을 내릴 때, 당신의 계획과 목적에 순종하겠습니다. 저를 받아주신 당신의 그 사랑에 견줄 만한 것은 아무것도 없습니다.

거룩함은 죄가 줄 수 있는 그 어떤 기쁨보다도 훨씬 더 우월한 기쁨이다.

Day 168

너희는 유혹의 욕심을 따라
썩어져 가는 구습을 따르는 옛 사람을 벗어 버리고…
오직 오늘이라 일컫는 동안에 매일 피차 권면하여
너희 중에 누구든지 죄의 유혹으로 완고하게 되지 않도록 하라

엡 4:22, 히 3:13

우리가 왜 죄를 짓는지 생각해 보신 적 있으신가요? 죄를 짓는 그 순간에 느낄 수 있는 기쁨이 있습니다. 죄는 우리의 육체와 영과 감정에 성급함을 불러일으킵니다. 우리는 의무감에 비롯해 죄를 짓지 않습니다. 우리가 죄를 짓는 이유 중 하나는 하나님께 순종하는 것보다, 죄를 짓는 것에서 오는 기쁨이 더 클 것이라고 생각하기 때문입니다. 유혹이 힘이 있는 이유는 하나님을 위해 사는 것보다, 죄가 우리에게 더 큰 만족을 줄 것이라는 거짓된 약속에 우리가 속아 넘어갔기 때문입니다. 하나님의 말씀은 이 약속을 죄의 속임수 또는 헛된 욕망이라 일컫습니다. 우리는 하나님을 즐거워할 때, 유혹의 자리에서 승리할 수 있습니다. 죄의 힘을 능가하는 하나님의 거룩한 사랑을 알고 나면 혹 우리가 죄에서 돌아설까 하여, 성령님께서는 하나님의 사랑을 예수 그리스도를 통해 알려주십니다.

나의 기도

아버지, 순간적인 기쁨을 원하는 제 욕구를 제거하여 주시옵소서. 순간적인 기쁨을 위해 죄를 짓는 것에서 저를 건져주시옵소서. 아버지의 뜻을 따를 때에, 참된 기쁨을 맛볼 수 있게 하여 주시옵소서.

죄를 정복하는 비밀은 하나님 안에서 만족하는 것이다.

Day 169

믿음으로 모세는 장성하여 바로의 공주의 아들이라 칭함 받기를 거절하고
도리어 하나님의 백성과 함께 고난 받기를 잠시 죄악의 낙을 누리는 것보다
더 좋아하고 그리스도를 위하여 받는 수모를
애굽의 모든 보화보다 더 큰 재물로 여겼으니 이는 상 주심을 바라봄이라

히 11:24-26

모세는 이집트에서 부와 권력과 육신의 즐거움을 마음껏 누렸습니다. 그러나 그는 더 큰 부를 선택했습니다. 모세는 이집트에서 누린 것보다 더 즐겁고 더 아름다운 무언가를 경험했고, 초자연적으로 무언가에 끌리는 것이 주는 만족감을 경험했습니다. 하나님께서는 우리로 하여금 즐거운 삶을 누리지 못하게 하기 위해, 거룩함으로 부르신 것이 아닙니다. 거룩함은 고역을 치르는 일이 아닙니다. 하나님께서는 완벽하고 무궁한 즐거움을 주시려고 우리를 거룩함으로 부르셨습니다. 하나님께 없는 무언가를 우리가 드릴 수 있다고 생각하는 것은 교만이며, 이러한 생각을 가지고는 하나님께 영광 돌릴 수 없습니다. 하나님께서 우리를 위해 하시는 모든 일이 우리의 만족을 위해서임을 알고 감사함으로 하나님 앞에 나아갈 때, 하나님께서는 가장 영광 받으십니다.

나의 기도

아버지, 저에게 고통을 주시든 기쁨을 주시든, 순종과 사랑하는 마음으로, 제 삶으로 아버지를 높여드리기로 선택합니다. 거룩함과 정결함으로 저를 부르시고, 거룩함 가운데 온전한 삶을 살 수 있도록 도와주시옵소서.

모세처럼 거룩한 기쁨을 맛보면 맛볼수록,
예수님 외에 우리 영혼을 채울 수 있는 것이 없다는 것을 알게 될 것이다.

Day 170

예수께서 그들에게 이르시되
혼인집 손님들이 신랑과 함께 있을 동안에 슬퍼할 수 있느냐
그러나 신랑을 빼앗길 날이 이르리니
그때에는 금식할 것이니라

마 9:15

예수님 없이는 더 이상 못 살겠다고 느낀 적 있으신가요? 저는 있습니다. 이러한 영의 굶주림은 하나님께서 우리에게 주신 신랑 금식의 계절입니다. 이 금식기간을 통해, 우리가 성령님께서 주시는 것을 더 자유롭게 받을 수 있도록, 우리의 수용능력을 늘려주십니다. 위기 상황을 피하겠다는 목저에서 하는 표면적인 금식이 아닌, 하나님께서 주시는 금식은 우리의 내면을 변화시킵니다. 하나님 안에서 무언가를 가지지 않고는 더 이상 살 수 없다는 간절한 마음으로, 우리가 새로운 결의와 전력을 다해 부르짖을 때, 우리는 하나님께서 우리에게 금식을 허락하신 뜻을 이루게 됩니다. 하나님과 새로운 깊이의 친밀함 없이는 절대 못 살겠다고 느낄 때, 일반적으로 몇 달 또는 몇 년 안에 주님께서 친밀함을 증가시켜 주십니다.

나의 기도

주님, 때때로 주님을 더욱 원하는 강렬한 마음이 들 때가 있습니다. 때로는 당신의 새로운 사랑의 계시가 없이는 계속해서 나아갈 수 없다고 느낄 때가 있습니다. 더 새롭고 더 높은 차원의 친밀함으로 저를 끌어당겨 주시옵소서.

> 우리는 금식을 통해 더 빨리, 더 깊이
> 하나님과의 새로운 친밀함 안으로 들어갈 수 있고,
> 온유해질 수 있다.

Day 171

각 교회에서 장로들을 택하여 금식 기도 하며
그들이 믿는 주께 그들을 위탁하고
행 14:23

예수님께서는 매일 제자들의 눈을 바라보시며, 그분의 애정과 아름다움 그리고 놀라운 지혜로 소통하셨습니다. 그리고 제자들의 마음이 이런 자신의 육신의 존재에 익숙해졌다는 것을 예수님께서는 아셨습니다. 예수님께서 죽으시고 승천하신 이후에, 제자들이 금식을 함으로, 자신과 함께 나누었던 것들의 일부를 회복할 수 있다는 것을 아셨습니다. 예수님께서 승천하시고 나면, 제자들이 예수님을 원하고 그리워하여 상사병에 걸려서, 주님과 함께 이 땅을 거닐었을 때처럼, 주님과 가깝게 되기를 부르짖을 것을 아셨습니다. 예수님과의 그 친밀했던 느낌을 회복하려는 그 굶주림이야말로 친밀함, 능력, 기름 부으심 그리고 성령님과의 교제를 가능하게 하는 열쇠입니다. 예수님이셨기 때문에 영의 상사병이라는 독특한 패러다임을 생각하실 수 있었을 것입니다. 예수님께서는 겉으로 보기에 전혀 다른 두 개의 아이디어를 합하여 하나로 만드셨습니다.

나의 기도

예수님께서 승천하셨을 때, 제자들이 느꼈을 공허함을 저는 상상할 수가 없습니다. 하지만 그 공허함이 그들을 성령님과의 교제로 이끌었고, 새로운 경험을 할 수 있게 하였습니다. 주님, 그들의 경험이 저의 경험이 되게 하여 주시옵소서. 주님, 갈급한 제 심령에 성령님을 통하여 당신을 나타내 주시옵소서.

**이 세상의 그 어떤 다른 종교도
금식과 상사병을 밀접하게 연관시킨 적이 없다.**

Day 172

주를 섬겨 금식할 때에 성령이 이르시되
내가 불러 시키는 일을 위하여 바나바와 사울을 따로 세우라 하시니
이에 금식하며 기도하고 두 사람에게 안수하여 보내니라

행 13:2-3

예수님께서 아직 이 땅에 계셨을 때, 제자들은 그들을 향한 주님의 깊은 사랑도, 깊은 갈망도 느낄 수 있었고, 주님의 따스함도 느낄 수 있었습니다. 그들은 영원히 주님의 것이었습니다. 신랑이 하늘로 승천했을 때, 그들은 예수님과 함께 하고 싶었기에 마음이 아팠습니다. 예수님과 친밀했던 기억이 공백이 되어 제자들의 마음을 아프게 했습니다. 주님과 함께 갈릴리 언덕을 거닐었던 것과, 주님의 눈을 들여다봤던 것과, 가까이에서 그 따스함을 느꼈던 것을 제자들이 모두 그리워할 것을 예수님은 아셨습니다. 하나님께서는 이런 그들의 갈망을 채워주실 새로운 방법을 가지고 계셨습니다. 하나님께서는 성령님을 보내주심으로 그들의 마음의 소원을 채워 주셨습니다. 제자들이 예수님의 위로와 격려를 찾을 때마다, 예수님께서 함께 하셨을 때처럼, 성령님을 통해 다시 만족함을 누릴 수 있었습니다. 이러한 만족은 말씀을 통해서 성령께서 그리스도를 나타내 주심으로 가능했습니다. 그 시점에서, 제자들은 사모하는 마음으로 금식했고, 그들의 영은 사랑 안에서 더 온유해졌습니다. 금식은 하나님의 은혜로 하는 것입니다. 이러한 금식은 그리스도를 더 깊이 경험하기 위해서 반드시 필요합니다.

나의 기도

성령께서 갈급한 제 심령에 만족함을 주십니다. 제가 신랑 금식을 통해 더욱 주님께 헌신할 수 있도록 인도하여 주옵소서.

**신랑 금식은 우리 영을 온유하게 하며,
우리로 하여금 자유롭게, 그리고 더 많이 받을 수 있게 도와준다.**

Day 173

그들이 예수께 말하되
요한의 제자는 자주 금식하며 기도하고
바리새인의 제자들도 또한 그리하되 당신의 제자들은 먹고 마시나이다
예수께서 그들에게 이르시되 혼인 집 손님들이
신랑과 함께 있을 때에 너희가 그 손님으로 금식하게 할 수 있느냐
그러나 그 날에 이르러 그들이 신랑을 빼앗기리니
그 날에는 금식할 것이니라

눅 5:33-35

성령께서는 신랑 금식을 통해서 우리의 마음의 빗장을 푸신 후, 영적으로 더 깊은 친밀함을 주십니다. 금식은 우리로 하여금 평소에는 잘 보지 못했던 영적인 것들을 볼 수 있는 눈을 줍니다. 친밀함은 하루아침에 생기거나 깊어지지 않습니다. 사실, 사모하기 시작한 그 달에도 친밀함은 거의 생기지 않습니다. 주님과의 친밀함은 몇 년에 걸쳐 그리고 여러 계절을 거쳐 점점 깊어집니다. 작년보다 올해 더 깊어질 것이고, 또 올해보다는 내년에 더 깊어질 것입니다. 금식은 영의 무덤과 죽음을 우리에게서 제거시켜 주기 때문에, 우리의 마음을 온유하게 만들며, 우리로 하여금 하나님의 임재와 그분의 사랑을 더 분별할 수 있게 도와줍니다. 금식하는 삶을 살 때, 지금보다 훨씬 더 많은 것을 경험할 수 있습니다.

나의 기도

아버지 앞에서 금식할 때, 제 마음 깊은 곳의 빗장을 풀어주셔서, 당신과 더 깊은 친밀함을 경험할 수 있게 해 주시옵소서. 제 마음을 온유하게 해 주시고, 제가 당신의 사랑을 더 깊이 느낄 수 있게 도와주시옵소서.

당신의 영적 헌신과 깊이는 금식을 통해 더 깊어질 것이다.

Day 174

그러나 하나님께서 세상의 미련한 것들을 택하사 지혜 있는 자들을 부끄럽게 하려 하시고
세상의 약한 것들을 택하사 강한 것들을 부끄럽게 하려 아시며…
이는 아무 육체도 하나님 앞에서 자랑하지 못하게 하려 하심이라
너희는 하나님으로부터 나서 그리스도 예수 안에 있고
예수는 하나님으로부터 나와서 우리에게 지혜와 의로움과 거룩함과 구원함이 되셨으니
기록된바 자랑하는 자는 주 안에서 자랑하게 함과 같게 하려 함이라
고전 1:27-31

성령님과 교제하면서 금식하면 불만족, 탐욕 그리고 육적인 열망들로부터 우리를 보호할 수 있습니다. 금식은 당신의 감정의 화학작용에 변화를 가져올 것입니다. 가장 큰 변화는 이전에 원했던 것을 더 이상 원하지 않게 되는 것입니다. 금식은 세상의 근심으로부터 우리를 멀어지게 하기 때문입니다. 신기하게도 금식을 하면 무언가를 해야 하는 것이 아니라, 오히려 아무것도 하지 않는 것이 필요합니다. 예를 들어, 금식할 때는 먹을 수도 없고, 일도 하지 않고, 말도 아끼게 됩니다. 세상의 시각에서 보면 이는 미련하고 나약해 보이지만, 결국은 세상이 지혜롭다 일컫는 것들을 당황케 합니다. 금식은 사실상 우리의 마음을 열어, 우리 마음과 우리를 지배해 온 부정적인 감정들을 방출시키는 것입니다. 금식을 통해 부어진 하나님의 임재는, 이 세상에 퍼져 있는 자아도취를 깨트릴 수 있도록 도와줍니다.

나의 기도

아버지, 제 육신적인 욕구와 근심들을 제거해 주셔서, 제가 이 세상의 것들을 놓고 금식하지 않을 수 있게 도와주옵소서. 아버지 안에서 저의 정체성을 견고하게 하심으로, 제가 이 세상의 것을 더 이상 원하지 않는 자가 되게 하여 주옵소서.

**금식은 육신의 정체성을 약하게 하는 동시에
하나님 안에서 당신의 정체성을 확고히 하는 강력한 영적 무기이다.**

Day 175

또 아셀 지파 바누엘의 딸 안나라 하는 선지자가 있어
나이가 매우 많았더라 그가 결혼한 후
일곱 해 동안 남편과 함께 살다가 과부가 되고 팔십사 세가 되었더라
이 사람이 성전을 떠나지 아니하고
주야로 금식하며 기도함으로 섬기더니

눅 2:36-37

안나와 베다니의 마리아는 예루살렘 성벽에서 눈을 떼지 않은 파수꾼들이었습니다. 안나는 영적 전쟁, 중보 그리고 금식에 대해 잘 말해주고 있습니다. 이 두 사람이 가장 중점을 둔 것은 축복의 창문을 열고, 저항하는 영적 벽들을 허무는 것이었습니다. 이들은 금식에 힘쓰며, 전력을 다하는 중보자이자 영적 전사들입니다. 베다니의 마리아는 기도와 예배가 주는 큰 은혜를 즐기며, 엄청난 상사병에 걸린 한 명의 예배자로서, 그녀가 속한 도시와 교회의 환경을 변화시켰을 것입니다. 하나님께서는 주님의 아름다운 향기가 잔잔히 퍼져나갈 수 있도록 이들을 사람들 가운데 두셨습니다.

나의 기도

안나와 베다니의 마리아처럼 저를 당신의 영광스런 성벽을 지키는 파수꾼으로 삼아 주시옵소서. 제가 속한 도시와 교회가 아버지 안에서 한 차원 더 성장하는 데 도움이 될 수 있다면, 저를 중보자로 삼아 주시옵소서.

> 설령 안나와 마리아가 평생 아무와도 대화하지 않았다고 해도,
> 그들의 존재 자체로 교회를 보존하는 은혜를 가져왔을 것이다.

Day 176

과부가 되고 팔십사 세가 되었더라 이 사람이
성전을 떠나지 아니하고
주야로 금식하며 기도함으로 섬기더니

눅 2:37

안나는 정말로 흥미로운 인물입니다! 그녀는 밤낮으로 금식하며 기도함으로 주님을 섬겼습니다. '사역하다(ministered)'라는 단어는 종종 '섬기다(serve)'라는 단어로 대체됩니다. 한 여성이 주님 안에서 금식과 기도로 사역한다는 것은 굉장히 흔치 않은 개념입니다. 안나는 아마 열일곱, 열여덟에 결혼했을 것이고, 7년 후에 과부가 되어, 20대 초반부터 밤낮으로 주님을 섬기기 시작했을 것입니다. 60년이란 세월이 흘러 84세가 되어서도, 그녀는 여전히 신실했습니다! 지속해서 성전 안에서 기도했습니다. 이 얼마나 엄청난 여성입니까! 이런 소명은 가톨릭 사제를 위해서만 준비된 것이 아닙니다. 개신교 교회들은 많은 안나들을 키워내야 하며, 그들을 위해 자리를 마련하고, 그들을 높이고, 그들이 자신들의 소명을 발견할 수 있도록 도와줘야 합니다.

나의 기도

아버지, 저는 60년 동안 신실했던 중보자로는 기억되지 않을지도 모르고, 앞으로 제 앞에 남아 있는 날들이 얼마나 될지도 모르지만, 그저 한 명의 신실한 중보자로서 기억되고 싶습니다.

사랑하는 여러분, 지금도 주님은 마지막 때의 교회를 위해
여러 안나들을 일으키고 계시고,
직접 그들이 있어야 할 곳에 그들을 배치시키고 계십니다.

Day 177

이를 위하여 죽은 자들에게도 복음이 전파되었으니
이는 육체로는 사람으로 심판을 받으나 영으로는 하나님을 따라 살게 하려 함이라

벧전 4:6

전례 없는 성령님의 역사를 통해 마지막 때에는 신랑 되신 예수님, 왕 되신 예수님 그리고 심판자 되시는 예수님, 이렇게 세 가지 다른 모습의 예수 그리스도가 드러날 것이고, 거기에 초점이 맞춰질 것입니다. 신랑에 대한 계시는 가장 먼저 첫 번째 계명을 회복하는 데 사용될 것입니다. 우리를 열정적으로 사랑하시는 신랑에 대한 계시는, 우리를 사랑에 빠진 연인이 되게 할 것입니다. 왕 되시는 예수님에 대한 계시는 우리가 대추수 때에, 하나님의 능력을 가지고 나아갈 수 있게 할 것입니다. 심판자 되시는 예수님에 대한 계시는 우리로 함께 심판에 참여할 수 있게 할 것입니다. 우리의 마음을 예수님께 드리면서 한 가지 기억해야 할 것은, 더 크고 강력한 새로운 차원의 임재가 당신을 기다리고 있다는 것입니다. 우리에게는 영원히 풀 수 없는 미스테리가 하나 있습니다. 바로 하나님이 사랑하시는 자들, 우리의 신랑 되신 예수님과 우리들입니다. 예수님에 대한 계시의 폭발적인 능력은 당신을 변화시킬 것이며, 당신이 살아가게 될 영광스러운 나라에서 당신을 기다리고 있는 거룩함과 아름다움에 도전장을 내밀 여러 유혹들로부터, 당신을 준비시킬 것입니다.

나의 기도

예수님, 제 안에 열정적인 사랑을 주님께서 일깨우셨습니다. 잃어버린 자들을 주님 앞으로 데려올 수 있도록, 저를 능력으로 채워 주시옵소서. 당신의 거룩한 심판이 이 땅 가운데 임하기를 기도하며, 그때에 많은 영혼들을 추수하여 당신의 나라에 함께 들어갈 수 있기를 기도합니다.

**예수님 안에서 성장하는 동안에도 당신에게 푹 빠져 있는
열정적인 연인에게 마음을 여십시오.**

Day 178

내가 이새의 아들 다윗을 만나니 내 마음에 맞는 사람이라
내 뜻을 다 이루리라 하시더니

행 13:22

수천 년 동안 다윗 왕은 우리에게 맞출 수 없는 퍼즐이자, 풀 수 없는 미스테리, 거룩한 수수께끼였습니다. 다윗의 삶은 성경을 연구하는 자들을 걷잡을 수 없게 만들며, 때로는 화나게, 때로는 겸손하게 만듭니다. 인간의 나약함을 그대로 가지고 있었던 다윗이, 무수한 죄들을 매번 용서받고 계속해서 하나님의 특별한 은총을 누리는 삶을 산 것은, 많은 사람들이 납득하기 어려운 일입니다. 그는 많은 일을 했습니다. 목자이기도 했고, 시인이기도 했고, 왕이기도 했으며, 거짓말쟁이, 살인자, 간음한 자이기도 했습니다. 하지만 가장 중요한 것은 성경의 역사를 통틀어, 그 긴 시간 동안 '하나님의 마음에 합한 자'로 불린 것은 다윗 왕밖에 없었다는 사실입니다. 이 네 단어로 이루어진 말보다 더 뛰어난 말을 창조물 가운데서 찾을 수 있을까요? 천한, 종종 의심과 죄로 가득했던, 우리와 다를 바 없는 이 한 남자를 하나님께서 콕 집어내셔서 자신의 마음에 합한 자라 하십니다. 이 얼마나 멋지고, 깊이를 헤아릴 수 없는 칭찬입니까! 부러워하지만 마시고, 우리와 다를 바 없는 다윗을 '하나님의 마음에 합한 자'라고 부르심으로, 하나님께서 우리에게도 똑같이 하나님의 마음에 합할 수 있는 기회의 문을 여셨다는 것을 기억하세요.

나의 기도

아버지, 다윗이 알았던 것처럼, 우리를 당신과 같이 사랑해 줄 사람이 이 세상에 또 없을 것을 많은 사람들이 알고 있습니다. 비록 제 안에 의심과 죄가 가득하지만, 그럼에도 당신의 마음에 합한 자가 될 수 있도록 인도하여 주시옵소서.

> 우리는 모두 하나님의 마음과 감정과 성품을 우리에게 맞게,
> 우리 방식대로 구체화시킬 기회가 있다.

Day 179

> 다윗을 왕으로 세우시고 증언하여 이르시되
> 내가 이새의 아들 다윗을 만나니
> 내 마음에 맞는 사람이라 내 뜻을 다 이루리라 하시더니
> 행 13:22

"어떻게 해서 다윗은 특별히 구별되었는가? 수많은 거룩한 하나님의 사람들 중에서 어떻게 구별될 수 있었는가?" 이 질문은 기독교 역사상 가장 답변하기 어려운 질문 중 하나입니다. 이 질문의 답은 다방면에서 우리에게 혁신적인 시각을 선사해 줍니다. 당신이 하나님을 바라보는 시각, 당신과 하나님을 연관 짓는 시각, 또 당신이 스스로를 바라보는 시각, 그분 안에서 당신의 목적을 발견하는 시각에 있어 새로운 혁명을 불러일으킬 것입니다. 다윗이 하나님의 사람으로 구별될 수 있었던 이유는, 하나님의 감정을 찾고 이해하려는 지칠 줄 모르는 열정이 있었기 때문이었습니다. 이 열정이야말로 제가 됐든 여러분이 됐든, 그 누가 됐든지 간에 하나님의 마음에 합하여 구별된 자가 될 수 있는 길이라고 저는 믿습니다. 이러한 측면에서 언젠가는 이 땅의 모든 교회가 다 다윗 같은 자가 될 날이 올 것입니다. 하나님의 감정과 열정을 그 어느 때보다 깊이 이해하며, 하나님을 경배하고, 섬기고, 사랑하는 많은 무리의 사람들이 일어날 것입니다. 우리도 다윗처럼, 인간에게서는 좀처럼 보기 힘든 방식으로, 하나님의 마음을 이해하고 반영하게 될 것입니다.

나의 기도

하나님, 당신의 마음에 합한 자가 되기를 그 무엇보다 가장 소망합니다. 저를 위한 그 크신 사랑을 그 어느 때보다 늘 마음에 품은 채, 당신을 경배하고, 섬기고, 사랑하기 원합니다.

다윗처럼 당신도
하나님의 마음에 합한 자가 될 수 있다.

Day 180

예수께서 대답하여 이르시되 사람이 나를 사랑하면 내 말을 지키리니
내 아버지께서 그를 사랑하실 것이요
우리가 그에게 가서 거처를 그와 함께 하리라

요 14:23

예수님께서는 순종을 사랑과 동일한 것으로 말씀하셨습니다. 하나님께 순종하는 것은 굉장히 중요한 일입니다. 다윗은 하나님의 계명에서 떨어지지 않으려 했고, 신실하게 계명을 지키려 힘썼습니다. 이 열망이 세월을 따라 그의 마음의 윤곽과 모양을 형성했습니다. 하지만 그는 순종의 표본과는 거리가 먼 인물입니다. 종종, 그의 진실된 결심과 행동 사이에는 거리가 있었습니다. 다른 말로 하면, 결정적으로 그는 종종 실패했다는 것입니다. 하지만 그는 여전히 하나님의 마음에 합한 자였습니다. 이 사실에 당신의 마음이 두근거려야 할 것입니다! 이 사실이 우리에게 무얼 말해주는 걸까요? 단순히 순종하는 것 말고, 하나님의 마음에 합하기 위해서는 또 다른 무언가가 있다는 것을 말해줍니다. 그 다른 무언가는 바로 하나님 앞에서의 당신의 마음가짐입니다. 때로는 다윗의 큰 약점이 그를 잘못된 결정으로 이끌기도 했지만, 하나님께서는 진실한 다윗의 마음을 보신 것입니다. 하나님께서는 이와 동일한 시각으로 우리를 바라보십니다. 순종하려 하는 우리의 참된 마음은 하나님께 굉장히 중요합니다. 하나님께서는 겉으로 드러나는 행위뿐만 아니라, 우리의 마음도 보십니다.

나의 기도

아버지, 제 마음을 찾아 제게 보여주시고, 어디서 제가 당신의 뜻을 순종하는 데 실패했는지 보여주시옵소서. 늘 제 마음을 정결하게 하시고, 당신의 계획과 목적을 위해 매일 더 큰 순종으로 나아갈 수 있게 도와주시옵소서.

나약한 가운데서도 예수님을 사랑하기로 마음먹은 참된 결심은,
하나님의 마음에 합한 자가 되는 데 큰 부분을 차지한다.

Day 181

> 여호와여 주의 도를 내게 가르치소서
> 내가 주의 진리에 행하오리니
> 일심으로 주의 이름을 경외하게 하소서
>
> 시 86:11

다윗은 신실하게 순종하겠다는 결심을 넘어서서, 하나님의 감정을 탐구하는 학생이 되었습니다. 그는 무엇이 하나님을 놀랍게 하고 기쁘게 하는지 알고 싶어 했습니다. 그는 전사로서, 왕으로서 져야 할 많은 책임들과 도전들이 있었지만, 어떤 감정이 하나님의 성품에 녹아져 있는지를 이해하는 것에 그의 에너지를 가장 많아 쏟아 부었습니다. 다윗에게는 하나님의 감정과 마음을 이해하고 싶어 하는 커다란 열망이 있었습니다. 그 결과로 그는 하나님의 마음에 있는 특유의 감정과 의도 그리고 열정들을 이해할 수 있게 되었습니다. 그리고 그것은 다윗에게 힘이 되어준 동기이자 성공의 열쇠가 되었습니다. 하나님의 마음을 이해하려 하는 그의 발자취를 따르려 한다면, 우리도 다윗과 동일한 동기를 품어야 합니다. 하나님께서 무엇을 느끼시는지, 그분의 마음이 얼마나 열정적으로 움직이시는지 알기를 소원해야 합니다. 다윗이 하나님의 마음에서 발견한 것과 동일한 진실을 우리가 발견할 때, 우리는 다윗처럼 살 수 있을 것이고 이 세대에 하나님께서 우리를 부르신 소명을 성취할 수 있을 것입니다.

나의 기도

아버지, 당신의 감정, 의도 그리고 열정을 이해하고 싶은 갈망을 저에게 부어 주시옵소서. 당신이 어떻게 느끼고, 사랑 안에서 무엇이 당신의 마음을 움직이게 하는지 알고 싶습니다.

**하나님의 기름 부으심과 은혜 안에서,
우리는 하나님의 마음을 잘 아는 학자가 되어야 한다.**

Day 182

여호와여 주의 도를 내게 보이고
주의 길을 내게 가르치소서
주의 진리로 나를 지도하시고 교훈하소서
주는 내 구원의 하나님이시니
내가 종일 주를 기다리나이다

시 25:4-5

성령님은 다윗이 하나님의 마음에서 본 것과, 신약에서 예수님께서 아버지의 마음에 대해 보여주신 것을 합쳐서, 그리스도 가운데 거하라 하신 하나님 아버지의 마음에 대한 폭발적인 계시들을 우리에게 부어주고 계십니다. 사람들은 이 계시에 귀 기울이고 있으며, 다윗과 같이 하나님의 감정에 전문가가 되겠다고 결심하고 있습니다. 이러한 사람들의 태도는, 지금 전 세계적으로 사람들이 교회가 전하는 친숙한 하나님을 넘어선, 또 다른 하나님을 경험하고 싶어 한다는 것을 잘 보여줍니다. 다윗이 하나님의 마음에 합한 자가 될 수 있었던 것은, 그가 가장 먼저 하나님의 감정을 이해하기를 구했기 때문입니다. 우리는 이 사실을 염두에 두고, 우리 또한 하나님의 감정을 이해하고자 해야 합니다.

나의 기도

아버지, 당신과 당신의 위대하신 목적에 대해 제가 알고 있어야 할 것을 다 이해하고 있지 못하고 있음을 고백합니다. 매일 아버지를 새롭게 발견할 수 있도록 도와주시고, 당신의 의로운 길을 가르쳐 주시옵소서.

성숙한 사랑은 몇 달, 몇 년, 몇 십 년에 걸쳐 이루어지며,
그 결과는 마지막 날에 맺은 열매로 알게 될 것이다.

Day 183

주께서 나를 가르치셨으므로 내가 주의 규례들에서 떠나지 아니하였나이다
주의 말씀의 맛이 내게 어찌 그리 단지요
내 입에 꿀보다 더 다니이다… 주의 말씀은 내 발에 등이요 내 길에 빛이니이다

시 119:102-105

다윗은 가장 높은 곳에 계신 하나님께서 자신의 날에 허락하신 것들을 다 누리며 살기를 소원했습니다. 자신의 약점 때문에 결코 스스로 자격 없다고 여기지 않았으며, 자신의 세대에 하나님의 능력이 함께 하기를 간구했습니다. 그는 자신의 백성들을 향한 하나님의 열정을 어렴풋이 보았기 때문에, 온 이스라엘을 위해 주님께서 능력을 베풀어 주실 것을 확신했습니다. 다윗의 세대에 하나님의 능력은 종종 군사적 성과로 표현되었습니다. 그러므로 하나님께서 다윗의 세대에 허락하신 모든 축복은, 적들을 이기는 군사적인 승리로 나타났습니다. 군사적인 승리로 표현되지 않을지는 몰라도, 오늘날도 같은 원칙이 적용됩니다. 하지만 다윗처럼, 우리 세대를 위한 하나님의 온전하신 능력을 경험하기 위해서는, 다윗과 같이 포기하지 않는 태도를 취해야 할 것입니다. 다윗처럼 하나님의 마음에 불타오르는 영광스런 감정에 붙들리면, 우리 또한 역사 중 이 시간을 위한 하나님의 전례 없는 굉장한 축복과 능력을 보게 될 것입니다. 더 이상 보람 없는 일에 안주하지 않게 될 것입니다. 비전이 우리의 기름이 되어 횃불처럼 활활 타오르게 될 것입니다.

나의 기도

하나님, 저의 세대를 향한 하나님의 계획은 무엇입니까? 지금 이 세상에 어떠한 일들을 행하고 계십니까? 당신의 위대하신 계획의 일부가 될 수 있도록 저의 길을 보여주시옵소서.

우리는 우리 세대에 허락하신 하나님의 능력을 구하는 자들이 되어야 한다.

Day 184

여호와여 주의 인자하심이 하늘에 있고
주의 진실하심이 공중에 사무쳤으며 주의 의는 하나님의 산들과 같고
주의 심판은 큰 바다와 같으니이다

시 36:5-6

그 어느 누구도, 압도적인 사랑과 즐거움이 주는 놀라움과 스릴에서 벗어나고 싶어 하지 않을 것입니다. 다른 사람과의 관계, 그리고 하나님과의 관계에 있어서 내가 사랑 받고 누군가의 기쁨이 된다는 것은 모두가 다 바라는 일이며, 목메는 일입니다. 다른 이에게 사랑 받고 있다고 느낄 때, 주변에서 무슨 일이 일어나든지 간에, 당신은 끝없이 놀라운 나날들을 보낼 것입니다. 문제가 생겨도 마치 그 문제가 솜사탕인 양 쉽게 뚫고 지나갈 것입니다. 차가 고장 나도 "이 정도쯤이야"라고 말할 것입니다. 지갑을 잃어버려도, 교통체증에 걸려도, 심지어 이 일들이 다 같은 날에 일어나더라도 짜증나지 않을 것입니다. 당신의 마음속에 사랑이라는 강한 힘이 등을 켜고 있기 때문입니다. 모든 것에 실패하더라도, 가장 중요한 한 가지를 가지고 있다는 것을 아는 것입니다. 하나님께서는 우리를 이렇게 창조하셨습니다. 우리 안에 사랑 받고 싶어 하는 깊은 갈망을 심어 놓으셨습니다. 우리의 DNA는 사람에게서뿐만 아니라, 하나님께도 사랑 받는 영적 기쁨을 누리며 살도록 설계되었습니다.

나의 기도

당신을 사랑하는 것과, 당신이 저를 얼마나 사랑하시는지 아는 것으로 인해, 제 삶은 당신을 기쁘게 해 드리는 놀라운 모험으로 변했습니다. 제가 당신을 경외하기 위해 태어났고, 사랑하기 위해 태어났으며, 저를 창조하신 목적을 달성하기 위해 태어났음을 고백합니다.

어지러운 세상 속에서, 사랑에 대한 지식은 우리를 조금 숨돌리게 하지만,
사랑을 느끼는 것은 우리 삶을 온전한 기쁨의 모험으로 바꾼다.

Day 185

여호와여 주의 인자하심이 땅에 충만하였사오니 주의 율례들로 나를 가르치소서
여호와여 주의 말씀대로 주의 종을 선대하셨나이다
내가 주의 계명들을 믿었사오니 좋은 명철과 지식을 내게 가르치소서

시 119:64-66

대부분의 믿는 자들은 하나님의 놀랍고, 아낌없는 사랑에 연결되어 있지 않기 때문에, 매일 그리스도와 동행하며 경험할 수 있는 일들의 99퍼센트를 놓치고 맙니다. 우리는 하나님을 고용자, 비즈니스 파트너, 검사, 교통경찰 등으로 여기지만, 연인으로는 생각하지 않습니다. 연인으로 생각하지 않기에, 하나님의 열정과 사랑과 기쁨을 거의 느끼지 못합니다. 하나님의 계명을 지키는 한, 성경을 읽는 한, 영적인 훈련을 잘 받고 있는 한, 이러한 감정들은 그리 중요하지 않다고 스스로에게 이야기합니다. 하지만 이러한 메마른 삶의 결과로, 그들은 사랑이나 기쁨과 같은 종류의 감정을 거의 느끼지 못하게 됩니다. 대부분의 믿는 자들은 기도를 '하나님을 위한 희생'쯤으로 여기는데, 이것은 하나님에 대해 완전히 오해하며 살고 있기 때문에 생긴 일입니다. 우리가 하나님의 마음을 들여다보면 하나님께서 어떤 감정을 느끼시고, 어떤 형상을 하고 계시는지 우리에게 보여주십니다. 그 결과 우리의 생각과 마음은 뒤집어지게 됩니다. 마치 첫사랑에 빠진 것처럼 지겨울 틈이 없이 즐거울 것입니다! 하나님께서는 당신을 향한 사랑으로 불타고 계십니다.

나의 기도

아버지, 저를 위해 준비하신 당신의 계획의 한 부분도, 단 1퍼센트도 놓치고 싶지 않습니다. 하나님께서 제게 명하실 모든 일을 할 준비가 되어 있습니다.

**우리가 한 가지 이해해야 할 것은,
하나님께서는 슬리퍼를 신고 하늘을 어슬렁거리시는 분이 아니라는 것이다.**

Day 186

여호와여 나를 살피시고 시험하사 내 뜻과 내 양심을 단련하소서
주의 인자하심이 내 목전에 있나이다 내가 주의 진리 중에 행하여
시 26:2-3

이 엄청난 비극에 대해 상상해 보세요. 사십 년간 하나님과 동행한 여자가 있습니다. 온전히 구원받았고, 그리스도를 따랐던 사람입니다. 그녀가 부활하여 보좌 앞으로 나아갔는데, 그때 처음으로, 그녀는 자신이 살면서 중요한 사실 하나를 깨닫지 못했다는 것을 알게 됩니다. 보좌에서부터 기쁨의 파도가 물밀 듯 그녀에게로 밀려옵니다. 그녀는 스스로에게 이야기합니다. '내가 세상에 있을 때도, 매일 이 기쁨의 우물을 마실 수 있었는데 알지 못했구나. 단지 주님의 마음과 주님의 아름다움을 마주하면 됐었는데…. 그랬더라면 내 삶이 훨씬 더 행복했을 텐데…. 이 기쁨을 알았더라면 모든 것이 변했을 것이고, 더 많은 것을 이룰 수 있었을 텐데 내가 알지 못했구나.' 사랑하는 여러분, 우리는 진정한 기쁨을 맛보기 위해 천국에 갈 때까지 기다리지 않아도 됩니다! 하나님께서는 우리가 이 땅에서도 기쁨을 맛볼 수 있도록 하셨습니다. 다른 많은 세대들이 하나님의 마음에 대한 혁신적인 계시 없이 살아온 것을, 우리가 답습할 필요가 없습니다. 우리는 하나님께로부터 오는 놀라운 사랑에 뿌리 내리고 싶어 하는 절실한 마음을 가져야 합니다.

나의 기도

아버지, 이 땅에서 저에게 허락하신 것들을 제가 제한함으로 다 누리지 못해서 나중에 후회하고 싶지 않습니다. 제 마음이 아버지 안에서 뿌리 내리게 하셔서, 억제하는 모든 것에서 풀리게 하시고, 당신과 함께 날아오를 수 있게 하여 주시옵소서.

우리의 언변이 아무리 뛰어나더라도,
우리를 향한 하나님의 감정을 설득하여 변화시킬 수 없습니다.

Day 187

내가 또 내 마음에 합한 목자들을 너희에게 주리니
그들이 지식과 명철로 너희를 양육하리라

렘 3:15

우리는 하나님과 결혼한 자들이기 때문에, 하나님께서는 우리에게 돌아오라고 신호를 보내십니다. 그리고 사랑의 확신을 가지고, 한 마음으로 나아오라고 초청하시며 이렇게 말씀하십니다. "나는 신랑 된 나의 마음을 경험할 남자와 여자들을 일으킬 것이다. 이 계시는 강물처럼 흘러 목자들에게 이를 것이고, 이 계시를 통해 목자들은 엄청난 능력을 가지고 살아가게 될 것이다. 그리고 그 능력으로 교회들을 양육하게 될 것이다." 주님은 지금 다윗처럼 그분의 마음에 합한 남자와 여자들을 일으키고 계시며, 타락한 교회를 다시 하나로 일으키시고자 이들을 선물로 필요한 곳에 보내실 것입니다. 하나님께서 세우신 이들은 깊고, 거부할 수 없는 계시를 말할 것이며, 하나님의 마음에 대한 깨달음으로 사람들을 먹일 것입니다. 그들의 임무는 하나님의 사람들이 하나님과 결혼했다는 말의 의미를 이해할 수 있도록 돕는 것입니다.

나의 기도

사랑하는 아버지, 제가 당신의 마음을 사로잡는 자가 되게 하여 주시옵소서. 교회가 회복해서, 마음을 다해 당신께 헌신할 수 있도록 하는 데 저를 사용하여 주시옵소서.

**성령님께서는 하나님의 마음을 좇아 살도록 가르치는
목자들을 일으키고 계신다.**

Day 188

내가 내 양 떼의 남은 것을 그 몰려갔던 모든 지방에서 모아
다시 그 우리로 돌아오게 하리니 그들의 생육이 번성할 것이며
내가 그들을 기르는 목자들을 그들 위에 세우리니
그들이 다시는 두려워하거나 놀라거나 잃어버리지 아니하리라
여호와의 말씀이니라

렘 23:3-4

성령님께서는 목자들을 세우고 계시며, 그들을 통해 하나님의 백성들이 하나님의 마음을 좇아 살 수 있게 가르치십니다. 목자들은 자신이 현실에서 겪으면서 배운 것과, 자신이 마주하며 알아간 하나님으로 다른 사람들을 먹일 것입니다. 목자는 양을 돌보는 일밖에는 모릅니다. 그들 자신 또한 가장 큰 목자 되신 주님께 자신을 완전히 내어 드렸기 때문입니다. 몇몇 목자들은 설교를 통해 양들을 가르칠 것이고, 몇몇 목자는 글로, 어떤 목자는 노래로 그리고 다른 목자들은 또 다른 기술과 달란트를 가지고 가르칠 것입니다. 몇몇은 일대일 양육을 통해서, 믿음이 어린 자들을 양육하는 데 시간을 보낼 것입니다. 몇몇은 비즈니스나 사업장에서 이러한 일들을 행할 것입니다. 저는 여러분이 어디에 속해 있는지 상세하게 알 때까지 기도해 보라고 권하고 싶습니다. 이 마지막 때에는 우리 각자를 향한 하나님의 부르심을 놓칠 여유가 없습니다.

나의 기도

아버지, 당신이 기르시는 목자가 되고 싶습니다. 조건 없이 사랑하시는 하나님을 당신의 어린 양들이 개인적으로 만날 수 있도록 제가 이끌어 줄 수 있게 하여 주시옵소서.

> 하나님의 성품을 당신의 삶에 적극적으로 취하며
> 당신이 발견하는 진실들로 다른 이들을 먹이라고
> 당신을 목자로 부르셨을지도 모른다.

Day 189

> 문지기는 그를 위하여 문을 열고 양은 그의 음성을 듣나니
> 그가 자기 양의 이름을 각각 불러 인도하여 내느니라
> …양들이 그의 음성을 아는 고로 따라오되 타인의 음성은 알지 못하는 고로
> 타인을 따르지 아니하고 도리어 도망하느니라
> 요 10:3-5

우리는 믿는 사람으로서 두 가지 자리에 서 있습니다. 먼저, 우리는 신랑 되신 하나님의 마음과 성품으로 우리 영혼을 먹여야 하며, 두 번째로, 목자로 세움 받아 그리스도의 몸으로서 다른 이들을 먹여야 합니다. 그러므로 우리는 신랑 되신 그분의 마음을 모든 측면에서 개인적으로 발견하는 데 우리의 초점을 두어야 합니다. 이 과정 중 어떠한 시점에서부터, 우리는 다른 믿는 자들을 하나님께서 주신 약속 안에서 굳게 세울 수 있게 됩니다. 우리는 그들의 손을 붙잡고, 하나님이 어떠한 분이신지 알려 주어야 하며, 그들을 자유롭게 하고, 그들에게 힘을 더해 줄 하나님과의 만남의 기회를 제공해 주어야 합니다. 사람들에게 하나님께서 우리의 신랑 되시며, 우리가 그분의 신부라는 것을 말해 주는 것만으로는 충분하지 않습니다. 우리가 그 말의 뜻을 알고, 마음에서부터 우러나와야 합니다. 또한 계시를 통한 개인적인 변화를 먼저 겪어야 합니다. 목자들은 사람들을 특정한 하나님의 감정과 성품으로 양육할 것입니다. 그러면 봄에 핀 꽃처럼, 듣는 이의 영혼은 조금씩 그 마음을 열게 될 것이고, 변화될 것입니다.

나의 기도

아버지, 제 영을 먹이시고, 제가 당신의 양을 먹이는 가치 있는 자가 되게 하여 주시옵소서. 제 주변의 잃어버린 영혼들에게 변화의 메시지를 가져오는 자가 될 수 있게 도와주시옵소서.

우리 스스로를 먼저 먹이지 못하면 다른 이들을 먹일 수 없다.

Day 190

여호와의 말씀이니라 배역한 자식들아 돌아오라
나는 너희 남편임이라 내가 너희를 성읍에서 하나와 족속 중에서 둘을 택하여
너희를 시온으로 데려오겠고 내가 또 내 마음에 합한 목자들을 너희에게 주리니
그들이 지식과 명철로 너희를 양육하리라

렘 3:14-15

하나님께서는 자신이 빚은 인간의 마음을 친밀하게 다 이해하고 계십니다. 하나님께서는 어떻게 해야 자신의 백성들이 거룩함으로 나아올지도 완벽하게 알고 계십니다. 이 계시는 사람들로 하여금 자신의 모든 것을 버리고, 하나님께로 부르는 데 가장 효과적입니다. 인류를 향한 하나님의 크신 갈망은 그분의 무기고에 있는 비밀 무기입니다. 우리가 이 계시를 붙들 때, 이로부터 얻을 수 있는 힘은 다른 어떤 계시와도 비교할 수 없을 정도로 강력합니다. 이 계시는 수치심이나 두려움 위에 세워진 것이 아니라, 강렬한 열망 위에 세워진 것이기 때문입니다. 하나님께서 본질적인 말씀을 하십니다. "나에게로 돌아오라. 너는 내게 결혼하였다. 내가 너를 원하노라." 하나님께서는 성경에 기록된 다른 이야기들로 우리에게 협상하지 않으시고, 가장 근본적인 말씀을 하시며, 돌아와야 하는 동기가 무엇인지 분명히 말씀해 주십니다. 우리가 하나님께 결혼했다는 사실이야말로, 주님께서 마지막 때에 자신의 신부를 부를 때, 우리가 거룩함으로 그분께 나아갈 수 있는 가장 중요한 동기가 될 것입니다.

나의 기도

주님, 당신은 나의 신랑이고, 남편이고, 나의 영원한 주님이고 주인 되십니다. 당신의 거룩한 물결이 제 영혼에 흐르게 하시고, 영원히 거룩하고 신성한 당신의 신부가 되게 하여 주시옵소서.

사람의 마음을 의롭게 하기 위한
가장 효과적인 동기부여 방법은 사랑이다.

Day 191

너는 가서 북을 향하여 이 말을 선포하여 이르라…배역한 이스라엘아 돌아오라
나의 노한 얼굴을 너희에게로 향하지 아니하리라 나는 긍휼이 있는 자라 노를 한없이 품지 아니하느니라
너는 오직 네 죄를 자복하라 이는 네 하나님 여호와를 배반하고 네 길로 달려
이방인들에게로 나아가 모든 푸른 나무 아래로 가서 내 목소리를 듣지 아니하였음이라

렘 3:12-13

지옥은 실제로 존재합니다. 부흥의 때에 온전히 성령님을 따르지 않으면, 우리 영혼의 삶도, 이 땅에서 우리의 사역도 크게 손실을 입을 것입니다. 그로 인한 수치심과 부끄러움은 나중에는 고통으로 변할 것입니다. 우리는 사람들에게 지옥에 대해 경고할 시간이 있고, 이 땅에서 주어진 임무와 사역을 제대로 감당하지 않으면 하나님께 실격 당할 수 있다고 알려줄 시간이 있습니다. 사람들에게 죄의 길에서 떠나지 아니하면, 개인적인 수치뿐만 아니라 공개적인 수치를 당하게 될 것이라고 훈계할 시간도 있습니다. 그러나 이런 이야기를 하기 전에 가장 먼저 이야기해야 하며, 이야기했을 때 가장 효과적인 방법은 주님께서 예레미야 선지자를 통하여 하신 말씀입니다. 주님께서는 길을 잃고 잘못된 곳에서 기쁨을 찾는 자녀들에게 "돌아오라! 돌아오라!"고 외치십니다. 구속받았지만 갈 길을 잃고, 마음이 차갑게 식은 자들에게 주님께서 외치십니다. 그리고 그들의 영혼에서부터 샘처럼 솟아나서 참된 거룩함을 일으킬, 자신의 마음에 대한 계시로 그들을 놀라게 할 준비가 되어 있으십니다.

나의 기도

아버지, 깨어진 이 세상에 당신의 거룩함과 권능의 새로운 부흥이 임하기를 갈망합니다. 다른 이들에게 지옥의 실체에 대해 경고하고 싶고, 천국이 얼마나 아름답고 놀라운지 이야기해 주고 싶습니다.

**주님께서는 우리를 원하시고 갈망하시기 때문에
우리에게 유혹을 멀리하고, 타락에서 떠나라고 경고하신다.**

Day 192

세상 중에서 내게 주신 사람들에게 내가 아버지의 이름을 나타내었나이다
그들은 아버지의 것이었는데 내게 주셨으며 그들은 아버지의 말씀을 지키었나이다
지금 그들은 아버지께서 내게 주신 것이 다 아버지께로부터 온 것인 줄 알았나이다
나는 아버지께서 내게 주신 말씀들을 그들에게 주었사오며
그들은 이것을 받고 내가 아버지께로부터 나온 줄을 참으로 아오며
아버지께서 나를 보내신 줄도 믿었사옵나이다…
내가 비옵는 것은 세상을 위함이 아니요 내게 주신 자들을 위함이니이다
그들은 아버지의 것이로소이다

요 17:6-9

지금 세상에는 현대 심리학과 통속 심리학이 팽배하고 있습니다. 심지어 교회도 자아발견 또는 자기발견을 강조하고 있습니다. 자아를 발견하는 것은 중요한 일이지만, 그 순서가 뒤죽박죽되었습니다. 답은 우리 안에 있지 않으며, 우리 주변 또는 우리의 과거에 있지 않습니다. 진짜 우리가 누구인지에 대한 비밀은 단 한 사람, 신랑 되신 하나님의 마음속에 있습니다. 그분의 눈을 바라보며, 그분이 누구인지 이해할 때, 비로소 당신도 누구인지 알 수 있습니다. 다른 모든 방법은 헛됩니다. 사람들이 자신의 마음을 들여다보며 아무 답도 얻지 못한 채, 얼마나 많은 시간과 삶을 허비했습니까? 얼마나 많은 선한 사람들이 자기 자신에 대한 해답을 안겨주지 못할, 자아발견을 추구하는 이론과 철학에 빠져 있습니까?

나의 기도

사랑하는 아버지, 당신만이 홀로 제 자신이 누구인지 보여주실 수 있습니다. 당신이 누구인지 제가 발견할 수 있도록 도와주시고, 당신을 알아가는 과정 중에, 제가 누구인지도 가르쳐 주시옵소서.

당신의 주변 환경, 일, 가족사, 친구를 돌아본다 해도
'당신이 누구인지' 절대 발견할 수 없다.

Day 193

곧 내가 그들 안에 있고 아버지께서 내 안에 계시어
그들로 온전함을 이루어 하나가 되게 하려 함은
아버지께서 나를 보내신 것과 또 나를 사랑하심 같이 그들도 사랑하신 것을
세상으로 알게 하려 함이로소이다
아버지여 내게 주신 자도 나 있는 곳에 나와 함께 있어
아버지께서 창세전부터 나를 사랑하시므로
내게 주신 나의 영광을 그들로 보게 하시기를 원하옵나이다

요 17:23-24

진정한 당신을 발견하는 여정을 시작하면서 걱정할 필요가 없습니다. 시간이 지나면 자연스럽게 알게 될 것입니다. 하나님께서 당신에게 뜻 깊은 방식으로, 당신의 삶을 완전히 변화시킬 방식으로 당신에게 알려주실 것입니다. 하지만 요한 사도처럼, 신랑 되신 예수님께서 누구신지 먼저 발견해야 하며, 그분의 성품으로 당신의 영혼을 먹여야 합니다. 그분을 아는 지식이 당신의 마음과 영혼 안에서 살아 움직이기 시작할 때, 자연적으로 그분의 애정, 갈망 그리고 당신의 나약함을 부드럽게 만지시는 손길을 느끼게 될 것이고, 당신이 진정 소중한 신부라는 것을 보게 될 것입니다. 주님의 빛 가운데 참된 당신이 드러나고, 피어날 것입니다.

나의 기도

주님, 저에게 당신을 나타내 주시옵소서. 주님께서 저를 소중한 신부로 보시는 것처럼, 제가 제 자신을 볼 수 있게 해주시옵소서. 당신의 신부로 준비될 수 있도록, 당신의 형상을 닮아 피어나게 하여 주시옵소서.

**진짜 당신이 누구인지는 단 한 사람,
신랑 되신 하나님의 마음 안에서만 발견할 수 있다.**

Day 194

여호와께서 이와 같이 말씀하시되… 이것으로 자랑할지니
곧 명철하여 나를 아는 것과 나 여호와는 사랑과 정의와 공의를 땅에 행하는 자인 줄
깨닫는 것이라 나는 이 일을 기뻐하노라 여호와의 말씀이니라

렘 9:23-24

신부를 소중히 여기는 열정적인 신랑 앞에 우리가 나아갈 때, 예수님께서는 점진적으로 그분 마음 안에 있는 특정한 것들을 보여주기 시작하십니다. 일반적으로 주님께서는 자신의 온유하신 면과 자비하신 면을 먼저 보여주십니다. 이는 우리가 구원의 때에 맛보게 될 그분의 온유하심과 자비하심과 동일한 것입니다. 만약 우리가 하나님과 마주 앉아 있다고 한다면, 우리는 하나님께서 우리에게 관대한 태도를 취하게 할 만한 그 어떤 무기도 가지고 있지 않습니다. 하나님께서는 스스로 우리에게 자비롭기로 마음먹으신 분이십니다. 하지만 사람들은 이 메시지를 쉽게 받아들이지 못합니다. 그리스도를 사랑하는 신부인 우리가 용서를 구할 때, 주님께서는 자비하심으로 즉시 용서해 주십니다. 그러나 우리는 몇 달이고, 몇 년이고 스스로를 자책합니다. 우리를 향한 하나님의 온유하심은, 우리가 가진 온유함과는 완전히 다른 상상도 하지 못할 온유함입니다.

나의 기도

주님, 당신의 온유하심과 자비로 제게 구원의 영광을 주셨습니다. 당신의 자비하심은 제가 당신의 유업을 이어받는 축복도 허락하셨습니다. 당신의 용서는 저를 죄로부터 자유롭게 하였고, 당신의 관대함은 영원히 함께 천국에서 보낼 시간들을 위해 저를 준비시킵니다.

> 우리는 스스로를 비난하면 상황이 개선되거나,
> 하나님께서 우리를 사랑하시는 데 도움이 될 것이라고 생각해서,
> 때로는 스스로에게 너무 엄격한 잣대를 들이댄다.

Day 195

그 때에 예수께서 제자들에게 이르시되 오늘 밤에 너희가 다 나를 버리리라…
베드로가 대답하여 이르되 모두 주를 버릴지라도 나는 결코 버리지 않겠나이다
예수께서 이르시되 내가 진실로 네게 이르노니
오늘 밤 닭 울기 전에 네가 세 번 나를 부인하리라

마 26:31-34

우리가 넘어졌을 때 충격을 받는 이유는 단 한 가지입니다. 우리가 가진 종교적 우월감 때문입니다. 하나님은 절대 우리의 실패 때문에 놀라지도, 환멸하시지도, 혼란스러워 하시지도 않습니다. 마지막 만찬을 나누시며 예수님께서 "너희가 다 나를 버리리라"고 말씀하셨을 때, 베드로는 손으로 테이블을 내려치며 말했습니다. "잠깐만요! 저는 절대 주님을 버리지 않을 것입니다." 대다수의 우리들처럼, 베드로도 주님께서 베드로에게 헌신하신 것보다, 자신이 주님께 더 헌신했다는 자신감에 차 있었던 것입니다. 베드로의 예수님과의 관계는 자기 자신의 헌신에 기초한 것이었기 때문에 잘못 세운 기초였습니다. 그랬기 때문에, 자신이 세 번째로 주님을 모른다 외친 그 말이 아직 공기 중에 채 가시지도 않았을 때, 닭이 우는 것을 들은 베드로는 충격에 빠질 수밖에 없었을 것입니다. 개개인의 헌신의 정도는 절대적으로 중요하지만, 우리가 이해해야 하는 한 가지는, 주님께 드리는 헌신은 주님께서 우리에게 헌신하신 결과일 뿐이라는 것입니다.

나의 기도

주님, 주님 앞에서 죄 없는 삶을 사는 것이 저의 의지입니다. 하지만 제 힘으로는 불가능합니다. 당신께로부터 오는 강력한 의의 은사를 통해서만, 제가 의의 옷을 입고 주님 앞에 설 수 있음을 고백합니다.

우리가 헌신하고 순종할 수 있는 힘의 근원은 예수님의 온유한 리더십이다.

Day 196

그 영도자는 그들 중에서 나올 것이요 그 통치자도 그들 중에서 나오리라
내가 그를 가까이 오게 하리니 그가 내게 가까이 오리라
참으로 담대한 마음으로 내게 가까이 올 자가 누구냐 여호와의 말씀이니라
너희는 내 백성이 되겠고 나는 너희들의 하나님이 되리라

렘 30:21-22

우리를 주님께로 가까이 이끄시는 분은 주님이십니다. 하나님께서는 우리가 실수할 것을 알고 계셨기에, 애초부터 지켜야 할 약속들을 주셨습니다. 하나님께서는 우리가 영육으로 연약하다는 것을 아시고, 우리 마음의 한계도 잘 알고 계십니다. 그렇기에 결과만 보시는 것이 아니라, 자신의 백성의 마음 가운데 있는 순종을 보고 말씀하십니다. "내가 너의 약함을 다 아노라. 하지만 온전히 나의 것이 되고 싶어 하는 너의 의지도 내가 안다." 하나님께서는 하나님께 동의하는 우리의 마음을 보시고, 막 싹이 트기 시작한 우리의 선함을 온전한 성숙함으로 이끄십니다. 우리가 함께 하고 있는 분은 그리스도 예수님, 우리를 사랑하시는 신랑이라는 것을 잊지 마십시오! 그분은 온전히 하나님이시지만 또한 온전히 인간이시기도 합니다. 주님께서는 온유함으로 가득한 열정적인 사랑을 가지고 계십니다. 우리가 온전히 성숙하기 위해 성장하고 주춤하는 동안에도, 그분은 우리를 즐거워하십니다. 하나님의 마음에는 세상이 결코 알지 못할 긍휼이 흘러넘칩니다.

나의 기도

주님, 죄와 나약함 가운데 있는 제가, 주님 앞에 설 수 있다는 사실을 알려 주시니 참으로 놀랍습니다. 당신의 사랑으로 제가 성숙할 수 있도록 이끌어 주시니 감사합니다.

> 주님께서는 구실을 찾아내, 우리를 납작하게 만들려고
> 큰 망치를 휘두르는 분이 아니시다.

Day 197

기쁨으로 여호와를 섬기며 노래하면서 그의 앞에 나아갈지어다
여호와가 우리 하나님이신 줄 너희는 알지어다
그는 우리를 지으신 이요 우리는 그의 것이니
그의 백성이요 그의 기르시는 양이로다

시 100:2-3

하나님께서는 기쁨의 하나님이십니다. 하나님께서는 헤아릴 수 없는 자비만 가지고 계신 분이 아니라, 우리의 이해를 넘어선 강력한 기쁨도 소유하고 계십니다. 하나님의 기뻐하심은 무한하여 그 깊이를 측량할 수 없고, 그 길이가 영원하여 역시 측량할 수 없습니다. 하나님을 경험하는 것은 끝이 없는 청룡열차를 타는 것과 같습니다. 코너를 돌 때마다 조금씩 더 즐길 수 있게 됩니다. 하나님께서는 우리 한 사람 한 사람을 바라보실 때, 늘 기쁨과 즐거움으로 미소를 머금고 계십니다. 많은 사람들에게는 이 사실이 충격적이며, 이상할 것입니다. 대개 하나님을 화나 있으시거나 슬퍼하시는 분으로 생각하기 때문입니다. 사람들은 우리가 순종하지 않았기 때문에 화가 나 계시거나, 충분히 헌신하지 못하고 있기 때문에 늘 슬퍼하고 계신 하나님을 상상합니다.

나의 기도

아버지, 당신의 기쁨을 제게 보여주시옵소서. 저를 바라보며 기쁨으로 웃고 계신 당신의 얼굴을 보여주시옵소서. 당신 안에 거함으로 오는 기쁨의 흥분을 경험하게 하여 주시옵소서.

**우리의 나약함 때문에,
죄 가운데서 자기혐오로 발버둥치고 있는 우리를
주님께서는 큰 기쁨으로 들어 올려 주신다.**

Day 198

거기에는 사자가 없고 사나운 짐승이 그리로 올라가지 아니하므로 그것을 만나지 못하겠고…
여호와의 속량함을 받은 자들이 돌아오되 노래하며 시온에 이르러
그들의 머리 위에 영영한 희락을 띠고 기쁨과 즐거움을 얻으리니 슬픔과 탄식이 사라지리로다

사 35:9-10

하나님께서는 기쁨의 하나님 되시며, 영원히 기쁘고 행복하신 하나님이십니다. 우리는 막대한 시간을 그분과 함께 할 것인데, 하나님께서 우리에게 화를 품으시는 순간은 잠시일 뿐이고, 나머지 99.9999999퍼센트는 우리를 향한 기쁨과 즐거움으로 가득하신 하나님과 함께할 것입니다. 하나님께서는 거룩한 행복으로 가득하신 분이십니다. 이 두 단어, 거룩함과 행복 사이에는 어떠한 모순도 없습니다. 그분의 거룩함은 상상하지 못할 풍성한 기쁨에서부터 흘러나옵니다. 하나님의 분노를 부정하는 것이 아닙니다. 하나님께서는 당신과 하나님 사이를 가로막는 죄를 제거하시는 데에 있어서는 거침이 없으십니다. 하지만 거룩한 성도의 삶에서 반항과 미성숙함을 구별할 줄 아십니다. 반항과 미성숙함은 완전히 다른 것입니다. 하나님께서는 반항을 싫어하시지만, 미성숙함은 명백한 죄와는 다른 것으로 여기십니다. 하나님께서는 개인의 죄와 미성숙함을 다르게 보실 줄 아시는 지혜로운 분이십니다. 하나님께서는 우리를 기뻐하시지만, 자식을 때에 따라 훈계하는 부모처럼, 우리의 특정 행동이나 믿음을 허락하지 않으실 때도 있습니다.

나의 기도

아버지, 영원히 누리게 될 그 풍성한 기쁨과 행복을 맛보고 싶습니다. 넘쳐흐르는 아버지의 마음을, 당신의 자녀 된 저에게 보여주시옵소서. 당신의 영원한 기쁨을 함께 누릴 수 있도록 저를 세워 주시옵소서.

애정이 많으신 하나님 – 이것은 예수님과의 친밀한 관계 속에서
우리가 경험하게 될 근본적인 진실이다.

Day 199

그러나 여호와께서 기다리시나니 이는 너희에게 은혜를 베풀려 하심이요
일어나시리니 이는 너희를 긍휼히 여기려 하심이라

사 30:18

우리의 신랑 되시는 하나님께서는 강렬한 애정으로 불타오르시는 분이십니다. 이 사실은 그분의 온유함과 크신 기쁨과는 구별되며 거리가 있습니다. 대부분의 사람들은 하나님께서 무언가를 원하시고 갈망하신다고 생각하지 못합니다. 맞습니다, 그분은 모든 것을 소유하신 분이십니다. 하나님의 냉장고는 늘 음식으로 가득 차 있습니다. 하나님께서는 창조물을, 세상을, 우주를 만드시고 자신의 기쁨으로 삼으실 수 있는 분이십니다. 하나님께서는 스스로 자신을 무한하게 즐겁게 하실 수 있는 분이십니다. 하지만 오늘의 말씀 구절에 깊이 뿌리 내리고 있는 진실은, 하나님께서 우리 각자를 향한 사랑으로 불타오르시며 우리를 맹렬히 원하고 계신다는 것입니다. 이 사랑의 하나님께서 바로 많은 이들이 만나기를 갈망하는 그 하나님이십니다. 사람들은 하나님을 만나기를 갈망하지만, 막상 만나게 됐을 때, 자신들이 얼마나 변화될지는 모르면서 만나고 싶어 합니다. 온 우주의 하나님께서 당신을 강렬히 원하시고 사랑하시는 것이 바로 당신이 위대한 이유입니다. 이것이 바로 온 우주에서 당신이 특별하고 유일한 이유입니다. 이는 우리 삶에 가장 우선되는 의미를 부여해 줍니다.

나의 기도

아버지, 당신은 이 세상에 제가 알지 못하는 모든 사람도, 온 우주도 다 소유하고 계십니다. 하늘에 별을 다셨고, 바다를 원위치에 있게 하시는 분도 당신이십니다. 당신의 말씀 하나로 이 세상이 창조되었습니다. 그런 하나님께서 저를 아시며, 저와 개인적인 관계를 맺고 교제하기를 갈망하십니다. 제가 이해할 수 없을 만큼 참으로 놀라운 일입니다.

하나님께서는 개인적으로 우리 각자와 친구처럼, 연인처럼 가까이 있기를 원하신다.

Day 200

주와 같은 신이 어디 있으리이까
주께서는 죄악과 그 기업에 남은 자의 허물을 사유하시며
인애를 기뻐하시므로 진노를 오래 품지 아니하시나이다
다시 우리를 불쌍히 여기셔서 우리의 죄악을 발로 밟으시고
우리의 모든 죄를 깊은 바다에 던지시리이다

미 7:18-19

우리가 생산해내는 것이나 가진 재산, 스포츠나 음악이나 학업을 잘하는 것 등에 우리의 성공이 달려 있고, 우리의 가치가 매겨지는 것이 아닙니다. 이것들은 별로 중요하지 않습니다. 우리가 살아가고 있는 광대하고 복잡한 이 세상에서 우리에게 참된 의미를 줄 수 있는 것은, 스스로 계시는 영원한 분, 하나님께서 우리를 열정적으로 갈망하신다는 사실입니다. 이것이야말로 우리 삶에 참된 의미와 힘을 주는 진실이고, 우리를 위대하게 하는 진실입니다. 우리는 태어나기 위해 어떠한 노력도 하지 않았으며, 태어난 이후로는 줄곧 여러 방향으로 수도 없이 넘어졌습니다. 하지만 우리의 신랑 되신 예수님께서는 "내가 너를 원하노라!"고 말씀하십니다. 이것이 우리 존재에 영원토록 중요성을 부여합니다. 다른 주변 상황들은 불안할지 모르고, 우리는 무수한 방법으로 일을 그르칠지 모르지만, 우리를 갈망하시고 스스로 우리 영혼의 연인이 되심을 선포하신 그분 앞에서는, 진정한 성공과 만족을 가지고 은혜 안에 걸어갈 수 있습니다.

나의 기도

아버지, 이 광대하고 복잡한 세상 가운데 제가 아무 존재도 아니라는 사실을, 당신께서는 개의치 않으십니다. 당신께서 여전히 저를 사랑하시고, 저를 원하시고, 당신의 임재 가운데로 불러 주시니 감사합니다.

우리는 하나님께서 갈망하는 자들이다.

Day 201

그의 심판은 참되고 의로운지라 음행으로 땅을 더럽게 한 큰 음녀를 심판하사
자기 종들의 피를 그 음녀의 손에 갚으셨도다 하고…
또 내가 들으니 허다한 무리의 음성과도 같고 많은 물 소리와도 같고
큰 우렛소리와도 같은 소리로 이르되
할렐루야 주 우리 하나님 곧 전능하신 이가 통치하시도다
우리가 즐거워하고 크게 기뻐하며 그에게 영광을 돌리세
어린 양의 혼인 기약이 이르렀고 그의 아내가 자신을 준비하였으므로

계 19:2, 6-7

사실 하나님의 심판의 본질은 우리 삶에서 하나님과의 사랑을 방해하는 모든 것을 제거하는 데 있습니다. 이 구절은 하늘에서 예수님께서 그의 교회와 결혼하는 장면을 묘사하고 있습니다. 이 일은 예수님께서 재림하셔서, 세상에 무시무시한 심판이 이루어진 바로 직후에 일어날 일입니다. 신랑 되신 하나님께서는 자신의 백성들을 위해 성대한 결혼식을 준비하고 계십니다. 하지만 이런 하나님의 질투와 분노를 일으켜 심판으로 이어지는 것이 두 가지 있습니다. 첫째, 음행을 행하는 자들, 둘째, 하나님의 백성을 박해하는 자들입니다. 이 두 가지는 모두 하나님의 자녀를 해치는 일이기 때문입니다. 영원한 하나님의 동반자로서, 그의 신부로서 준비되는 것을 방해하는 모든 것은 질투하시는 하나님의 분노를 일으켜 심판받게 될 것입니다.

나의 기도

주님, 영원한 나라에서 당신의 신부로 성대한 결혼 잔치에 참여하고 싶습니다. 저를 해하려는 것들로부터 저를 보호해 주시고, 하늘에서 이루어질 성대한 결혼식을 위해 저를 준비시켜 주시옵소서.

**계속해서 우리의 사랑이 성숙해지는 것을 방해하는 것들을
하나님께서는 가만 놔두지 않으실 것이다.**

Day 202

> 다시는 낮에 해가 네 빛이 되지 아니하며 달도 네게 빛을 비추지 않을 것이요
> 오직 여호와가 네게 영원한 빛이 되며 네 하나님이 네 영광이 되리니
> 다시는 네 해가 지지 아니하며 네 달이 물러가지 아니할 것은
> 여호와가 네 영원한 빛이 되고 네 슬픔의 날이 끝날 것임이라
>
> 사 60:19-20

쉬지 않고 신랑 되신 하나님을 영원히 바라볼 날이 올 것입니다. 어떤 말로도, 주님의 실체를 온전히 표현하지는 못할 것 같습니다. 무엇을 상상하던 그 이상이 되겠지만, 우리는 우리의 신랑이 가지고 있는 아름다움을 최대로 이해하려 노력해야 합니다. 그분은 다른 모든 위대함과 즐거움을 뛰어넘는 분이십니다. 그분의 끝없는 아름다움은 그분의 온유함, 기쁨, 우리를 향한 갈망을 비추고 있습니다(실제로, 주님의 아름다움은 주님의 온유함, 기쁨, 갈망을 통해 빛나기 때문에, 주님의 성품을 이해하지 못하고는 그분의 아름다움을 이해하는 것은 불가능합니다). 우리가 성경과 주님께서 우리 영에 부어 주시는 계시를 통해, 그분의 아름다움을 접하게 될 때, 주님의 아름다움은 우리의 마음을 매혹시키며 사로잡습니다. 주님은 자신의 위대함으로 우리를 놀라게 하시며, 우리의 마음을 얻으십니다.

나의 기도

아버지, 당신 앞에 서서 당신의 끝없는 아름다움을 바라볼 수 있다면 수십억 년도 짧게 느껴질 것입니다. 당신의 온유함과 기쁨, 갈망을 제게 가르쳐 주셔서 저로 하여금 당신의 아름다움을 온전히 이해할 수 있게 하여 주시옵소서.

> 하나님의 아름다움을 보기 위해서는
> 당신을 향한 하나님의 사랑에 확신을 가지고 있어야 한다.

Day 203

주께서 생명의 길을 내게 보이시리니
주의 앞에는 충만한 기쁨이 있고
주의 오른쪽에는 영원한 즐거움이 있나이다

시 16:11

아름다운 하나님께 끌리는 것은 하늘에서도 이 땅에서도 가장 큰 기쁨입니다. 사람의 마음에 기쁨을 주는 것 중 단연 으뜸은 하나님께서 우리를 개인적으로 만나 주시고, 자신을 나타내 주실 때입니다. 다윗은 이렇게 말했습니다. "당신의 아름다움을 조금씩 더 발견할 때마다, 제 영혼은 기뻐 뜁니다!" 다윗은 인간이 느낄 수 있는 가장 큰 기쁨을 맛본 것입니다. 이것은 그의 삶의 가장 위대한 하나의 업적이라고 할 수 있습니다. 그는 영원한, 사라지지 않는 하나님의 아름다움의 우물을 마셨습니다. "내가 여호와께 바라는 한 가지 일 그것을 구하리니 곧 내가 여호와의 아름다움을 바라보며 그의 성전에서 사모하는 그것이라"(시 27:4). 이 구절은 하나님께 사로잡힌 다윗 왕의 마음을 잘 보여주고 있습니다. 이 세대에 우리에게 주어진 사명을 다하고, 하나님의 마음에 합한 자가 되려면 우리 또한 하나님께 마음이 사로잡혀서, 다윗과 같은 고백을 할 수 있어야 합니다.

나의 기도

주님, 시편의 기자처럼, 제 평생에 주님의 집에 거하는 특권을 구합니다. 영원한 당신의 아름다움을 바라보게 하시옵소서.

**하나님께 마음이 사로잡힌 다윗은,
지속적으로 새롭게 그분의 위대하심을 알아갔다.**

Day 204

옛적에 여호와께서 나에게 나타나사
내가 영원한 사랑으로 너를 사랑하기에 인자함으로 너를 이끌었다 하였노라

렘 31:3

사랑하는 여러분, 영원이라는 시간 동안 우리는 하나님의 아름다움을 발견하며 참된 만족을 누리게 될 것입니다. 그리고 지금 이 땅에서 그 여정을 시작할 수 있습니다! 사실, 하나님께서 원하실 우리의 모습을 생각하면, 우리는 지금 하나님의 아름다움을 발견하는 여정을 시작해야 합니다. 하나님께서는 우리가 그분에게 항상 빠져있고, 사랑 안에서 확신을 가지고 그분 앞에 나아오기를 원하십니다. 그렇게 할 때에, 하나님께서는 자신의 웅장한 아름다움을 우리에게 더 보여주실 것입니다. 하나님의 세계로 한 걸음 내 딛으면, 그분의 깜짝 선물 코너에서 놀라운 선물이 끊이지 않을 것입니다. 당신이 하나님의 마음을 더 구하고, 하나님께서 조금씩 더 자신을 나타내실 때, 이 선물들은 포장을 벗고 그 모습을 드러내기 시작할 것입니다. 이는 마치 가면 갈수록 더 아름답고 새로운 꽃으로 가득한, 끝이 없는 정원을 거니는 것과 같고, 아름다운 폭포와 숨이 멎을 듯한 아름다운 광경으로 우리를 이끄는 길과도 같습니다. 이 땅에 존재하는 모든 아름다움은 단지 하나님을 반영한 것일 뿐입니다. 당신이 생각해낼 수 있는 가장 아름다운 것도, 천 개의 태양이 빛을 발산하는 듯한 강렬한 그분의 아름다움 앞에서는 아무것도 아닐 것입니다.

나의 기도

아버지, 영원한 나라에, 당신의 자녀들을 위해, 얼마나 놀라운 아름다움을 준비하셨는지요. 제 손을 잡고, 천국으로 안내하실 그날을 기다리고 또 기다립니다. 당신의 아름다움은 영원히 빛날 것이며 그 영원한 아름다움에 함께 동참하기를 갈망합니다.

> 하나님의 마음은 인류가 꿈꿔온 모든 아름다움이 있는
> 상상 속의 동화나라와 같을 것이다.

Day 205

또한 모든 것을 해로 여김은 내 주 그리스도 예수를 아는 지식이
가장 고상하기 때문이라 내가 그를 위하여 모든 것을 잃어버리고 배설물로 여김은
그리스도를 얻고 그 안에서 발견되려 함이니
내가 가진 의는 율법에서 난 것이 아니요 오직 그리스도를 믿음으로 말미암은 것이니
곧 믿음으로 하나님께로부터 난 의라

빌 3:8-9

거룩함에 대한 바울의 새로운 접근방법에 놀라셨나요? 이것은 그리스도인들의 모습을 변화시키기에 충분합니다. 율법 아래에 있던 지난날과는 완전히 다릅니다. 거룩함은 율법이 주는 수치가 아닌 하나님을 향한 강한 갈망에 뿌리 내려 있고, 비난이 아닌 아름다움에 근원을 두고 있습니다. 하나님께서 우리를 그의 신부로 갈망하신다는 것을 이해하면, 우리는 우리 세대에 알지 못했던 새로운 아름다움으로 일어서게 될 것이고, 우리의 마음은 익어서 달콤한 열정과 사랑으로 가득하게 될 것입니다. 우리의 시선을 다른 곳으로 돌리려 하는 모든 유혹들을 뿌리치고, 하나님을 기쁘게 선택하게 될 것입니다. 두려움 때문에 우리의 육신을 부인하는 것이 아니라, 상사병에 걸렸기 때문에, 예수 그리스도의 아름다움이 새겨졌기 때문에, 우리는 스스로를 부인하게 될 것입니다. 하나님께서 우리와 결혼하기 원하시고, 우리와 기쁨과 즐거움과 아름다움을 나누기 원하신다는 놀라운 계시를 받을 때, 우리의 친밀함은 가장 고조될 것입니다.

나의 기도

하나님, 하나님께서 저를 갈망하신다는 그 사실이, 저로 하여금 당신이 거룩하신 것처럼 저도 거룩하게 되고 싶게 만듭니다. 당신의 사랑은 제 마음을 매혹시키며, 당신과 함께 기쁨과 즐거움과 아름다움을 영원히 누리고 싶은 마음을 제 안에 불러일으킵니다.

**예수 그리스도를 우리의 주로 아는 지식이 가장 뛰어나기에
다른 모든 것을 헛되게 여기게 될 것이다.**

Day 206

주의 빛과 주의 진리를 보내시어 나를 인도하시고
주의 거룩한 산과 주께서 계시는 곳에 이르게 하소서
그런즉 내가 하나님의 제단에 나아가 나의 큰 기쁨의 하나님께 이르리이다
하나님이여 나의 하나님이여 내가 수금으로 주를 찬양하리이다

시 43:3-4

바쁜 삶을 사는 우리에게는 로맨틱하게 들릴지 모르지만, 소년 다윗은 양을 지키는 목자로서, 마치 누군가가 밤에 금고에 침입하지 못하도록 보초를 서는 파수꾼과 같았습니다. 보초를 서 본 사람이라면, 이 일이 얼마나 지루한 일인지 잘 알 것입니다. 심심하고, 멋지지도 않고, 평범합니다. 벌판에 앉아서 기타를 치며, 집에 갈 때를 기다리는 10대 청소년 다윗을 떠올려 봅니다. 딱히 형식도 없는 자신이 삭곡한 노래를 하프로 연주해도 누구 하나 귀 기울여 주지 않았을 것입니다. 그러나 그가 베들레헴의 작은 벌판에 누워 하늘의 별들을 바라봤을 때, 그의 시선을 사로잡는 무언가를 발견했을 것입니다. 다윗은 다시 노래하기 시작했을 것입니다. "당신이 누구신지 잘 알지 못하나, 그래도 사랑합니다. 당신을 알고 싶습니다. 당신은 어떤 분일까요? 누구일까요? 제 삶은 무엇을 위해 존재하는 걸까요?" 다윗은 베들레헴 하늘에서 무엇을 보았을까요? 그리고 또 하나님은 뭐라고 그의 마음에 속삭여 주셨을까요? 우리는 알 수 없지만, 그때의 그 속삭임들이 다윗의 마음을 채웠을 것이고, 자신이 누구인지 말해 주었을 것입니다.

나의 기도

아버지, 혼자 많은 시간을 외롭게 보낸 어린 목자였던 다윗처럼, 저 또한 당신이 누구신지, 제 삶을 통해 무엇을 하고 싶어 하시는지 아는 일에 저의 시간을 할애할 수 있도록 가르쳐 주시옵소서.

긴 시간 동안 하늘의 일몰과 반짝이는 별을 보면서
하나님의 아름다움을 바라본 다윗은 과연 무엇을 발견했을까요?

Day 207

하늘에서는 주 외에 누가 내게 있으리요
땅에서는 주 밖에 내가 사모할 이 없나이다 내 육체와 마음은 쇠약하나
하나님은 내 마음의 반석이시요 영원한 분깃이라

시 73:25-26

붉은 얼굴을 한, 이 소년의 내면 깊은 곳에는 세상에서 쉽게 볼 수 없는 마음이 자리 잡고 있었습니다. 소년의 마음은 우주와, 이 땅의 많은 도시와 바다로부터 그리고 자연이 주는 아름다움으로부터 하나님의 눈길을 돌리게 만들었습니다. 여러분도 하나님의 시선을 집중적으로 받고 싶지 않으신가요? 다윗에겐 그 일이 일어났습니다. 주님의 영이 사무엘 선지자에게 임하여 말씀하셨습니다. "나는 이스라엘의 반항적인 왕, 사울을 교체할 것이다. 나를 향한 마음이 있는 어린 소년을 찾았는데 그는 내가 원하는 것을 똑같이 원하는 자이다. 그는 기타를 치는 어린 소년인데 나는 그가 정말 좋구나. 밤에 내게 불러준 사랑의 노래를 내가 듣고 있었다는 사실도 모르고 있지만, 그는 내 마음을 채워주는 나를 향한 배고픔을 가지고 있다. 나는 그의 목소리를 듣고 있었으며 그를 지켜보고 있었다. 네가 가서 그 아이에게 내가 그를 어떻게 생각하고 있는지 알려주어라." 검게 그을린 피부, 베들레헴 어딘가에 이름도 없는 언덕에서, 사무엘이 도착하기도 전에, 다윗은 마지막 때에 교회가 갖추고 있어야 할 모습을 하고 있었다.

나의 기도

하나님, 제 마음이 보이시나요? 당신의 음성을 듣기 원하고, 당신의 얼굴을 보기 원하고, 당신의 임재 속에서 당신과 함께 시간을 보내기 원하는 제 마음이 보이시나요? 제가 원하는 것은 주님밖에 없습니다. 그냥 주님과 함께 하며 당신의 사랑을 느끼고 싶습니다.

하나님께서 창조하신 만물을 바라보시다가
당신의 마음에 그 시선을 두신다면 행복하지 않을까요?

Day 208

여호와여 주의 도를 내게 보이시고 주의 길을 내게 가르치소서
주의 진리로 나를 지도하시고 교훈하소서
주는 내 구원의 하나님이시니 내가 종일 주를 기다리나이다

시 25:4-5

다윗의 삶에 대해 강의를 하고 나면 사람들은 종종 제게 와서 묻습니다. "어떻게 하면 다윗과 같이 하나님을 향한 사랑으로 불타는 마음을 가질 수 있을까요?" 저는 그들에게 이렇게 말해 줍니다. "만약 당신을 향한 맹렬한 하나님의 사랑을 공부하고 바라본다면, 당신의 마음 또한 하나님을 향한 맹렬한 사랑으로 가득하게 될 것입니다. 하나님의 내면을 바라보면, 하나님께서 인간을 어떻게 생각하고 계시는지, 당신을 어떻게 생각하고 계시는지 알 수 있을 것입니다. 또한 우리의 성격, 우리가 좋아하고 싫어하는 것도 더 잘 알 수 있으며, 우리의 운명과 역사 속에서 우리가 어느 위치에 있는지에 대한 온전한 정보를 얻을 수 있습니다. 그리하면 하나님의 감정을 더 잘 알 수 있게 되고 바라볼 수 있게 됩니다. 하지만 그보다 더 중요한 것은, 그렇게 함으로 우리가 변하기 시작하는 것입니다."

나의 기도

당신의 길을 제게 가르쳐 주시옵소서. 당신의 성품을 제게 보여주시옵소서. 아버지, 당신이 느끼시는 감정을 제가 느끼게 하시옵소서. 당신을 알아갈 때에, 부패하고 희망 없던 제 삶이 순결하게 변할 것입니다.

**하나님의 감정을 공부하는
학생이 된다는 것은 무슨 말일까요?**

Day 209

우리가 다 수건을 벗은 얼굴로 거울을 보는 것 같이 주의 영광을 보매
그와 같은 형상으로 변화하여 영광에서 영광에 이르니 곧 주의 영으로 말미암음이니라

고후 3:18

주님의 영광을 바라보면 우리는 변하게 되어 있습니다. 가장 기본적인 이 원칙은 마음을 변화받는 바울의 이론에 가장 중요한 부분입니다. 그리고 이 원칙이 바로 다윗을 하나님의 마음에 합한 자로 만들었습니다. 간단하게 이야기하면, 우리를 향한 하나님의 마음 가운데 있는 그 무엇을 바라보든 이해하든, 그와 같은 것으로 우리 마음도 하나님을 향하게 된다는 말입니다. 만약 우리가 무섭고, 엄격한 하나님을 바라보면, 우리는 무섭고 엄격한 자가 될 것입니다. 하지만 만약 우리가 그의 영광을 바라본다면, 바울이 기록한 대로 성령님께서 우리를 영광스럽게 변화시키실 것입니다. 다윗은 하나님의 감정을 공부하는 학생이었고, 나중엔 그 분야의 박사학위까지 소유할 정도로 많이 알게 되었을 것입니다. 그는 정말 열심을 내는 사람이었기에 "내(그의) 평생에"(시 27:4) 가장 중요한 일로 삼았습니다. 그 결과, 그는 구약시대를 통틀어, 무엇이 하나님의 마음에 불을 지피는지에 대해 가장 깊은 통찰력을 가지게 되었습니다. 그는 평범한 자에서 벗어나, 다른 이들과는 구별되는 사람이 되었습니다.

나의 기도

주님, 당신의 열정적인 마음을 담대히 바라볼 수 있기를 원하며 영광에서 영광에 이르는 변화를 받고 싶습니다. 제가 원하는 것은 더욱더 당신을 닮아가는 것입니다!

**다윗은 두려워하지 않고 과감히 하나님의 열정적인 마음을 들여다보았기에
하나님과 자신만의 새로운 친밀함의 범주를 형성할 수 있었다.**

Day 210

아침에 나로 하여금 주의 인자한 말씀을 듣게 하소서 내가 주를 의뢰함이니이다
내가 다닐 길을 알게 하소서 내가 내 영혼을 주께 드림이니이다

시 143:8

하나님의 마음을 바라보았기에, 다윗은 하나님의 마음에 합한 자가 될 수 있었습니다. 하나님의 마음을 바라보는 것이 다윗을 하나님의 마음에 합한 자로 만들었습니다. 그것이 바로 다윗의 온 생애를 사로잡았던 하나님과의 친밀함을 가져왔습니다. 우리가 바라보는 대로 우리는 변합니다. 하나님의 마음을 공부함으로 그분의 마음에 들어가고, 하나님과 개인적인 관계를 추구함으로 우리는 하나님의 마음에 합한 남자와 여자가 될 수 있습니다. 다윗이 형언할 수 없는 하나님의 마음을 주시함으로써 경험했던 것들을 우리도 경험할 수 있습니다. 만약 우리가 다윗이 하나님 안에서 보았던 것을 본다면, 우리는 다윗이 살았던 대로 살 수 있을 것이고, 그가 그랬던 것처럼 우리의 마음을 하나님께로 가지고 나아갈 수 있을 것입니다. 그리고 그 결과 우리는 달라질 수 있을 것입니다. 크게 신경 쓰지 않고도 우리는 고대의 왕이자 현대의 왕이신 이의 발자취를 쉽게 따를 수 있을 것입니다. 아시다시피 다윗은 슈퍼맨이 아니었습니다. 그가 하나님의 마음에서 바라보았던 것들은, 변함없이 그곳에 있어, 모든 역사 가운데 하나님을 온 힘을 다해 추구했던 남자와 여자들에게 그랬던 것처럼, 저와 여러분들에게도 여전히 유효합니다.

나의 기도

다윗에 대한 이야기를 읽으면서 때로는 다윗이 그랬던 것처럼 하나님과 우정을 나누기에는 제가 부족하다고 느낍니다. 그러나 하나님과 우정을 나누는 것이 저의 갈망입니다. 제가 아버지와 친밀함 속에 사는 사람이 되게 해주시옵소서.

> 하나님께서는 지금 이 시간 저와 여러분에게
> 다윗이 바라보았던 것을 바라보라고 초청하고 계십니다.

Day 211

내가 여호와의 인자하심을 영원히 노래하며
주의 성실하심을 내 입으로 대대에 알게 하리이다
내가 말하기를 인자하심을 영원히 세우시며
주의 성실하심을 하늘에서 견고히 하시리라 하였나이다

시 89:1-2

하나님께서 우리를 어떻게 느끼시는지 우리가 이해하기 시작할 때, 바로 그 감정으로 우리 마음이 채워집니다. 예를 들어, 하나님 안에 우리를 향한 열정을 바라보면, 우리 마음은 하나님을 향한 열정으로 채워집니다. 우리는 예수님을 즐거워합니다. 왜일까요? 그 이유는 마침내 하나님께서 우리를 즐거워하신다는 것을 알았기 때문입니다. 우리는 예수님을 쫓아 살려 합니다. 이것 또한 예수님께서 먼저 우리를 위하셨기 때문입니다. 결국 제가 하려는 말은 하나님의 감정을 바라볼 때, 우리가 안팎으로 변한다는 것입니다. 만약 당신이 하나님을 맹렬히 사랑하는 연인이 되고 싶다면, 하나님께서 맹렬히 사랑하시는 분이라는 것을 알아야 합니다. 더 많은 사랑과 영의 기쁨, 믿음 그리고 열매를 맺을 수 있는 비밀은 하나님을 더 즐거워하는 것에 있습니다. 이 얼마나 놀라운 계시입니까! 열심만으로는 아무 소용이 없습니다.

나의 기도

하나님, 마침내 제가 알았습니다. 당신이 저를 쫓아다니며 어떤 방법으로든 교제하려 하셨다는 것을 이제야 알았습니다. 주님, 제가 여기 있습니다. 당신의 영광으로 저를 붙드시고 압도하여 주시옵소서.

**우리가 주님께 헌신할 수 있는 것은
주님께서 먼저 우리에게 헌신하셨다는 것을 깨달을 때이다.**

Day 212

지존자의 은밀한 곳에 거주하며 전능자의 그늘 아래에 사는 자여
나는 여호와를 향하여 말하기를
그는 나의 피난처요 나의 요새요 내가 의뢰하는 하나님이라 하리니

시 91:1-2

교회는 월요일부터 토요일까지 한 주간 내내 주님과 함께 동행하기 위해 힘쓰는 사람들로 가득합니다. 그들은 일 년에 한 번 성경을 읽기 위해, 아침에 일부러 일찍 일어나 성경을 읽으며, 이웃을 교회로 초청하겠다고, 또 몇 집 건너 사는 병든 아이를 위해 기도하겠다고 스스로 결심합니다. 일터에서는 주님의 빛이 되기 위해 노력하며, 배우자 때문에 화가 날 때에는 화를 내지 않으려고 노력합니다. 하지만 주일이 되어서 막상 예배를 드리면, 한 주간 동안 주님 앞에서 선한 그리스도인으로 살지 못 한 것 같아 어깨를 움츠립니다. 하나님께서 우리를 얼마나 기뻐하시는지 알게 된다면, 우리도 하나님을 더 즐거워할 수 있으며, 이 모든 악순환에서 벗어날 수 있습니다. 계절이 변하는 것처럼 자연스럽게 변화될 것이며, 훨씬 거룩한 삶을 살 수 있게 되고, 진정으로 행복하게 될 것입니다. 또한 죄를 짓는 것에 대해 크게 염려하지 않을 것입니다. 죄에는 참된 기쁨이 없기 때문입니다. 이러한 변화의 과정은 끝이 없이 이루어질 것입니다. 우리는 계속 바라보고, 계속 발견하고, 계속 변하고, 늘 기뻐하며, 하루하루 하나님의 영광과 열정을 더 반영하게 될 것입니다.

나의 기도

예수님, 날마다 당신의 형상을 닮도록 저를 변화시키시니 감사합니다. 이 전에 저를 방해했던 많은 것들이 더 이상 저에게 유혹이 되지 않습니다. 놀라운 당신의 임재만을 원합니다. 제가 당신의 영광과 열정을 담을 수 있게 하여 주시옵소서.

우리를 즐거워하시는 하나님을 알게 되면, 하나님을 더 즐거워할 수 있다.

Day 213

그러므로 땅에 있는 지체를 죽이라 곧 음란과 부정과 사욕과 악한 정욕과 탐심이니
탐심은 우상 숭배니라… 너희도 전에 그 가운데 살 때에는
그 가운데서 행하였으나 이제는 너희가 이 모든 것을 벗어 버리라
곧 분함과 노여움과 악의와 비방과 너희 입의 부끄러운 말이라
너희가 서로 거짓말을 하지 말라 옛 사람과 그 행위를 벗어 버리고

골 3:5, 7-10

바울은 고린도 성도들에게 하나님의 형상을 앎으로, 새로워질 수 있도록 구하라고 가르쳤습니다. 영적으로 새로움을 입는 일과 생각과 마음에 영원히 새로움을 입는 일은 우리 모두가 구하는 일이지만, 하나님의 마음을 아는 지식이 우리에게 부어져야지만 가능한 일입니다. 그렇기 위해서는 하나님과 교제해야 하며, 말씀을 통해 나타내신 참된 하나님을 알아야 합니다. 당신의 속사람을 가장 강력하게 변화시킬 수 있는 것이 있습니다. 하나님의 음성이 당신의 영혼에게 하나님 자신이 어떤 분이신지, 거기에 비춰 당신이 누구인지, 당신이 무엇을 하기 원하는지 말씀해 주시는 일입니다. 어쩌면 하나님께서 당신과 함께하는 것을 기뻐하고 즐거워하신다는 말씀이 다 일 수도 있습니다. 만약 이 사실을 하나님과 동행하는 삶의 초석으로 삼는다면, 이 사실만으로도 우리 삶은 변할 수 있습니다. 하나님의 음성을 들은 이상, 절대 미지근한 상태로 있을 수 없을 것입니다. 당신이 누구이며, 하나님께서 누구시며, 당신이 어떠한 사람이 될지에 대해 일깨워 줄 것이기 때문입니다.

나의 기도

주님께서 저를 어떻게 생각하시는지, 어떻게 느끼시는지가 저에게 가장 중요합니다. 아버지, 당신의 눈부신 아름다움과 저를 향한 놀라운 사랑을 바라볼 때면, 다른 모든 것은 중요하지 않게 됩니다.

당신의 삶에서 가장 중요한 사람이 당신에게 주는 최고의 충고보다,
하나님께서 당신을 어떻게 생각하고 느끼시는지가 훨씬 더 값지다.

Day 214

예수를 너희가 보지 못하였으나 사랑하는도다
이제도 보지 못하나 믿고 말할 수 없는 영광스러운 즐거움으로 기뻐하니
믿음의 결국 곧 영혼의 구원을 받음이라

벧전 1:8-9

이 땅에 있을 동안에는 감정을 조절하고 싶다고 해서 할 수 있는 것이 아님을 아실 것입니다. "기쁨!"이라고 외친다고 해서 당신의 영혼이 바로 기뻐지지 않습니다. "지금 당장 내 안에 기쁨이 있을지어다!"라고 요구하지 못합니다. 어쩌면 한 순간 아드레날린이 나올지는 모르겠지만, 지속적이며 영원한 감정은 결심한다고 생기지 않습니다. 이 부분은 하나님께서 감당하고 계시는 부분이며, 우리 안에 거하는 영이 초자연적으로 행하는 일이기 때문입니다. 하지만 좋은 소식이 있습니다. 우리의 모든 감정은 우리의 생각과 아이디어에 연결되어 있기 때문에 하나님에 대한 바른 생각을 하게 되면, 하나님께서 좋은 감정들을 주십니다. 이것이 바로 진리가 우리를 자유롭게 한다는 요한복음 8장 32절의 말씀입니다. 당신의 생각이 참된 하나님의 생각으로 흘러넘친다면 당신의 감정도 그렇게 될 것입니다.

나의 기도

오 하나님, 참된 당신의 모습을 생각하기로 결정했습니다. 제 마음과 생각을 당신의 은혜와 선하심에 집중하기로 결정했습니다. 성령님을 통해 제 안에 시작하신 일을 끝내 주시옵소서.

**하나님 안에 거하는 삶을 살 때,
우리는 하나님의 감정을 바라볼 수 있다.**

Day 215

그러므로 형제들아 내가 하나님의 모든 자비하심으로 너희를 권하노니
너희 몸을 하나님이 기뻐하시는 거룩한 산 제물로 드리라 이는 너희가 드릴 영적 예배니라
너희는 이 세대를 본받지 말고 오직 마음을 새롭게 함으로 변화를 받아
하나님의 선하시고 기뻐하시고 온전하신 뜻이 무엇인지 분별하도록 하라
롬 12:1-2

예수님을 믿기 시작한 지 얼마 안 됐을 때, 저는 친구들과 함께 로마서 12장 2절을 읽게 되었고, 잘못된 시각으로 이 말씀을 받아들이게 되었습니다. 저희가 이해한 이 말씀은 대략 이런 것이었습니다. "너희는 죄악이 가득한 영화들을 최대한 보지 않아야 변할 수 있다." 그래서 저희는 변화를 받기 위해, 하면 안 되는 일들에 대한 목록을 작성했습니다. 이 말씀은 단순히 당신을 억압하고, 죄에서 최대한 멀리 떨어져 있게 하는 것보다, 훨씬 더 깊은 내용이 담겨 있습니다. 나쁜 일에서 최대한 멀리 서 있다 해서, 당신의 생각은 새로워지지 않습니다. 하나님에 대한 진실이 당신 안에 채워질 때만 가능합니다. 우리에게 필요한 것은, 최대한 죄를 짓지 않는 기술이 아니라, 하나님의 마음이 어떤 모습인지에 대한 새로운 시각을 가지는 것입니다. 이 시각을 통해, 당신이 하나님 앞에서 어떤 모습인지에 대한 새로운 시각도 열리게 될 것입니다. 하나님의 감정이 어떤 모습인지 생각할 때마다, 저는 새로운 차원의 은혜를 경험하며, 그렇기에 '나쁜 일들'에서 멀리 떨어져 서 있을 수 있습니다.

나의 기도

오 하나님, 당신의 마음이 어떠한지 볼 수 있는 눈을 주셔서, 저를 실패하고 넘어지게 만들었던 세상 유혹들에 대해 제가 흥미를 잃게 하여 주시옵소서. 당신의 임재로 제 마음과 생각을 채워주시옵소서.

**당신에게 필요한 것은 죄를 피하는 방법이 아니라,
하나님의 마음을 볼 수 있는 새로운 시각이다.**

Day 216

우리가 다 수건을 벗은 얼굴로 거울을 보는 것 같이 주의 영광을 보매
그와 같은 형상으로 변화하여 영광에서 영광에 이르니 곧 주의 영으로 말미암음이니라
고후 3:18

변화는 단순히 가르침을 받거나, 책을 읽는다고 해서 일어나지 않습니다. 설교, 수업, 강의 시리즈를 듣는 것 이상의 무언가가 필요합니다. 맹렬히 사랑하는 연인이 되라는 설교를 듣는다고 해서 불타는 사랑으로 하나님을 사랑하게 되진 않습니다. "이렇게 하세요, 저렇게 하세요"라는 말들이, 당신의 마음을 그 일을 행할 수 있게 준비시켜주지 않습니다. 이미 겪어 보셔서 아실 것입니다. "더 많이 사랑하라"는 권고만으로는 결코 당신 마음에 사랑이 일어나지 않습니다. 좋은 가르침 또는 책은, 당신의 영적인 갈망을 일깨우고, 당신으로 하여금 필요한 양식을 찾아 나설 수 있는 비전을 주지 않습니다. 설교나 책은 "그런 마음을 가지고 싶다, 그렇게 하고 싶다!"라고 당신 안에 배고픔과 비전을 제공해 줄 수 있을 뿐입니다. 설교와 책은 결코 당신의 마음을 실질적으로 사랑할 수 있게 준비시켜 주지 못합니다. 사랑하기 위해선 이 땅에서의 모든 생활양식에 변화가 일어나야 하기 때문입니다. 하나님을 향한 열정 또는 사랑을 원하신다면, 당신의 시간과 생각을 당신을 향한 하나님의 열정과 사랑이 가득한 계시로 채워야 합니다.

나의 기도

더 많은 시간을 당신의 임재 가운데 거하기 원하며, 당신의 아름다운 존재를 바라보기 원합니다. 당신의 말씀을 읊조리는 습관을 가지게 도와주시고, 당신의 임재 안에서 시간을 보내는 습관을 가질 수 있게 하여 주시옵소서.

> 변화는 좋은 것이지만, 먼저 하나님 마음 안에 있는
> 진실을 바라보는 것이 하나님이 정하신 순서이다.

Day 217

소망의 하나님이 모든 기쁨과 평강을 믿음 안에서 너희에게 충만하게 하사
성령의 능력으로 소망이 넘치게 하시기를 원하노라

롬 15:13

사랑하는 여러분, 건강한 가족과 생활을 하려면 하나님의 마음을 공부하는 것이 절대적으로 중요하다는 것을 꼭 말씀드리고 싶습니다. 가족과 사업을 돌보기 위해서 당신이 실용적으로 할 수 있는 일은 넘치는 마음을 양성하는 것입니다. 말씀을 읽으면서 행복한 하나님을 규칙적으로 바라보게 되면, 당신은 점진적으로 행복으로 가득하게 될 것입니다. 화가 잔뜩 났을 때보다 훨씬 더 가족들을 잘 돌볼 수 있을 것입니다. 우울의 영, 무거움의 영, 분노의 영, 또는 미움의 영을 가지고 있는 사람들과 가까이 지내다 보면 우리에게 올 축복이 적다는 것을 느낀 적이 있으신가요? 하지만 당신을 기뻐하시는 하나님의 행복한 마음을 이해하는데 시간을 투자하신다면 당신의 마음은 놀랍게 변화될 것입니다. 하나님 나라 일을 하는데 있어서도 삶의 다른 모든 측면에서도 훨씬 더 강력하고 효과적으로 바뀔 것입니다. 하나님의 마음을 바라보는데 시간을 투자하는 것이 현실적이지 않다거나 실용적이지 않다는 사람들의 주장에 휩쓸리지 마십시오. 하나님의 마음을 바라보는 것보다 우리가 더 실용적으로 할 수 있는 일은 없습니다.

나의 기도

제 마음 가운데 우울의 영, 무거움의 영, 분노의 영 또는 미움의 영이 있다면 모두 제거하여 주시옵소서. 제 마음 가운데 이 영들이 머물기를 원치 않습니다. 당신의 풍성한 기쁨을 경험하고 싶고, 행복과 힘으로 가득한 마음을 가지고 싶습니다.

**아무것도 안 하는 것보다는 의무감 때문에라도
섬기는 것이 낫지만, 이것은 가장 좋은 방법이 아닙니다.**

Day 218

누가 지혜가 있어 이런 일을 깨달으며 누가 총명이 있어 이런 일을 알겠느냐
여호와의 도는 정직하니 의인은 그 길로 다니거니와
그러나 죄인은 그 길에 걸려 넘어지리라

호 14:9

당신의 삶 가운데 하나님께 반항하고 있는 영역이 하나라도 있다면, 당신의 마음은 하나님께서 약속하신 만큼 풍성하지 않을 것입니다. 삶 가운데 타협하고 있는 영역에서 전쟁을 선포하십시오. 넘어질지도 모르지만 진심으로 전쟁에 임한다면 설 곳을 얻게 될 것입니다. 풍성한 마음이야말로 끈질기게 붙어 다니는 죄에서 자유로울 수 있는 힘을 줍니다. 하나님께서는 당신의 마음에 힘을 주시기 전에 혼자서 모든 죄로부터 자유롭기를 요구하지 않으십니다. 진실은 오히려 반대입니다. 하나님의 능력이 당신을 자유로울 수 있도록 돕습니다. 우리가 하나님께 순종하고 싶은 마음이 들지 않을 때, 우리로 하여금 순종할 수 있게끔 하는 것은 하나님의 지혜와 하나님의 의지입니다. 저는 그럴 기분이 아니어도 하나님께 순종해야 함을 압니다. 기분이 푹 가라 앉았을 때도 상태가 최악일 때도, 저는 여전히 하나님께 순종해야 합니다. 하지만 제 감정이 하나님의 감정으로 채워질 때 훨씬 더 온전하고 쉽게 순종할 수 있습니다. 사랑에 빠진 일꾼은 항상 훌륭한 일꾼이 됩니다. 우리가 갈망하고 기뻐하게 된 것이 막 시작단계라고 하여도, 그 자리에 있으면, 하나님께 순종하는 길을 택하는 것만이 당연한 선택처럼 느껴질 것입니다.

나의 기도

아버지, 제 마음에 숨어있는 반항하는 마음을 보여주시옵소서. 당신의 감정으로 제 감정을 만져주셔서 제가 기쁨으로 당신께 순종할 수 있도록 도와주시옵소서.

> 조금이라도 기쁨을 맛본 후라면
> 훈련, 일 그리고 노력이 훨씬 쉽게 따라온다.

Day 219

공의의 열매는 화평이요 공의의 결과는 영원한 평안과 안전이라
내 백성이 화평한 집과 안전한 거처와 조용히 쉬는 곳에 있으려니와

사 32:17-18

당신이 넘어질 때에도 하나님께서 당신을 사랑하신다는 확신을 반드시 가져야 합니다. 만약 이 확신이 부족하면 당신의 영을 예수님께로부터 닫게 됩니다. 당신의 연약함까지 기뻐하신다는 계시는 당신을 변화시킵니다. 제 경험으로는 사람들이 받아들이기 제일 어려워하며, 영적 여정 중에서 가장 많이 넘어지고 멈추게 되는 곳이 바로 이 계시입니다. 왜냐고요? 하나님께서 당신의 연약함까지 기뻐한다는 계시가 없으면 당신이 연약할 때 하나님을 기뻐할 수 없기 때문입니다. 하지만 하나님께서 당신의 연약함까지 기뻐한다는 계시가 있으면 당신은 열매를 맺게 될 것입니다. 언제나 하나님을 기뻐할 수 있게 될 것입니다. 당신의 마음은 사랑으로 반응하게 될 것입니다. 삼위일체의 하나님께서 당신에게 이렇게 말씀하시는 것을 들을 수 있을 것입니다. "우리는 너를 좋아한다." 당신의 마음은 대답할 것입니다. "그렇다면 저도 당신을 좋아합니다." 누가 자기를 좋아하는 사람 옆에 있는 것을 싫어하겠습니까? 하나님께서 항상 당신을 좋아하신다는 것을 이해하면 당신도 하나님을 좋아할 수 있는 것입니다. 자동적으로 하나님을 생각만 해도 웃게 될 것입니다.

나의 기도

주님, 저를 좋아하신다는 그 사실이 안도가 됩니다. 저와 시간을 함께 보내기 원하시고 저를 있는 모습 그대로 기뻐해 주십니다. 정말 놀라울 따름입니다. 사랑하는 주님, 이 사실이 제 마음을 자신감으로 채워주고 당신을 향한 사랑으로 채워줍니다.

**하나님께서 당신의 나약함까지 기뻐하신다는 계시가 없으면
당신이 나약할 때 하나님을 기뻐할 수 없다.**

Day 220

내가 여호와를 항상 내 앞에 모심이여
그가 나의 오른쪽에 계시므로 내가 흔들리지 아니하리로다
이러므로 나의 마음이 기쁘고 나의 영도 즐거워하며 내 육체도 안전히 살리니

시 16:8-9

하나님이 당신을 기뻐한다는 것을 알면 다른 놀라운 일이 생깁니다. 당신 스스로를 기뻐하기 시작할 것입니다. 좋아하기 시작할 것입니다. 다른 누군가가 되고 싶다는 마음대신 당신이 당신인 것을 좋아하기 시작할 것입니다. 이는 대부분의 사람들에게 있어 혁명적인 변화입니다. 한 여자가 진정으로 기도했습니다. "주님, 제가 저를 사랑하는 것처럼 제 이웃을 사랑하고 싶습니다." 주님은 이렇게 대답하심으로 그녀를 놀라게 하셨습니다. "그게 문제란다. 너는 네 자신을 경멸하지 않느냐? 그러니 네가 네 이웃을 경멸하는 것이다." 하나님께서는 당신이 스스로를 기뻐하고 만족하는 자리에 있기를 원하십니다. 당신의 마음의 비밀스런 곳에서 다른 누군가가 되고 싶다는 마음보다 자신인 것을 기뻐할 수 있을 때, 이는 당신으로 하여금 다른 사람을 기뻐하고 사랑할 수 있는 자신감과 열정을 줄 것입니다. 또한 당신의 마음 안에서는 계속해서 폭죽이 터질 것입니다. "제가 저인 것이 정말이지 너무 좋아요. 감사합니다, 주님!"이라고 말할 수 있는 것보다 더 행복한 것은 없습니다.

나의 기도

하나님, 저를 있는 모습 그대로 사랑하시기 때문에 저는 제 자신이 창조된 이 모습 그대로가 좋습니다. 당신에게 사랑받는 것이 좋습니다. 당신의 사랑은 저로 하여금 당신의 사랑을 돌려드릴 수 있게 준비시킵니다.

> 삶의 여정 가운데 스스로를 받아들이는
> 변화의 정점에 이르는 것은 하나님의 뜻이다.

Day 221

주린 자에게 네 심정이 동하며
괴로워하는 자의 심정을 만족하게 하면
네 빛이 흑암 중에서 떠올라 네 어둠이 낮과 같이 될 것이며
여호와가 너를 항상 인도하여
메마른 곳에서도 네 영혼을 만족하게 하며
네 뼈를 건고하게 하리니 너는 물 댄 동산 같겠고
물이 끊어지지 아니하는 샘 같을 것이라

사 58:10-11

선지자 이사야는 다른 영혼들을 마음에 품으면, 우리 영혼이 물 댄 동산과 같을 것이라고 말했습니다. 하나님의 백성들 중 일부는, 조심스럽게 모든 불편함을 피해가며, 자신들의 안전지대가 방해를 받지 않을 만큼만 헌신합니다. 하지만 우리는 하나님의 종으로서, 다른 하나님의 백성들에게 우리 자신을 내주어야 합니다. 예수님께서는 우리 중 가장 큰 자가 낮은 자를 섬기게 될 것이라고 말씀하셨습니다. 하나님의 마음을 다 알면서도 '나 먼저'라는 태도로 일관할 순 없습니다.

나의 기도

주님, 다른 사람들을 돌아볼 수 있게 하여 주시옵소서. 당신의 사랑을 가지고 그들에게 나아갈 수 있게 하여 주시옵소서. 갈보리에서 우리의 구원을 위해 감당하신 당신의 그 희생의 기적을 전하게 하여 주시옵소서. 영혼들을 얻는 자가 되게 하시옵소서. 주님, 당신의 재림 전에 많은 영혼들을 추수하는 자가 되게 하여 주시옵소서.

하나님께서 빠져 있는 일과 사람에 우리도 빠지게 된다.

Day 222

…네가 네 하나님 여호와의 말씀을 청종하여
이 율법책에 기록된 그의 명령과 규례를 지키고
네 마음을 다하며 뜻을 다하여 여호와 네 하나님께 돌아오면…
여호와께서 네 조상들을 기뻐하신 것과 같이 너를 다시 기뻐하사 네게 복을 주시리라

신 30:8-10

"하나님은 평소에 어떤 감정 상태로 계실까요? 지루함? 근심? 피곤? 행복? 걱정? 초연하게? 바쁘게? 아니면 늘 화나 계시거나 기쁘시거나 슬프실까요?" 수년에 걸쳐 저는 많은 사람들에게 이 질문을 던져보았고, 일반적으로 두 가지 반응을 보았습니다. 하나님께서는 대개 화나 계시거나, 슬퍼하고 계신다는 반응이었습니다. 그리고 양쪽 다, 자신 때문이라고 생각하고 있었습니다. 많은 그리스도인들이 하나님께서 우리 때문에 화나 계시고 슬퍼하고 계시다고 굳게 믿고 있습니다. 하나님께서는 저 멀리 하늘 보좌에 앉으셔서, 대부분의 감정 에너지를 우리 인류를 내려다보시며 실망하고 화내는 데 쏟고 계시다고 생각하고 있습니다. 우리는 하나님께서 우리를 내려보시다가 가슴을 치고 눈물을 흘리시며 다른 곳으로 눈길을 돌리시는 모습을 떠올립니다. 하지만 성경은 완전히 반대를 이야기하고 있습니다. 우리 하나님께서는 웃음이 많으시며, 기뻐하기를 즐겨하시는 분이십니다. 그분은 기쁨의 하나님이십니다.

나의 기도

아버지, 저를 바라보실 때 기쁨으로 바라보심을 가르쳐 주셨습니다. 당신의 그 인자한 미소와 기쁨의 웃음소리를 제가 보고 들을 수 있게 하여 주시옵소서. 상상만으로도 제 마음에 당신을 향한 사랑이 채워지며 제 영혼에 기쁨이 넘쳐흐릅니다.

> 하나님께서는 스스로를 기쁨과 즐거움이 넘치시는 하나님으로
> 우리에게 나타내 주실 것이다.

Day 223

> 여호와께서는 자기 백성을 기뻐하시며
> 겸손한 자를 구원으로 아름답게 하심이로다
>
> 시 149:4

당신의 생각 중심에 하나님께서 미소를 띠고 계시는 분이라면, 다음으로 이야기하려는 하나님의 진실에 대해 이해하는 것이 결코 어렵지 않을 것입니다. 당신이 자발적으로 순종하려 할 때, 하나님께서는 당신을 바라보며 미소 짓는 분이십니다. 그분의 영원한 미소가 그의 모든 창조물에게 걸쳐 있습니다. 그분은 스스로 기뻐하시며 그 기쁨으로 인해 즐거워하시지만, 그리스도 안에서 거저 주어진 은혜에 우리가 반응할 때, 제일 기뻐하십니다. 이 사실은 우리 각자에게 모두 다른 방법으로 적용이 됩니다. 당신의 가장 연약한 부분까지도 하나님은 애정을 가지고 계십니다. 하나님께서는 정말로 당신을 기뻐하시는 분이십니다! 이 얼마나 놀라운 사실입니까! 하나님께서 미소를 지으시는 분일뿐만 아니라, 당신을 바라보며 웃으시는 분이십니다!

나의 기도

당신의 미소가 제 마음을 따뜻하게 하고 제 영혼을 흥분시킵니다. 저란 존재를 놓고 기뻐하실 수 있다는 것이, 저의 이해를 넘어서는 일이지만, 정말 저를 보고 미소를 지으시는 분임을 제가 압니다. 제가 사는 동안 아버지의 그 미소를 바라보며 살겠습니다.

> 우리의 신학에 반드시 기초가 되어야 할 것은 이것이다.
> 우리 하나님은 웃으시는 하나님이시다.

Day 224

> 내가 그 곁에 있어서 창조자가 되어 날마다
> 그의 기뻐하신 바가 되었으며
> 항상 그 앞에서 즐거워하였으며 사람이 거처할 땅에서 즐거워하며
> 인자들을 기뻐하였느니라
>
> 잠 8:30-31

예수님께서는 스스로를 사람들이 머무는 이 땅을 즐거워하며, 사람의 아들들을 기뻐하신다고 표현하셨습니다. 하나님께서 우리를 기뻐하심이 이렇게 분명하게 성경에 기록됐음에도, 우리는 집에 돌아왔을 때 기뻐하며 한달음에 달려가 안아 준 아버지를 혼란스러워 하는 탕자와 똑같이 행동하고 있습니다. 우리는 하나님의 마음을 어찌 받아야 할지 몰라서, 저 멀리 거리를 두고 있습니다. 우리는 우리가 실패한 일에 대한 목록을 작성해서, 하나님께 나아가 천국의 가장 낮은 자리라도 달라고 간구하는 것을 이성적으로 더 편안하게 생각합니다. 이런 우리를 하나님께서는 흔들림 없는 애정으로 품으시고, 황포와 의의 옷으로 입혀주십니다. 우리가 섬기는 하나님은 바로 이런 분이십니다. 우리의 행실과 상관없이 하나님께서는 동일하십니다.

나의 기도

예수님, 돌아온 탕자에게 그러하셨던 것처럼, 저를 황포와 의의 옷으로 입혀 주시옵소서. 저를 기뻐하시며 잔치를 열어주시고, 당신의 임재 가운데로 나아갈 때 환영하여 주시옵소서.

예수님께서는 자녀인 우리를 위해 기뻐하며 잔치를 열어 주신다.

Day 225

이러므로 나의 마음이 기쁘고 나의 영도 즐거워하며 내 육체도 안전히 살리니
이는 주께서 내 영혼을 스올에 버리지 아니하시며
주의 거룩한 자를 멸망시키지 않으실 것임이니이다
주께서 생명의 길을 내게 보이시리니 주의 앞에는 충만한 기쁨이 있고
주의 오른쪽에는 영원한 즐거움이 있나이다

시 16:9-11

다윗은 하나님의 보좌에 기쁨이 넘친다는 사실을, 계시를 통해 놀랍게도 이미 알고 있었습니다. 하나님의 보좌 주변은 기쁨과 즐거움으로 가득합니다. 하나님을 개인적으로 더 가깝게 알게 될수록, 더 많은 기쁨을 맛볼 수 있습니다. 다윗 왕은 기쁨의 하나님을 아는 놀라운 학자로서, 하나님의 보좌 주변에 넘치는 기쁨을 이렇게 노래로 표현했습니다. "존귀와 위엄이 그의 앞에 있으며 능력과 즐거움이 그의 처소에 있도다"(대상 16:27). 다윗은 가장 먼저 하나님의 존귀와 위엄을 증거했으며, 그 다음으로 그 보좌를 둘러싸고 있는 즐거움에 대해 증거했습니다. 하나님께서 계신 그곳에는 기쁨이 가득합니다. 하늘에는 어디를 가나 행복으로 가득합니다. 예수님께서는 이 기쁨을 창조의 때와 같은 기쁨이라고 표현하십니다 (잠 8:30). 보좌에 앉아 계신 하나님께서는 기뻐하는 분이시며, 그분 가까이 있는 모든 이들은 그분의 기쁨에 전염됩니다.

나의 기도

하늘 보좌에 앉아계신 당신에게로 가까이 갈 때, 제가 누릴 기쁨을 저는 오직 상상만 할 뿐입니다. 당신의 행복은 전염성이 강하여, 한 영혼이 구원을 받을 때에 천사들까지 소리 높여 찬양하게 만듭니다. 당신의 이 기쁨을 함께 할 그날이 너무나도 기다려집니다.

그분이 계신 하늘 보좌에 가까이 나아가는 만큼 우리는 더 행복해진다.

Day 226

누가 그것의 도량법을 정하였는지 누가 그 줄을
그것의 위에 띄웠는지 네가 아느냐
그것의 주추는 무엇 위에 세웠으며 그 모퉁잇돌을 누가 놓았느냐
그 때에 새벽 별들이 기뻐 노래하며 하나님의 아들들이 다 기뻐 소리를 질렀느니라

욥 38:4-7

욥은 하나님께서 세상을 창조하실 때 천사들과 '하나님의 아들들'이 기쁨의 소리를 질렀다고 말했습니다. 그들은 엄청나게 흥분했습니다. 하나님께서 천사들도 행복을 느끼게 창조하셨다는 것이 놀랍지 않습니까? 저는 예수님께서 웃으시며 아버지께 묻는 것이 보입니다. "아버지, 제 신부를 섬길 종들을 어떻게 창조해야 할까요?" 하나님께서 대답하십니다. "행복한 종들을 만들자." 그래서 하나님께서는 천사를 창조하실 때 행복을 느낄 수 있도록 지으셨습니다. 누가복음 2장에 보면, 이 행복의 천사들이 하늘에 나타나, 하나님께서 그분과 다시 교제할 수 있게 해 줄 구세주를 보내셨다는 것을 알려 주었습니다. 천사들은 너무나도 큰 기쁨을 감당할 수 없어서 큰 목소리로 찬양하였습니다. "호산나, 가장 높은 곳에 계시는 하나님께 영광을!" 하나님께서 장벽을 제거하셔서, 우리가 다시 한마음으로 하나님과 교제할 수 있다는 이 기쁜 소식을 전하며 천사들은 나팔을 불었습니다. 이것은 한때의 일시적인 축하와 찬양이 아닌, 하늘나라의 라이프스타일이 잠깐 이 땅의 사람들에게 보여진 것입니다.

나의 기도

당신의 아들이 이 땅에 태어나던 날 밤, 천사들의 무리가 "호산나, 가장 높은 곳에 계시는 하나님께 영광을!"이라는 찬양을 하는 것을 제가 들었더라면 얼마나 좋았을까요? 저 또한 언젠가 영원한 그곳에서 천사들과 함께 당신을 찬양하게 하여 주시옵소서.

세상을 창조하실 때, 아들을 바라보며 함께 웃으셨을 하나님이 상상이 된다.

Day 227

하나님 앞에서 자기 보좌에 앉아 있던 이십사 장로가 엎드려 얼굴을 땅에 대고
하나님께 경배하여 이르되 감사하옵나니 옛적에도 계셨고 지금도 계신 주 하나님
곧 전능하신 이여 친히 큰 권능을 잡으시고 왕 노릇 하시도다

계 11:16-17

어떠한 주인이 자신을 섬기는 종의 마음에 행복을 넣어 줄까요? 스스로 행복하신 하나님께서만이 하실 수 있는 일입니다. 만약 하나님께서 늘 분노로 가득 차 계신 분이라면, 그 종도 분명 똑같았을 것입니다. 하늘에 나타나 찬양을 하는 그런 일은 없었을 것입니다. 천사들이 행복한 마음을 가지고 있는 것은 하나님께서 행복한 마음을 가지고 계시기 때문입니다. 행복한 마음을 가지고 있는 것은 비단 천사들뿐만이 아닙니다. 저는 마음의 눈으로 장로들이 하나님의 보좌 앞에서 기쁨과 경외함에 사로잡혀 엎드려 경배하는 모습을 볼 수 있습니다. 언젠가 그들 중 한 명에게 다가가 질문하는 모습을 상상하곤 합니다. "경배를 드리시고 계신 도중에 실례지만, 제가 한 가지 꼭 묻고 싶은 것이 있는데요, 지금 기분이 어떠십니까?" 그러면 그는 일어나서 이렇게 대답할 것입니다. "우리는 보좌로 가까이 나아갈수록, 더 큰 기쁨을 맛볼 수 있다네. 너무 황홀해서 멈추고 싶지 않을 정도지!" 하나님의 임재 안에서 천사들은 기쁨으로 가득합니다. 장로들도 넘치는 기쁨으로 충만합니다. 아버지는 그의 나라를 사랑하시며, 천사와 그의 백성들을 사랑하십니다! 하나님께서는 행복하신 하나님입니다!

나의 기도

당신의 임재에는 늘 기쁨이 충만합니다. 당신의 보좌를 둘러싸고 있는 흥분과 넘치는 기쁨을 지금은 상상만 할 수 있지만, 영원히 제가 거하게 될 그곳의 영광스러운 모습을 상상하는 것만으로도 기대가 됩니다.

하나님의 임재와 그 보좌 주변을 가득 메우고 있는 기쁨을 맛보게 될 날이 올 것이다.

Day 228

하나님이여 주의 인자하심이 어찌 그리 보배로우신지요
사람들이 주의 날개 그늘 아래에 피하나이다
그들이 주의 집에 있는 살진 것으로 풍족할 것이라
주께서 주의 복락의 강물을 마시게 하시리이다
진실로 생명의 원천이 주께 있사오니
주의 빛 안에서 우리가 빛을 보리이다

시 36:7-9

불가사의 중에 불가사의한 이 기쁨에 동참하라고 하나님께서 우리를 부르십니다. 시편 36편 8절에 보면 다윗은 아버지 되신 하나님께 이렇게 이야기합니다. "주께서 주의 복락의 강물을 마시게 하시리이다." 다윗이 말한 하나님께서 우리에게 마실 강물을 주신다는 것은, 그분이 우리와 게심으로 생기는 기쁨을 힘께 나눈다는 것을 말합니다. 하나님께서 당신의 영을 우리 인간의 영에게 나타나실 때 오는 기쁨보다 더 큰 기쁨은 없습니다. 하나님의 자녀 되는 우리들은 이 땅에서 그 기쁨을 어느 정도 맛볼 수 있겠지만, 천국에 가서는 비교도 할 수 없을 정도로 더 큰 기쁨을 맛보게 될 것입니다. 그분을 얼굴과 얼굴로 마주할 때, 우리는 자발적으로 기뻐하게 될 것입니다.

나의 기도

하나님, 제가 천국에서 어떠한 형상을 하고 있을지는 잘 모르겠지만, 웃는 데 사용되는 얼굴 근육이 많이 필요할 것이라는 것은 압니다. 영원히 제가 기쁨을 즐길 수 있도록 준비시켜 주시옵소서.

천국에서는 웃어야 하는 것이 아니라
웃을 수밖에 없는 것이다.

Day 229

네가 모든 것이 풍족하여도 기쁨과 즐거운 마음으로 네 하나님 여호와를
섬기지 아니함으로 말미암아…너를 치게 하실 적군을 섬기게 될 것이니
그가 철 멍에를 네 목에 메워 마침내 너를 멸할 것이라

신 28:47-48

기뻐하시는 하나님에 대한 가르침은, 단순히 우리를 즐겁게 해 주기 위한 신학적 호기심 거리가 아닙니다. 이는 우리 마음을 도와 우리의 영이 성숙하게 성장하는 데 필요한 근본적인 요소입니다. 우리가 하나님의 기쁨과 즐거움에 동참할 때, 우리 삶에서 사단이 활동할 수 있는 영역은 극히 줄어들게 됩니다. 하나님을 섬기는 즐거움은 우리를 타협으로부터 멀어지게 합니다. 기쁜 마음은 곧 강한 마음입니다. 성경은 여호와로 인하여 기뻐하는 것이 우리의 힘이라고 말하고 있습니다(느 8:10). 위의 신명기 말씀 때문에 그릇된 생각을 하지 않으셨으면 좋겠습니다. 하나님께서는 원한을 품는 분이 아니십니다. 하나님께서는 입을 삐죽 내미시면서 "내가 기뻐했으나, 네가 내 기쁨에 참여하지 않았으니, 없던 걸로 하자. 너는 네 적을 섬기게 될 것이고, 이번엔 정말 다치게 될 것이다"라고 말씀하지 않으십니다. 다만 우리가 선택할 수 있는 두 가지 옵션을 주십니다. 하나는, 우리가 마음을 다하여 그분의 기쁨에 참여하는 것이고, 다른 하나는 적의 영향 아래로 들어가, 하나님을 비난하며, 거스르는 것입니다.

나의 기도

주님, 주님께서 제 마음을 정리하시고, 제 영혼을 변화시키시고, 강건하게 하시고, 성숙하게 하시어 제 삶이 새롭게 되기를 원합니다. 적에게 길을 내어 주지 않겠습니다. 주님을 기뻐하는 것을 저의 힘으로 삼겠습니다.

하나님께서는 우리가 그분의 마음 가운데 있는 행복을 맛보아
우리 마음이 변화되고, 힘을 얻고, 성숙해지며, 또한 새롭게 되기를 원하신다.

Day 230

> 그러므로 때가 이르기 전 곧 주께서 오시기까지 아무 것도 판단하지 말라
> 그가 어둠에 감추인 것들을 드러내고 마음의 뜻을 나타내시리니
> 그 때에 각 사람에게 하나님으로부터 칭찬이 있으리라
>
> 고전 4:5

바울은 하나님의 또 다른 모습을 설명합니다. 기쁨을 가지신 심판자. 바울은 이 메시지를 1세기에 우리가 알고 있는 교회 중, 가장 세속적인 교회였던 고린도교회의 교인들에게 전하고 있었습니다. 다음 세대에 존재했던 라오디게아교회 교인들 전까지는, 세속적인 측면에서 고린도 교회의 적수가 없었습니다. 바울은 그들을 간곡하게 타일렀습니다. "주님께서 오시기 전까지는 아무것도 판단하지 마십시오." 다른 말로 하면, "다른 사람이나 심지어 자신에 대해서 어떠한 결론도 섣불리 내리지 마십시오." 그는 자신의 마음조차 정확히 판단할 수 없는 자신의 능력에 의지하지 않았습니다. 그리고 바울은 하나님께서 언젠가 나타나셔서, 어둠 가운데 감추어진 것을 드러내시고, 그들의 마음의 비밀스런 뜻을 드러내실 것이라고 고린도교인들에게 폭탄 같은 발언을 합니다. 아마 그들은 놀라서 웅성거렸을 겁니다. "그럴 순 없어! 그때가 되면 우린 큰 벌을 면할 수 없을 거야." 하지만 바울의 메시지는 아직 끝나지 않았습니다. 고린도 교회 교인들이 바울이 급격한 방향으로 메시지를 틀었다고 생각했을 때, 바울은 그 다음 메시지를 전하며 다시 한 번 급격하게 방향을 틉니다.

나의 기도

심판의 때에 당신 앞에 섰을 때, 제 마음에 감추인 것들을 드러내시는 하나님, 분노로 저를 벌하실 것이라는 예상을 깨고, 저를 칭찬하시며 즐거워하실 것이라니 참으로 놀랍습니다.

> **하나님께서 우리를 심판하실 때,
> 좌절과 분노의 김을 뿜어내지 않으실 것이다.**

Day 231

그가 어둠에 감추인 것들을 드러내고 마음의 뜻을 나타내시리니
그 때에 각 사람에게 하나님으로부터 칭찬이 있으리라

고전 4:5

하나님께서 어둠을 밝히시고 우리 마음의 감추인 것들을 밝힌다고 하실 때 우리는 책망을 생각하며 자동적으로 뒷걸음치게 됩니다. "숨겨진 비밀은 안 돼!" 우리는 감추어진 것이 어둠과 거룩하지 못한 것이라고 가정하여 이렇게 이야기합니다. 하지만 하나님께서는 반대를 말씀하고 계십니다. 우리 마음에 감추어진 것은 수치스러운 것만이 아니라, 온전히 하나님께 속하기 위한 울부짖음 같이, 선한 것들도 많습니다. 우리 마음 깊은 곳에는 하나님에 반하는 우리의 적들을 대적하고자 하는 마음도 있습니다. 이러한 우리 마음의 깊이와 갈망은 하나님께서만이 온전히 아실 수 있습니다. 그리고 좋은 소식은 마지막 날에 하나님께서 그것들도 드러내시고, 우리를 칭찬해 주실 것이라는 겁니다. 우리 영의 "예스"는 불완전한 "예스"지만, 그래도 여전히 "예스"입니다. 그것은 하나님 자신이 우리에게 심어 주신 것입니다. 그것은 우리 속사람에게 행하시는 그분의 초자연적인 역사입니다. 그분은 자원하는 우리의 영의 몸부림을 아십니다. 우리는 우리의 실패로 우리를 정의내릴지 모르지만, 하나님께서는 우리 마음의 진실함을 보십니다. 우리는 완전히 이해할 수 없을지 몰라도, 하나님께서는 은혜로 우리를 바라보십니다.

나의 기도

사랑하는 예수님, 저는 당신의 놀라운 은혜를 통해 정의 내려집니다. 당신을 닮고자 하는 제 영혼의 깊은 곳의 울부짖음을 들으시는 주님, 언젠가 이것으로 저를 칭찬해 주실 것이니 감사합니다. 저를 향한 당신의 은혜와 자비로 인해 감사 드립니다.

**하나님께서는 자신을 온전히 닮고자 하는
신실한 성도의 목마름을 기뻐하신다.**

Day 232

어떤 여자가 열 드라크마가 있는데 하나를 잃으면
등불을 켜고 집을 쓸며 찾아내기까지 부지런히 찾지 아니하겠느냐
또 찾아낸즉 벗과 이웃을 불러 모으고 말하되
나와 함께 즐기자 잃은 드라크마를 찾아내었노라 하리라
내가 너희에게 이르노니 이와 같이 죄인 한 사람이 회개하면
하나님의 사자들 앞에 기쁨이 되느니라

눅 15:8-10

누가복음 15장에 보면, 예수님께서는 죄인과 함께 교제하고 빵을 뜯는 자신에게 화를 품은 바리새인들을 향해 말씀하고 계십니다. 분노한 그들을 향하여, 내 아버지는 기뻐하는 분이시고 그가 부르신 천사도 기뻐하니 우리도 기뻐해야 한다는 말씀으로 빈용하십니다. 이 장에서 예수님께서는 계속해서 보좌 주변에 넘치는 기쁨을 드러내 주고 계십니다. 10절에 보면, "내가 너희에게 이르노니 이와 같이 죄인 한 사람이 회개하면 하나님의 사자들 앞에 기쁨이 되느니라"고 말씀하십니다. 회개하는, 미성숙한 죄인을 두고 하신 말씀입니다. 만약 죄인이 오후 3시에 회개를 했다고 하면, 하나님의 사자들은 3시 1분에 기뻐하며 노래하고 있을 것입니다. 죄인은 믿음의 측면에서는 아직도 미성숙하지만, 그럼에도 천사들은 엄청나게 기뻐합니다. 죄인에게는 성숙함이라곤 찾아볼 수도 없지만, 그의 회개는 신실한 것이기 때문입니다. 죄인이 그의 영으로 "예스"라고 말한 것은 불완전하지만, "예스"라고 말한 그 자체는 중요한 것입니다.

나의 기도

때때로 제 안에서 그리고 다른 사람 안에서 발견되는 미성숙함에 대해 제가 이해할 수 있게 하여 주시옵소서. 당신의 눈을 통해 다른 이들을 바라보게 하시고, 그들의 영적 성숙함과 당신을 진실한 마음으로 사랑할 가능성을 바라보게 하여 주시옵소서.

사랑은 시간이 지나 성숙하고 강해지기 이전에도 사랑이다.

Day 233

…대저 여호와께서 그 사랑하시는 자를 징계하시기를
마치 아비가 그 기뻐하는 아들을 징계함 같이 하시느니라

잠 3:11-12

하나님께서는 죄인에게 이렇게 말씀하지 않으십니다. "네가 진정으로 회개했구나, 하지만 아직도 네 삶 속에 정리되지 않은 문제들을 보아라. 네가 어떻게 하는지 지켜보겠다. 일단, 들어오렴, 하지만 너를 주시해서 지켜보겠다." 우리들은 다른 사람을 대할 때 이러한 태도를 취하기 때문에, 하나님께서도 우리에게 이렇게 대할 것이라고 생각하십니다. 사람들은 한 사람이 구원을 받아, 옛 방법을 저버리고 주님을 따르겠다는 간증을 하면, 손뼉을 치며 함께 기뻐해 줍니다. 그리고 소리치며 외칠 것입니다. "주님을 찬양합니다! 한 영혼이 구원을 받았습니다!" 하지만 몇 달이 채 지나지 않아, 기뻐해 주었던 그 무리는 같은 사람을 놓고, 그 사람의 삶 속에 미성숙한 문제들을 향해 손가락질 할 준비를 합니다. 또한 며칠이 채 지나지 않아, 믿음 안에서 성장하는 그 사람을 더 이상 응원하지 않습니다. 심술난 바리새인처럼 돌아서며 이야기합니다 "간증은 다 거짓말이었군! 똑바로 살아야지. 계속해서 지켜보겠어." 하지만 주님께서는 반대로 이야기하십니다. "네게 성숙함을 조금도 찾아볼 수 없을 때라도, 나는 너를 기뻐한다." 만약 우리의 행동에 따라 주님께서 우리를 기뻐하신다면, 우리가 생각하는 대로 하나님께서는 슬픔의 하나님이 되실 것입니다!

나의 기도

아버지, 저의 미성숙함과 상관없이 저를 기뻐해 주시니 정말 감사합니다. 저를 부드럽게 영적 성숙함으로 이끄시는 동안에도, 저를 사랑하시니 감사합니다. 다른 사람의 미성숙함도 제가 사랑할 수 있도록 도와주시고, 비난으로 그들을 낙담시키는 것이 아니라 격려하여 그들이 성장할 수 있게 하여 주시옵소서.

기억하라, 당신의 삶 속에 죄가 있을 때에도 하나님께서는 당신을 기뻐하신다.

Day 234

그가 노하여 들어가고자 하지 아니하거늘 아버지가 나와서 권한대…
이 네 동생은 죽었다가 살아났으며 내가 잃었다가 얻었기로
우리가 즐거워하고 기뻐하는 것이 마땅하다 하니라

눅 15:28, 32

우리의 인내만을 가지고는 부족한 일들이 참으로 많습니다. 우리는 다른 성도의 한 모습만 보고, 그 삶을 비난하기 좋아합니다. 왜 그럴까요? 그건 바로 하나님께서도 우리 삶을 보시고, 비난하실 거라고 은연중에 생각하기 때문입니다. 이것은 하나님의 마음이 아닙니다. 우리의 성품 중에, 주님께 거슬리는 면이 있더라도, 주님은 마음에서 우리를 잘라내지 않으십니다. 오히려, 인내하기를 즐겨 하시며, 노하기를 더디 하십니다. 누가복음 15장은 종종 탕자의 비유로 많이 언급되지만, 실제로는 아들을 잃어버린 아버지의 이야기이며, 아들이 돌아왔을 때 그가 어떻게 대하는지에 관한 이야기입니다. 예수님께서는 이 장을 통해 교회 안에 넘어지는 형제와 자매가 있을 때, 우리가 어떻게 반응해야 하는지를 교회에게 가르쳐 주고 계십니다. 하나님의 나라에 한 영혼이 들어왔을 때, 우리는 함께 기뻐하며 잔치를 벌입니다. 하지만 한 성도가 넘어졌을 때, 더 나아가서 우리 자신이 넘어졌을 때에는, 하나님의 기뻐하심에 함께 동참하지 못합니다. 우리가 넘어졌을 때 얼마나 하나님의 인내와 인자함 가운데 거할 수 있느냐는, 넘어진 다른 형제자매들을 향해, 우리가 얼마나 인내와 인자함으로 대할 수 있는 지와 비례합니다.

나의 기도

성령님, 제 주변에 넘어지는 당신의 자녀들을 보게 될 때, 당신의 인내와 사랑을 제가 가질 수 있게 하여 주시옵소서. 또한 더 나아가서, 당신의 사랑과 힘을 가지고 넘어진 자에게 다가가, 격려하고 힘을 줄 수 있는 용기를 제게 주시옵소서.

우리의 악한 성품 중 하나가 빛에 노출되어도, 하나님께서는 우리를 거절하지 않으신다.

Day 235

이 일 후에 내가 들으니 하늘에 허다한 무리의 큰 음성 같은 것이 있어 이르되
할렐루야 구원과 영광과 능력이 우리 하나님께 있도다…
천사가 내게 말하기를 기록하라 어린 양의 혼인 잔치에 청함을 받은 자들은 복이 있도다
하고 또 내게 말하되 이것은 하나님의 참되신 말씀이라 하기로

계 19:1,4,6,9

십자가를 지시기 하루 전 날, 예수님께서는 어떤 생각을 하셨을지 저는 종종 궁금합니다. 주님께서는 어디에 집중하셨을까요? 무엇이 주님께 가장 중요했을까요? 대답의 일부를 성경에서 찾을 수 있습니다. 예수님께서 마지막으로 예루살렘에 오르셨을 때, 마음속에 담고 계신 메시지가 있었습니다. 저는 예수님께서 이 말씀을 전하시고자 삼 년하고도 반을 기다려 오셨다고 믿습니다. 주님의 마음 가장 깊은 곳에 있던 메시지 중 하나였을 것입니다. 예수님께서 사람들 앞에서 하신 마지막 설교의 핵심은 이렇습니다. "자기 아들을 위하여 혼인 잔치를 준비하는 한 임금이 있으니"(마 22:2). 주님의 마음은 먼 훗 날 있을 영광스러운 혼인 잔치에 있었던 것입니다. 예수님께서는 사람들에게 보화와도 같은 이 비유를 말씀하시며, 아마 가슴이 벅차 오르셨을 것입니다. 예수님께서 십자가를 지신 가장 큰 이유 중 하나는, 아버지가 자신을 위해 약속하신 유업, 멍에를 지고 자신을 따르게 될 자신의 신부를 지키시기 위해서였습니다.

나의 기도

사랑하는 주님, 저를 당신의 신부로 선택하시고, 당신의 영원한 동반자 삼으시고, 하늘에서 영원히 당신의 영광을 함께 누리게 하시니, 그 크신 사랑 저는 이해할 수도 없습니다. 다가올 큰 혼인 잔치를 위해 저를 준비시키시기를 기도합니다.

**마지막 순간에 예수님은 모든 역사를 통틀어
가장 위대한 역사 중 하나가 될 혼인 잔치를 바라보고 계셨다.**

Day 236

시온의 딸들아 나와서 솔로몬 왕을 보라 혼인날 마음이 기쁠 때에
그의 어머니가 씌운 왕관이 그 머리에 있구나

아 3:11

예수님께서 십자가 위에서 이루신 일들은 엄청난 것입니다. 하지만 그분이 십자가를 지신 그 자체보다, 왜 십자가를 지셨는지가 더 놀랍습니다. 무엇이 십자가의 고통을 인내하게 했을까요? 무엇이 그 마음에 불타올랐기에 십자가를 감당하셨을까요? 이 사건의 내막에는 진정 어떤 힘이 있었을까요? 간단하게 대답하면, 예수님께서는 그의 신부와 연합하기를 갈망하셨습니다. 주님은 인류를 갈망하는 마음으로 불타오르셨던 것입니다. 결혼을 준비하는 신랑이라면 누구나 다 이 감정을 이해할 수 있을 것입니다. 아가서를 통해, 훗날에 있을 혼인 잔치를 두고 기뻐하시는 예수님의 마음을 조금 엿볼 수 있습니다. 이 땅에서 결혼하고 사랑을 나누는 아름다움은, 영적으로 예수님과 그의 교회가 연합하여 사랑하는 모습을 잘 보여줍니다. 자신의 혼인 잔치를 크게 기뻐하시는 하나님에 의해, 이 십자가 사건은 계획되었습니다. 그리고 창세 이전부터 우리와 결혼하시기를 갈망하셨기에, 이 십자가 사건은 현실이 되었습니다.

나의 기도

예수님, 저를 구속하여 당신의 것으로 삼으시고자, 십자가에 달려서 수모를 감당하신 것이 놀라울 따름입니다. 재림하셔서 당신의 신부를 영원한 곳으로 데려갈 그날을 기대하시며 십자가를 감당하신 것이 놀랍기만 합니다. 저를 향한 당신의 이 불가사의한 사랑을 제가 사랑합니다.

**영원히 그의 백성과 나누게 될 친밀함을
열렬히 기대하시는 하나님으로부터 구속의 계획은 세워졌다.**

Day 237

그 때에 예수께서 성령으로 기뻐하시며 이르시되
천지의 주재이신 아버지여 이것을 지혜롭고 슬기 있는 자들에게는 숨기시고
어린아이들에게는 나타내심을 감사하나이다
옳소이다 이렇게 된 것이 아버지의 뜻이니이다

눅 10:21

예수님께서 공생애 사역 중에, 이스라엘의 한 마을을 방문하셨다고 상상해 보겠습니다. 예수님의 미소와 사랑이 가득한 눈동자를 보고, 아이들이 그 앞에 죽 늘어선 것이 보입니다. 나사렛에서 온 목수이자, 자신의 마을에 새로 온 설교자를 아이들은 좋아합니다. 아이들은 속일 수 없습니다. 만약 당신이 심술궂다면, 착한 듯 행동해도 아이들은 당신을 피할 것입니다. 예수님께서는 아이들을 늘 곁에 두기를 좋아하셨습니다. 아이들은 종교적인 선 없이, 그의 품으로 바로 뛰어 들어갔습니다. 이때보다 하나님의 아들이 더 행복하고 기뻐하는 것을 보기 힘들 것입니다! 아직은 미숙하지만, 사랑하는 자가 품으로 뛰어 들어올 때, 예수님께서 얼마나 좋아하실까요?

나의 기도

주님, 아이들 사이로 걸어 들어가셨을 때, 어린 아이들이 느꼈을 기쁨과 기대를 저는 상상만 할 수 있을 뿐입니다. 아이들은 당신의 주변에 모여서 당신의 미소와 그 따뜻한 손길을 환영했을 것입니다. 주님, 저도 당신의 어린 자녀로서, 당신의 얼굴에 웃음을 띠게 하고 싶고, 당신의 부드러운 손길을 느끼고 싶습니다.

예수님께서는 그의 자녀들에게
잘해주심으로 놀래켜주길 좋아하신다.

Day 238

네 눈을 들어 사방을 보라
무리가 다 모여 네게로 오느니라
네 아들들은 먼 곳에서 오겠고 네 딸들은 안기어 올 것이라
그 때에 네가 보고 기쁜 빛을 내며
네 마음이 놀라고 또 화창하리니 이는 바다의 부가 네게로 돌아오며
이방 나라들의 재물이 네게로 옴이라

사 60:4-5

막대한 수의 믿는 자들이 오래도록 기다려 왔던 혼인날을 위해, 한 자리에 다 모이게 될 날이 올 것입니다. 어린 양의 혼인잔치로 인류의 역사가 끝난다는 것은 매우 중요함에도 불구하고, 소수의 그룹들만이 말씀에 기록된 대로, 교회가 예수님을 향해 취해야 할 태도에 대해 빈용합니다. 마지막 날에, 우리는 인류를 이끌어 오신 예수님의 리더십을 온전히 이해할 수 있게 될 것입니다. 예수님께서는 완벽한 리더십으로 "즐거워하고 기뻐하라, 어린 양의 혼인 잔치가 드디어 열리노라!"고 기쁘게 외칠 신부들을 많이 이끌어 내실 것입니다. 우리는 온전히 기뻐하며 즐거워하게 될 것입니다. 우리는 기쁨으로 폭발하게 될 것입니다. 예수님의 리더십 아래에, 인간의 마음은 늘 기쁨이 넘칩니다. 주님께서는 영원한 천국에서도, 그분으로 인하여 우리가 기뻐하기를 원하십니다.

나의 기도

아버지, 당신의 아들과 그의 신부가 혼인할 그 날이, 영광스러운 잔치의 날이 될 것임을 말씀을 통하여 가르쳐 주셨습니다. 그 날을 저는 상상도 못하겠지만, 제 마음은 기다림과 기대로 차오릅니다. 또한 당신의 귀한 아들, 저의 신랑을 향한 사랑으로 벅차오릅니다.

> 예수님의 뜻이 이루어질 때,
> 많은 마음들이 기뻐할 것이다.

Day 239

능히 너희를 보호하사 거침이 없게 하시고 너희로 그 영광 앞에
흠이 없이 기쁨으로 서게 하실 이 곧 우리 구주 홀로 하나이신 하나님께
우리 주 예수 그리스도로 말미암아 영광과 위엄과 권력과 권세가
영원 전부터 이제와 영원토록 있을지어다 아멘

유 24-25

믿겨지세요? 예수님께서는 아버지 앞에 기쁨으로 당신을 서게 하실 계획을 가지고 계십니다. 그 마지막 날에, 천사가 와서 말을 건네는 장면을 상상해 봅니다. "오늘이 심판 날인데, 떨리나요?" 저는 대답할 것입니다. "떨리냐고요? 전혀요! 저는 지금 이곳에 있는 것이 너무 좋은 걸요!" 여러분은 어떠세요? 심판 날을 생각하면 몸이 움츠러드시나요? 하나님께서 모든 사탄들 앞에서 공공연하게 당신을 책망하실까 두려우세요? 심판 날을 떠올릴 때, 여러분을 지배하는 가장 큰 감정은 무엇인가요? 만약 두려움과 공포심이라면, 그것은 당신이 생각하고 있는 하나님의 모습에 대해 무엇을 말해 주는 걸까요? 당신도 사탄의 거짓말에 속아서 하나님을 복수심을 품으신, 절대 웃지 않으시는 구주로 떠올리시나요? 당신의 심장은 심판 날에 대한 기대감으로 조금이라도 뛰시나요? 그분의 선하심이 그분의 진노보다 더 오래간다는 것을 아시나요? 심판 날이 나쁜 것만이 아닌, 당신의 마음에 선한 동기가 드러나는 날이라는 것도 생각하시나요?

나의 기도

하늘에서 당신 앞에 서게 될 순간을 생각하면, 말할 수 없는 기쁨이 채워집니다. 저를 보듬어 주시는 당신의 미소와 저를 향하여 환영한다고 말씀하시며 벌리신 그 두 팔을, 이 두 눈으로 보기 원합니다. 당신이 허락하신 의의 선물이 있기에 저는 준비되었습니다. 그 날이 너무나도 기다려집니다!

당신은 오래된 골방을 발견하여 그곳에서 재앙이 오기를 기다렸다가,
최후의 심판이 지나간 후에야 골방에서 나오기를 원하고 있지는 않은가?

Day 240

> 이는 내 생각이 너희의 생각과 다르며 내 길은 너희의 길과 다름이니라…
> 내 길은 너희의 길보다 높으며 내 생각은 너희의 생각보다 높음이니라
> 사 55:8-9

지금 이 시대와 앞으로 다가올 시대를 통틀어서 가장 흥분되는 때는, 성령께서 하나님의 마음을 우리 영에게 알려 주실 때입니다. 이는 창조질서 안에서 우리에게 궁극적인 기쁨입니다. 하나님의 마음을 아는 기쁨은, 영원한 나라에만 속해 있지 않습니다. 지금 이 시대에도, 그 기쁨의 일부분을 맛볼 수 있습니다. 하나님께서는 계약금으로 앞으로 맛보게 될 이 기쁨을 우리로 하여금 조금 맛보게 하심으로, 우리에게 동기를 부여하기 원하시고, 힘주기 원하시고, 우리를 보호하시기 원하십니다. 이 강력한 기쁨은 곧 강력한 동기로 변하게 됩니다. 사탄이 저에게 하나님을 비난하려고 다가올 때, 저는 제가 알고 있는 진실을 꽉 붙들고 놓지 않습니다. 저는 사탄을 상기시킵니다. "기록된바 그는 미쁘시고 기뻐하시는 분이시다. 그분은 나의 연약함까지 기쁨으로 품어주신다." 사탄은 저를 희망 없는 위선가라 손가락질하며 비난하고, 기독교도 제겐 아무 소용없으며, 다른 모든 사람과 비교해도 제가 제일 엉망진창이라고 속삭입니다. 이는 사탄이 우리 모두에게 말하고 있는 똑같은 거짓말입니다. 이때마다 저는 말씀으로 반응합니다. 사탄의 공격에 하나님의 말씀으로 대응하면 제 마음과 머릿속은 말씀의 진실로 채워집니다.

나의 기도

아버지, 사탄이 거짓말과 비방함으로 저를 홀리려 할 때마다, 당신의 사랑을 기억하게 하시고, 사랑과 진실함으로 말씀하시는 당신의 음성에 귀 기울일 수 있도록 도와주시옵소서. 저를 향한 당신의 사랑을 가지고, 적 앞에 당당히 서서, 적을 물리칠 수 있는 용기를 제게 주시옵소서.

**하나님께서는 참된 기쁨을 창조하신 분으로,
성품에서부터 그 기쁨이 샘솟는다.**

Day 241

형제들아 나는 아직 내가 잡은 줄로 여기지 아니하고
오직 한 일 즉 뒤에 있는 것은 잊어버리고
앞에 있는 것을 잡으려고 푯대를 향하여
그리스도 예수 안에서 하나님이 위에서 부르신
부름의 상을 위하여 달려가노라

빌 3:13-14

우리들 중 대다수에게 삶이란, 직업, 생활방식, 열정 그리고 취미 등 많은 것을 선택하는 것을 의미합니다. 즐거움을 추구하고, 의미를 찾기 위해 우리는 여기저기 뛰어다니며, 새로운 일을 해 보기도 하고, 여러 경험을 쌓지만, 한 가지 일에 우리 자신을 헌신하진 않습니다. 오늘날, 교회를 향한 하나님의 부르심은 사방팔방으로 뛰어다니는 것을 멈추고, 확고한 헌신의 마음으로 나아오라는 것입니다. 첫째로, 가장 원하시는 것은 우리가 마음을 다하여 하나님을 사랑하는 것입니다. 아름다우신 한 분에게 당신의 마음이 사로잡히면, 다른 어떤 것도 당신의 마음에 충족을 줄 수 없게 됩니다. 그분을 기다리는 자리 외에는, 다른 어떤 곳에도 거하고 싶지 않게 될 것입니다. 그분만을 추구하게 될 것이며, 그 외의 것으로 방해 받는 것을 용납하지 않게 될 것입니다. 당신의 갈급함은 단 한 가지, 하나님을 사랑하는 것에 집중될 것입니다. 이전에 만족을 주었던 것들을 찾지 않게 될 것이며, 부차적인 것에서 오는 즐거움은 사라질 것입니다.

나의 기도

아버지, 바울처럼 푯대를 향하여 부르신 부름의 상을 향해 달려가게 하여 주옵소서. 다른 길로 빠지지 않게 저를 지켜주시고, 당신의 사랑과 저를 향하신 계획만을 좇게 하여 주시옵소서.

**하나님께서는 우리가 한 가지만 바라보고
나아가는 자들이 되기를 원하신다.**

Day 242

또 삼십 두목 중 세 사람이 곡식 벨 때에 아둘람 굴에 내려가
다윗에게 나아갔는데 때에 블레셋 사람의 한 무리가 르바임 골짜기에 진 쳤더라…
다윗이 소원하여 이르되 베들레헴 성문 곁 우물 물을 누가 내게 마시게 할까 하매

삼하 23:13,15

한 가지 일에 하나가 되어가며, 엄청난 헌신을 보여준, 주목할 만한 사람들의 이야기가 성경에 있습니다. 다윗이 기름부음을 입었지만, 아직 왕이 되지 않았을 때의 이야기입니다. 질투심에 사울 왕은 동굴과 동굴을 오가며 다윗을 쫓고 있었습니다. 약 600명의 사람들이 다윗과 함께했고, 그들은 아둘람 굴을 본거지로 삼았습니다. 아마 늦은 저녁때쯤이었을 것입니다. 다윗이 말합니다. "아, 베들레헴 성문 곁에 있는 우물물을 누가 나에게 가져다주어 마실 수 있다면!" 용감한 다윗의 군사들이 이 말을 듣고 말합니다. "우리가 가서 물을 가져오자." 그들은 물을 얻으러 가는 그 길로, 다시 돌아오지 못할지도 모른다는 것을 알았지만, 그들이 다윗을 너무나도 사랑했기에, 다윗의 소망을 들어주고 싶어 했습니다. 자신들의 왕의 마음의 소원을 들어주기 원하는 그들의 마음은, 이미 의무의 차원을 넘어선 것이었습니다. 다윗과 그의 군사들과 관련하여 많은 이야기들이 있지만, 이 이야기는 왕을 향한 가장 큰 헌신의 행위로 잘 알려지게 되었습니다. 이 이야기가 우리에게는, 왕 되신 예수님을 향한 헌신의 본보기가 되어야 합니다. 다윗의 군사들이 다윗을 향했던 마음은, 하나님의 마음만 바라보며 나아가야 하는 우리들이 품어야 할 마음입니다.

나의 기도

예수님, 다윗의 용감한 군사들이 보여준 깊은 충성과 헌신의 마음을, 저는 주님을 향해 가지고 싶습니다. 주님을 이같이 사랑하게 해 주시고, 당신이 기뻐하실 모든 것을 추구하는 삶을 살게 하여 주시옵소서.

다윗의 용감한 전사들은 우리가 예수님을 향해 가져야 할 열정적인 충성심을 잘 보여줬다.

Day 243

그러나 무엇이든지 내게 유익하던 것을
내가 그리스도를 위하여 다 해로 여길뿐더러
빌 3:7

바울은 자신에게 동기를 부여해 준 것이 무엇인지 거침없이 이야기합니다. 그리고는 조금의 망설임도 없이, 한 가지를 위해 다른 모든 것을 미련 없이 버려야 한다고 우리를 향해 말하고 있습니다. 바울이 말하고자 하는 것은, 예수님의 인정을 얻기 위해 이 모든 것을 했다고 말하는 것이 아니라, 모든 것을 버림으로, 가장 온전하게 예수님을 경험할 수 있는 것을 방해하는 모든 것을 제거한 것이라고 말하는 것입니다. 그는 의도적으로 자신의 선택사항을 줄이고, 자발적으로 한 가지에 목숨을 걸었습니다. 12절에 보면, 바울은 자신의 내면, 영혼에서 일어나고 있는 일을 말하고 있습니다. "오직 내가 그리스도 예수께 잡힌바 된 그것을 잡으려고 달려가노라." 예수님께서는 우리 모두를 특별하게 부르셨습니다. 하나님께서는 당신이 태어났을 때, 아니 이미 그 전에, 당신을 향한 특별한 계획을 가지고 계셨습니다. 사랑하는 여러분, 우연히 하나님께서 우리를 부르신 일에 도달하거나, 그 일을 붙잡게 되는 경우는 없습니다. 우리는 사단의 방해를 이기고, 잡힌바 된 것을 잡으려고 달려 나가야 합니다. 우리는 상을 바라보아야 하며, 그 상을 받을 수 있는 길은, 오직 개개인과 교회가 예수님께 넘치도록 헌신하는 길 밖에 없습니다. 온전한 헌신이 아니고는 적들의 맹공격에서 살아남을 수 없습니다.

나의 기도

주님, 제 삶의 마지막 순간에, 바울처럼, 제 삶을 당신을 알아가고, 사귀고, 사랑하는데 사용하기 위해 다른 모든 것을 배설물로 여겼다고 말할 수 있는 삶 되게 하여 주시옵소서.

**사실 바울은, 하나님의 나라에서 피해갈 수 없는 고난을 겪음으로,
예수님과 친밀함을 누리는 영광과 특권을 누린 것이다.**

Day 244

형제들아 나는 아직 내가 잡은 줄로 여기지 아니하고
오직 한 일 즉 뒤에 있는 것은 잊어버리고 앞에 있는 것을 잡으려고 푯대를 향하여
그리스도 예수 안에서 하나님이 위에서 부르신 부름의 상을 위하여 달려가노라
빌 3:13-14

사랑하는 여러분, 상은 저절로 우리 발 앞에 떨어지지 않습니다. 놀랍고 큰 상을 위해 우리는 달려 나가야 합니다. 성공과 실패보다 먼저 오는 것이 있는데, 우리는 그것을 잊고 있습니다. 우리가 주님께 드려야 할 것 중 하나는, 우리의 헌신과 희생을 '특별하게' 여기지 않는 것입니다. 바울은 우리의 헌신과 희생은 아무것도 아니라고 말하고 있습니다. 우리는 얼마나 많은 시간을 기도하고 금식하는데 사용했고, 얼마나 많은 박해를 견뎠고, 얼마나 많은 재정을 드렸는지 주님 앞에 섰을 때 세지 못할 것입니다. 우리의 영광이 우리에게서 나지 않았기 때문입니다. 우리는 우리의 업적도 잊어버려야 합니다. 하나님께서는 영적인 이력서를 보시지 않습니다. 하나님 앞에서 우리의 경력을 내려놓아야 합니다. 천국에 갔을 때, 하나님께서 우리가 행한 대로 상 주실 것이지만, 그것들을 귀하게 여기는 것이 아니라, 하나님을 아는 것을 귀하게 여겨야 합니다. 같은 이유로, 실패 또한 내려놓아야 합니다. 실패는 성공보다 우리를 더 방해할 수도 있습니다. 지난 것은 잊고, 앞을 바라보고 나아가는, 한 가지만을 바라보는 자가 되기 원할 때, 바로 하나님의 마음을 좇는 자가 될 수 있습니다.

나의 기도

아버지, 당신이 원하시는 영적인 성숙함에 도달하기까지는 아직도 갈 길이 멀다는 것을 압니다. 모든 것을 잊고, 저의 모든 노력을 세지 아니하도록 저를 가르치시고, 당신을 더 알아가는 일에만 집중할 수 있게 하여 주시옵소서.

우리의 영광은 하나님께서 우리를 사랑하시는 데 있고,
그분을 사랑할 수 있도록 기름부음 받은 데에 있다. 이것만이 우리를 가치 있게 한다.

Day 245

그 여자를 돌아보시며 시몬에게 이르시되…
이 여자는 눈물로 내 발을 적시고 그 머리털로 닦았으며
…내가 들어올 때로부터 내 발에 입맞추기를 그치지 아니하였으며…
그는 향유를 내 발에 부었느니라

눅 7:44-47

마리아는 사랑이 마음에서 흘러넘치도록 예수님을 사랑했습니다. 주님께서 곧 삶을 내려놓으실 것을 안 마리아는, 자신이 가진 전부를 드리기로 결심했고, 이런 그녀의 선물은, 다른 어떤 선물과도 비교될 수 없습니다(마 14:8). 시몬이 예수님을 초청하여 저녁을 먹기 위해 모두가 한 자리에 모였을 때, 그녀의 때가 찾아왔습니다. 아무런 낌새도 주지 않고, 아무런 말도 없이, 그녀는 서둘러 방에 들어가, 향유가 든 옥합을 깨트리어 예수님의 머리에 붓습니다. 그 순간, 그녀의 전 재산이 다 날아갔습니다. 성령님은 매일 우리의 삶 가운데 베다니의 마리아에게 부어졌던 이 기름부음을 강조하십니다. '낭비'의 기름부음이 아니라, 예수님을 향해 넘치는 '헌신'의 기름부음입니다. 이러한 종류의 기름부음은, 주님의 임재 안에서 우리 영을 깊이 적서, 오랫동안 여운을 남깁니다. 이것은 종교적인 자기 결심과 육신의 힘만으로는 불가능합니다. 모든 것을 내어드리는 것은, 사랑해서 상사병이 걸린 마음에서 흘러나옵니다.

나의 기도

아버지, 모든 것을 아버지께 드리는 것에 있어서 주춤하게 될 때, 또는 당신의 자녀 중 한 명이 아낌없이 당신에게 드리는 것을 비난하게 될 때, 마리아의 사랑의 헌신과 당신의 아들을 위한 그녀의 선물을 기억하게 하시옵소서. 제가 그녀를 닮을 수 있게 하여 주시옵소서.

**주님께서 마리아의 삶을 세우시고 그 한 순간을 허락하신 것은,
아낌없이 헌신하는 자를 기뻐하시는 하나님의 모습을 보여주시기 위해서다.**

Day 246

또한 모든 것을 해로 여김은 내 주 그리스도 예수를 아는 지식이
가장 고상하기 때문이라 내가 그를 위하여 모든 것을 잃어버리고
배설물로 여김은 그리스도를 얻고 그 안에서 발견되려 함이니
내가 가진 의는 율법에서 난 것이 아니요
오직 그리스도를 믿음으로 말미암은 것이니 곧 믿음으로 하나님께로부터 난 의라

빌 3:8-9

베다니의 마리아, 사도 바울, 다윗의 용맹한 군사들은 집중하는 삶의 비밀을 발견한 자들입니다. 한 가지에 자신들을 내어놓은 즐거움과 영광을 맛본 자들입니다. 하나님께서는 이와 같이, 마음을 다해 자신을 사랑하는 삶을 살라고 우리 모두를 부르셨습니다. 소위 말하는 큰 믿음의 삶을 우리는 살 수 있습니다. 강렬한 우리의 열망을 지속해서 하나님께 온전히 드릴 수 있는 비밀은, 매일 새롭게 그분의 마음을 알아가는 것입니다. 실질적으로 우리가 그렇게도 갈망하는 일, 마음을 다해 하나님께 나아가는 일을 위해서는, 우리 마음을 준비시키고 훈련시켜야 합니다. 마음을 준비시키는 가장 좋은 방법은 친밀함에 있습니다. 친밀함이 강렬함을 유지시킬 수 있습니다. 하나님의 마음을 지속적으로 경험할 때, 하나님을 향한 강렬한 열망은 지속될 것입니다.

나의 기도

마리아처럼, 당신을 위해 아낌없이 헌신할 수 있게 하여 주시옵소서. 바울처럼, 당신을 따르기 위해 모든 것을 배설물로 여길 수 있게 하여 주시옵소서. 다윗처럼, 당신의 마음에 합한 자가 되게 하여 주시옵소서. 사랑하는 주님, 당신과 친밀한 교제를 이어나갈 수 있는 삶을 살 수 있게 하여 주시옵소서.

우리는 하나님의 마음을 좇아 사는 사람이 될 수 있다!

Day 247

길을 여는 자가 그들 앞에 올라가고
그들은 길을 열어 성문에 이르러서는 그리로 나갈 것이며
그들의 왕이 앞서 가며 여호와께서는 선두로 가시리라

미 2:12-13

미가는 먼 훗날, 메시아가 이스라엘을 이끌 것을 예언했습니다. 다른 말로 하면, 이스라엘이 옛 방식을 버리고, 하나님의 목적대로 새로운 차원으로 들어갈 수 있도록 메시아가 도와줄 것을 예언했습니다. 예수님에게는 다른 이들이 들어갈 수 있도록, 영적으로 새로운 차원을 여는 깨트림의 기름부음이 있습니다. 광신도로 여겨지는 것에 대한 두려움에서 자유로워져야 할 때입니다. 우리는 너무나도 쉽게 다른 사람의 의견에 노예가 됩니다. 하나님을 섬기고 예배하는 우리의 모습이, 남들과는 다르다고 하여, 사과해야 할 것처럼 느껴서는 안 됩니다. 오늘날까지 우리를 붙들고 있는 종교적인 패러다임은, 주님에 의해 산산조각 날 것입니다. 우리는 그분을 따라야 하며, 예수님께서 우리 중 많은 이들에게 주신 깨트림의 기름부으심을 품어야 합니다. 우리가 틀에서 벗어날 때, 하나님은 우리를 사용하셔서, 성령님을 통해 영적으로 침체기에 있는 교회들에게 새로운 차원의 문을 여실 것입니다. 하나님께서는 마지막 때의 교회를, 자신의 능력이 거하는 곳으로 만드실 것입니다. 성령께서는 오늘날 틀을 깨고, 돌파구를 만들어 갈 선구자들을 세우고 계십니다.

나의 기도

성령님, '깨트림의 기름부음'으로 제게 기름부어 주시옵소서. 하나님을 좇는 데 있어, 너무 혁신적이고, 너무 광신도 같고, 너무 '천국적인 사고'를 하는 자라는 이야기를 들을까 염려하는 제 두려움을 깨트려 주시고, 하나님을 위한 선구자가 되게 하여 주시옵소서.

우리에겐 '깨트림의 기름부으심'이 있는 남자와 여자가 필요하다.

Day 248

여호와는 은혜로우시며 의로우시며 우리 하나님은 긍휼이 많으시도다
여호와께서는 순진한 자를 지키시나니

시 116:5-7

우리를 자비하심으로 대하기로 결정한 것은 우리가 아니라 주님이셨습니다. 우리가 주님께서 우리에게 자비를 베푸시길 원하는 것보다, 훨씬 더 주님은 우리에게 자비로우십니다. 이 은혜를 통해 우리는 하나님과 관계를 맺어야 하며, 은혜를 당연하게 생각해서는 안 됩니다. 우리로 하여금 은혜를 당연하게 생각하지 않게 하기 위해서, 하나님께서는 자신의 백성들이 크게 울부짖기 전에는, 다른 말로, 우리가 준비되기 전에는, 주시려는 은혜를 다 베푸시지 않습니다. 하나님께서는 어떤 일에 있어서든 은혜를 베푸시지만, 하나님 나라의 은혜의 맛보기에 불과한 이 은혜보다, 더 큰 은혜를 우리에게 주기를 기대하고 계십니다. 우리가 날마다 부르짖을 때, 하나님의 마음에 무엇이 있는지 우리에게 보여주십니다. 우리는 울부짖는 자체만으로는 아무것도 얻을 수 없습니다. 우리가 찬양을 하고, 목소리를 높인다고 해서 능력을 주시지 않습니다. 다만, 우리가 목소리를 높일 때, 우리 스스로가 마음이 더 열리고, 주님께 더 가까이 있는 것처럼 느낍니다. 이것도 주님의 계획의 일부입니다. 마음이 열리고, 주님을 가까이 느끼면, 하나님께서는 우리를 축복하시어 은혜를 통해 친밀감을 세우십니다. 기도의 과정은 우리를 놀라움과 온유함으로, 더 친밀하게 주님께로 이끕니다.

나의 기도

주님, 당신의 충만한 영광을 경험하고 싶은 갈망으로 제 마음이 부르짖습니다. 당신의 축복과 은혜가 가득한 곳에 제 영을 거하게 하시고, 제가 주님과 더 깊은 교제를 할 수 있게 하여 주시옵소서.

**주님께서는 자비롭기를 원하시지만, 오히려 이로 인해
우리가 주님으로부터 멀어질 수 있는 상황에서는 자비로움을 거두신다.**

Day 249

> 네가 과연 듣지도 못하였고 알지도 못하였으며 네 귀가 옛적부터
> 열리지 못하였나니 이는 네가 정녕 배신하여
> 모태에서부터 네가 배역한 자라 불린 줄을 내가 알았음이라
> 내 이름을 위하여 내가 노하기를 더디 할 것이며
> 내 영광을 위하여 내가 참고 너를 멸절하지 아니하리라
>
> 사 49:8-9

우리가 기도모임을 가진다고 해서 하나님께서 빨리 응답해 주시지 않습니다. 우리가 어떤 방법으로 무엇을 한다고 해도, 우리는 초자연적인 능력을 받을만한 가치가 없습니다. 하늘의 경제는 그렇게 돌아가지 않습니다. 우리는 준비의 때에 살고 있습니다. 하나님께서는 은혜 안에서 우리에게 주실 것들에 대한 기반을 준비하고 계십니다. 기다리는 시간이 더 길어질수록, 응답이 왔을 때 기쁨 또한 더 커질 것입니다. 그보다도, 기다림의 과정 중에 우리에게 일어나는 변화는, 응답이 왔을 때 우리를 보호하게 될 것입니다. 하나님께서는 우리에게 기도하며 참고 인내하는 것보다 더 원하시는 것이 있습니다. 삶의 모든 여정 가운데, 그분에게 우리의 마음과 우리의 영을 여는 것입니다. 때때로 어려울 수 있지만, 하나님께서는 자신의 백성들이 한 가지만 바라보며, 삶의 모든 여정에서 하나님을 구하기를 원하십니다.

나의 기도

사랑하는 아버지, 제 앞길에 무엇이 오더라도, 제가 어떤 계절을 지나고 있든지에 상관없이, 당신의 충만한 은혜와 자비를 경험하기 원하는 마음을 계속해서 가질 수 있게 도와주시옵소서. 전심으로 아버지를 찾으며, 기쁨과 사랑으로 응답하실 당신의 응답을 기다리겠나이다.

**기다리는 시간이 길어질수록,
응답이 왔을 때 우리의 기쁨 또한 커진다.**

Day 250

> 너희는 귀를 기울이고 내게로 나아와 들으라…
> 너희를 위하여 영원한 언약을 맺으리니 곧 다윗에게 허락한 확실한 은혜이니라
> 보라 내가 그를 만민에게 증인으로 세웠고 만민의 인도자와 명령자로 삼았나니
> 사 55:3-4

다윗은 오늘날의 그리스도인과 비슷한 점이 많습니다. 그는 순종과 친밀함을 원했을 뿐만 아니라, 하나님의 능력이 자신의 나라와 자신의 개인적인 삶에 나타나는 것을 보기 원했습니다. 다윗의 이 마음은 하나님을 기쁘게 해 드렸습니다. 주님께서는, 지금 이 순간에도, 온전히 자신에게 마음을 내어줄 사람들을 찾고 계십니다. 온전히 헌신할 준비가 되어 있는 영혼을 찾고 계십니다. 어떤 이들은 하나님께서 주시는 능력을 받기 위해서는 약점이 하나도 없어야 한다고 생각합니다. 그들은 완벽하고, 온전히 의로운 사람이 성령님께 능력을 받는 장면은 쉽게 떠올리지만, 본인들이 하나님의 능력을 가지고 놀라운 일을 행하는 장면은 거의 상상하지 않습니다. 스스로의 결점을 너무 잘 알고 있기 때문입니다. 다윗의 삶으로부터 우리가 얻을 수 있는 기쁜 소식이 있다면, 우리의 실패에도 불구하고, 하나님께서는 여전히 우리를 친밀함으로 가까이 부르신다는 것과, 우리가 연약할 때에도 하나님의 능력을 구하기를 격려하신다는 것입니다.

나의 기도

아버지께서 저를 바라보시는 시각으로 제가 제 자신을 당신의 용맹한 전사로 볼 수 있게 하여 주시옵소서. 다윗의 자신감을 가지고 제 삶의 골리앗들을 마주하게 하여 주시옵소서. "너는 인간의 힘으로 내 앞에 섰지만, 나는 하나님의 힘으로 너의 앞에 섰다"라고 말할 수 있게 하여 주시옵소서.

**다윗의 삶은, 우리가 나약하다고 해서
하나님의 능력을 경험할 자격을 잃지 않는다는 것을 보여주고 있다.**

Day 251

> 여호와여 다윗을 위하여 그의 모든 겸손을 기억하소서
> 그가 여호와께 맹세하며 야곱의 전능자에게 서원하기를
> 내가 내 장막 집에 들어가지 아니하며 내 침상에 오르지 아니하고
> 내 눈으로 잠들게 하지 아니하며 내 눈꺼풀로 졸게 하지 아니하기를 여호와의 처소
> 곧 야곱의 전능자의 성막을 발견하기까지 하리라 하였나이다
>
> 시 132:1-5

다윗은 혼자서만 주님을 구하고, 주님의 아름다움을 바라보며 기쁨을 느끼는 것만으로 만족하지 않았습니다. 그는 하나님의 능력이, 온 이스라엘 가운데 임하여, 모든 나라가 그의 능력을 보고, 주님을 두려워하기를 원했습니다. 이 일이 일어나기를 너무나도 소원했기 때문에, 전능자 되시는 하나님 앞에 나아가 다윗은 하나님의 능력이 이스라엘 가운데 함께 하시기 전에는, 자신의 안락함을 추구하지 않겠다고 서원했습니다. 다윗의 간절한 마음이 느껴지시나요? 여러분은 여러분이 속한 도시에 영적인 돌파구가 뚫려서, 하나님께서 계속 그 도시 가운데 함께 하시는 것을 보기 위해서는, 무엇이든지 다 해야겠다는 마음을 가지고 계신가요? 다윗은 하나님께서 함께하시는 것을 보기 위해, 기꺼이 자신을 희생했습니다. 저와 여러분도, 어떤 특정한 계절에 잠시 부흥이 일어나는 것만을 보기 원하는 것이 아니라, 하나님께서 항상 함께하셔서 그분의 영광과 능력이 계속해서 나타나기를 갈망해야 할 것입니다.

나의 기도

아버지, 제가 사는 도시를 위해서, 다윗이 품었던 그 열정을 품을 수 있게 하여 주시옵소서. 제가 속한 교회와, 공동체와, 도시에 아버지께서 함께하시는 것을 보기 원합니다. 간절히 기도하오니, 당신의 능력과 영광을 제가 사는 이 도시에 나타내 주시옵소서.

**하나님의 마음에 합한 백성이 되기 위해서는,
하나님의 능력이 이 땅에 임할 때까지 구해야 한다.**

Day 252

…다윗의 열쇠를 가지신 이 곧 열면 닫을 사람이 없고 닫으면 열 사람이 없는 그가 이르시되 볼지어다 내가 네 앞에 열린 문을 두었으되 능히 닫을 사람이 없으리라 내가 네 행위를 아노니 네가 작은 능력을 가지고서도 내 말을 지키며 내 이름을 배반하지 아니하였도다

계 3:7-8

예수님께서는 이 예언을 인용하셔서 그의 교회에 적용하셨습니다. 예수님께서는 다윗의 권위를 가지고 계시고, 다윗의 권위를 자신을 섬기는 교회에게 넘겨주실 것입니다. 이는 하나님의 마음에 합한 자들에게 주신 약속입니다. 순종함과 친밀함 가운데, 우리가 그분과 그분의 능력을 구할 때, 예수님께서는 영의 세계의 문을 열고 닫을 수 있는 권세를 우리에게 주십니다. 주님께서는 이렇게 우리와 함께 일하십니다. 예수님께서는 제자들이 하늘이 열리고 축복의 문이 열리는 것을 경험하게 될 것을 말씀하셨습니다. "신실로 신실로 너희에게 이르노니 하늘이 열리고 하나님의 사자들이 인자 위에 오르락 내리락 하는 것을 보리라 하시니라" (요 1:51). 우리는 열린 하늘 아래 살 수 있도록 초청받은 것입니다! 다윗의 마음을 가지고, 전심으로 그분을 구하는 공동체를 보실 때, 하나님께서는 영의 세계와 이 땅에 존재하는 문들을 열고 닫으실 것입니다. 영의 세계에서 어둠의 문이 닫히면, 이 땅에서 악함은 말라버리게 될 것이고, 영의 세계에서 빛과 의의 문이 열리면, 이 땅에는 의로움이 넘치게 될 것입니다.

나의 기도

아버지, 당신께서 열어 주신 하늘 아래에 살 수 있는 놀라운 특권을 주셔서 감사합니다. 제가 사는 도시와 이 나라를 위해, 주님께서 열기를 소원하시는 문을 여시고, 당신의 빛으로 가득 채워 주시옵소서. 사단과 어둠의 세력이 내려와, 당신의 백성들을 속일 수 있었던 문들은 닫아 주시옵소서.

**우리는 본래, 주님의 능력과 뜻에 따라
문을 열고 닫을 수 있는 능력을 가진 자들이다.**

Day 253

나는 경건하오니 내 영혼을 보존하소서
내 주 하나님이여 주를 의지하는 종을 구원하소서 주여 내게 은혜를 베푸소서
내가 종일 주께 부르짖나이다
주여 내 영혼이 주를 우러러보오니 주여 내 영혼을 기쁘게 하소서

시 86:2-4

한참 후에 태어나신 예수님과 마찬가지로, 다윗은 이새의 여덟 명의 아들 중 막내로, 가족 중에 가장 낮은 자로 베들레헴에서 태어났습니다. 어린 시절부터 다윗은 양을 치기 시작했습니다. 다윗은 아마 사막과 같은 환경에서, 몇 년간을 고독하게 지냈을 것입니다. 양 떼가 적었기 때문에, 이 성가시고 따분한 일을 혼자 했습니다 (삼상 17:28). 다윗은 거친 지역에서 거의 대부분의 시간을 혼자 보냈습니다. 웃음거리밖에 되지 않았던 작은 다윗에게서, 하나님께서는 나머지 형제들에게서 보지 못한 무엇을 보셨을까요? 궁금하지 않으세요? 비밀은 다윗이 베들레헴에서 보낸 시간에 있습니다. 뭔가 비범한 일을 하기에 다윗은 너무 어렸습니다. 그는 귀신을 쫓지도, 아픈 자를 고치지도, 기름부음 있는 설교를 하지도 않았습니다. 그의 훌륭한 업적은 모두 훗날에 이루어졌습니다. 요즘으로 말하면, 우리는 그를 주유소 아르바이트생 또는 건물 관리인쯤으로 생각했을지도 모릅니다. 그의 삶은 아무도 하고 싶어 하지 않는 시시콜콜한 일로 가득했지만, 다윗은 그 일들을 주께 하듯 열심히 하였습니다. 이것이 다윗이 이룬 첫 번째 승리입니다. 하나님을 필요로 하지 않을 것 같은 일을 할 때에도, 다윗은 하나님을 구하는 마음을 가졌습니다.

나의 기도

아버지, 제 안에 무엇을 보셨기에, 당신의 은혜와 의로 저를 입히시는지요. 제 삶을 당신께 드립니다. 제게 맡기시는 모든 일을 순종함으로 하겠습니다. 전심으로 아버지를 사랑합니다.

반복되는 지루한 일도, 다윗은 기꺼이 감당했다.

Day 254

그 주인이 이르되 잘하였도다 착하고 충성된 종아 네가 적은 일에 충성하였으매
내가 많은 것을 네게 맡기리니 네 주인의 즐거움에 참여할지어다 하고
마 25:23

우리 삶에서, 작은 자로 보낸 날들이 우리로 하여금 적은 일도 충성으로 할 수 있게 만들며, 결국 더 큰 일도 감당할 수 있게 만듭니다. 또한 이 시기에는 예언도, 약속도 아닌 하나님만을 바라보며 만족하는 법을 배우게 됩니다. 하나님만이 우리의 정체성을 형성하는 근원이 되어야 합니다. 우리는 각자의 베들레헴에서, 하나님 안에서 우리의 정체성을 찾아가며, 적은 일을 충성되게 실행하는 것부터 시작하게 됩니다. 세상적인 시각에서 보면, 베들레헴은 건너뛰고, 시온으로 바로 가는 것이 훨씬 더 좋아 보입니다. 하지만 가장 높은 곳으로 가는 우리의 여정은, 작은 책임들로부터 시작합니다. 이는 무시당하고, 뒤로 밀리며, 등한시 여김을 받는 것을 뜻할지도 모릅니다. 하지만 작은 자로 보내는 이 계절은, 나중에 이루게 될 성공의 기초를 놓는 시간입니다. 이 시간은 우리에게 꼭 필요하며, 메시아를 포함한 모든 사람이 거쳐 가야 하는 여정의 일부입니다. 하나님의 권세를 가지고 다스리는 자였던 다윗과 예수님도, 베들레헴에서 작게 시작하였습니다. 영원하신 왕께서도 베들레헴에서 시작하셨다면, 그분을 따르는 우리 또한 모두 베들레헴에서 시작하게 될 것입니다.

나의 기도

아버지, 종종 제 삶이 '작은 날들'로만 가득한 것 같아 보입니다. 중요하지 않은 일과 하찮은 생각들 때문에 제가 부족하고 무능하다고 생각하게 될 때, 저를 작은 곳에서부터 시작하게 하셨지만, 당신의 능력과 권세를 경험하는 삶을 살도록 지으셨다는 것을 깨닫게 하여 주시옵소서.

> 작은 자로 보내는 날들이야말로 예언이나 약속이 아닌
> 오직 하나님께만 만족함을 배우는 때이다.

Day 255

다윗이 사울에게 이르러 그 앞에 모셔 서매 사울이 그를 크게 사랑하여
자기의 무기를 드는 자로 삼고 또 사울이 이새에게 사람을 보내어 이르되
원하건대 다윗을 내 앞에 모셔 서게 하라 그가 내게 은총을 얻었느니라 하니라

삼상 16:21-22

사무엘이 다윗에게 기름을 붓자, 하나님의 영이 사울에게서 떠나고 악령이 사울을 번뇌케 했습니다. 그러자 신하 중 한 명이 사울에게 다윗으로 하여금 수금을 타게 하라고 추천합니다. 그리하여 다윗은 사울이 본거지로 삼은 기브아로 오게 됩니다. 다윗은 그곳에서 아마 열일곱 살 때부터 스물세 살 때까지 살았을 것으로 추정됩니다. 사울은 그를 사랑하였고, 다윗은 사울에게 은총을 입게 되었습니다. 또한 다윗은 블레셋 사람 골리앗으로 인해 총체적인 난국에 빠진 이스라엘을 건져내게 되면서, 이스라엘의 모든 백성들로부터도 사랑 받게 됩니다. 다윗은 하나님께 쓰임 받아, 그의 나라를 위험에서부터 구한 것입니다. 그는 국가적인 영웅이 되었고, 나라에 굉장히 중요한 승리를 가져다 주었습니다. 하나님께서 그를 베들레헴의 언덕에서 잡아채서서, 그의 봉급을 엄청나게 높이시고, 모든 사람들 앞에 사랑 받는 자로 세우셨습니다. 다윗이 이 초기에 이룬 모든 성공 가운데, 하나님께서 그의 사랑과 충성심을 시험하고 계셨다는 것을 그는 아마 몰랐을 것입니다. 하나님께서는 계속해서 다윗이 자신의 정체성을 하나님 안에서 찾을 것인지, 아니면 새로운 위치가 주는 영광에서 자신의 가치를 찾을 것인지 시험하셨습니다.

나의 기도

아버지, 당신을 향한 저의 사랑과 충성심을 시험하기 위해 저를 기브아에 데려다 놓으실 때, 제가 높아진 것이 모두 다 하나님께로부터 온 것임을 깨닫게 도와주옵소서. 이 모든 것이 저를 향한 당신의 사랑 때문임을 알게 하여 주옵소서.

하나님께서는 기브아에서 다윗을 높이심으로 그를 시험하셨다.

Day 256

젊은 자들아 이와 같이 장로들에게 순종하고 다 서로 겸손으로 허리를 동이라
하나님은 교만한 자를 대적하시되 겸손한 자들에게는 은혜를 주시느니라
그러므로 하나님의 능하신 손 아래에서 겸손하라 때가 되면 너희를 높이시리라
너희 염려를 다 주께 맡기라 이는 그가 너희를 돌보심이라

벧전 5: 5-7

다윗이 승진해서 기브아로 가게 되었을 때에도, 다윗은 여전히 베들레헴에서 그랬던 것처럼, 작은 일에 충성을 다했습니다. 사람의 은총과 존경을 맛보기 시작했음에도 불구하고, 그는 여전히 중요하지 않은 일들을 신실하게 감당했습니다. 하나님께서는 이 은총의 계절이 일시적이라는 것을 알고 계셨습니다. 하나님께서는 다윗이 베들레헴에서든지 기브아에서든지, 아니면 고독 가운데 있든지, 모든 백성의 시선을 한 몸에 받든지 관계없이 겸손과 사랑으로 반응하는 법을 배우기를 원하셨습니다. 종종, 주님께서는 우리에게 어느 정도의 성공을 주시면서, 앞에 놓여져 있는 광야의 시간들을 준비시키십니다. 어느 순간 모든 사람이 우리의 시간과 의견을 가치 있게 생각해 주는 눈에 띄는 자리나 리더십의 자리에 있는 우리를 발견하게 될 것입니다. 하지만 이야기는 결코 여기서 끝나지 않습니다. 우리의 삶은 승진과 부진, 은총과 시험이 번갈아 옵니다. 성공의 때에 하나님만을 바라보는 법을 배우면, 우리는 시험의 때에도 어떻게 하면 하나님을 찾을 수 있을지 알게 됩니다.

나의 기도

아버지, 제게 있는 모든 것과 저의 위치가 모두 아버지께로부터 온 것임을 한 순간도 잊지 않게 하여 주시옵소서. 당신을 사랑하는 마음과 겸손한 마음을 주시고, 작은 것에도 충성될 수 있게 도와주시옵소서. 당신만이 저의 공급자되십니다.

> 성공은 거의 늘 사라지지만, 대부분의 사람들은
> 성공의 날들이 사라질 것이라 생각하지 못한다.

Day 257

무릇 높이는 일이 동쪽에서나 서쪽에서 말미암지 아니하며
남쪽에서도 말미암지 아니하고 오직 재판장이신 하나님이 이를 낮추시고 저를 높이시느니라
시 75:6-7

요셉은 어린 시절에 아버지로부터 특별한 사랑을 받았기 때문에 형들에게 미움을 샀습니다. 결국 노예로 팔려가게 되고, 그의 삶은 순식간에 처참하게 전락했습니다. 요셉은 자신이 꾼 꿈대로 모든 약속들이 실현되고, 계속해서 좋은 길을 걷게 될 거라고 생각했을지 모르지만, 지하 감옥이 그를 기다리고 있었습니다. 그곳에서 몇 년을 보낸 후 마침내 이집트의 모든 부를 관리하는 자가 되었습니다. 훗날 사도 바울이 된 다소 사람 사울은, 다메섹으로 가는 길에서 초자연적으로 예수님을 만나게 됩니다(행 9장). 하지만 그는 짧은 성공을 맛본 직후에 14년 가량을 사막에서 보냈고, 아무 일도 일어나지 않았습니다. 그 이후, 바울은 몇 년간 치유와 복음의 사역을 성공적으로 수행하게 됩니다. 하지만 이번에는 감옥에 갇히게 되고, 매를 맞게 되며, 결국 나중에는 죽음을 맞이하게 됩니다. 요셉도, 바울도 초기의 짧은 성공기간 동안, 하나님 안에서 훈련을 받으며 자신들의 정체성을 확고히 하는 시간을 가졌습니다. 여러분, 성공을 맛보셨습니까? 그 성공의 기간에, 여러분의 중심이 시험 당하고 있음을 아셨습니까? 하나님께서는 여러분의 정체성이 온전히 그분 안에서 확립되길 원하시며, 은총의 때에도 역경의 때와 같이 하나님만을 의지하고 바라보기를 원하십니다.

나의 기도

아버지, 요셉과 바울을 보면서 당신 안에서 저의 정체성을 확립시키는 교훈을 얻게 하여 주시옵소서. 당신 앞에서 제 마음을 정결하게 하시고, 당신을 높여 드리는 자가 되게 하여 주시옵소서.

**승진은 동쪽, 서쪽, 남쪽에서 오는 것이 아니라
북쪽인 주님께로부터 온다.**

Day 258

그러므로 다윗이 그 곳을 떠나 아둘람굴로 도망하매
그의 형제와 아버지의 온 집이 듣고 그리로 내려가서 그에게 이르렀고…
그와 함께 한 자가 사백 명 가량이었더라
삼상 22:1-2

기브아에서 칭송을 받고 높아진 이후에, 다윗의 삶은 급격한 변화를 맞이하게 됩니다. 그는 사울의 은총을 모두 잃어버리게 됩니다. 사울은 다윗을 죽이기 위해, 3천 명의 사람들을 보내어 그를 뒤쫓게 했습니다. 때때로 이렇게 급격한 반전이 삶 가운데 일어날 때가 있습니다. 도망친 다윗은 광야에 위치한 어둡고 축축한 아둘람 굴을 본거지로 삼습니다. 적어도 초반에는, 혼란스럽고 분했을 것입니다. 기브아가 그를 높이고 성공을 안겨주며 그를 시험했다면, 아둘람은 그를 역경으로 시험했습니다. 하나님께서는 다윗의 정체성이 오직 자기 안에서 깊이 뿌리 내리게 하기 위해서, 그를 7년 동안 아둘람에서 훈련시키셨습니다. 이러한 계절을 겪으면서 깨닫고 얻은 교훈은, 다윗이 이스라엘의 왕이 되었을 때 그를 지켜줬습니다. 마찬가지로 하나님께서는, 우리가 조금이라도 기름부음 받은 것으로나 성공으로부터 우리의 정체성을 세우는 것을 원치 않으십니다. 오직 하나님의 사랑 안에서 그의 연인으로서 정체성을 확립하기 원하십니다. 우리에게도 역경이 찾아올 수 있습니다. 하지만 이와 상관없이 여전히 우리를 사랑하시는 하나님을 사랑한다면, 우리는 성공한 자입니다. 이는 아버지가 우리에게 물려주신 유업입니다.

나의 기도

아버지, 광야에서도 아버지께서 저를 사랑하시고, 보호하시고, 저를 성숙하게 하시고, 더욱 친밀하게 이끄셨던 것을 제가 항상 잊지 않게 하여 주옵소서.

**갑자기 아둘람의 계절이 닥쳐올 때,
하나님께서 우리를 성숙하게 하시고자 하는 것임을 기억하자.**

Day 259

심는 자에게 씨와 먹을 양식을 주시는 이가 너희 심을 것을 주사 풍성하게 하시고
너희 의의 열매를 더하게 하시리니 너희가 모든 일에 넉넉하여
너그럽게 연보를 함은 그들이 우리로 말미암아 하나님께 감사하게 하는 것이라

고후 9:10-11

아둘람은 훈련의 의미 외에 다른 의미로도 힘든 기간이었습니다. 다윗에게 모인 사람들은 이스라엘에서 뛰어나고 총명한 자들이 아니었습니다. 그리고 그들은 영적으로 하나님 안에서 깊이 뿌리 내린 자들도 아니었습니다. 그들은 지치고 빈곤한 자들로, 사울의 정부에 불만을 품은 자들이었습니다. 그들은 다윗에게 와서 말했습니다. "우리를 돌봐주십시오. 이제 다른 이가 우리를 돌봐줄 때가 되었습니다!" 이상적인 관계, 말뿐인 관계는 아둘람에서 자취를 감추기 시작했습니다. 아둘람은 하나님께서 진짜 살아 계심을 경험하는 곳으로, 큰 역경 중에 하나님께서 우리에게 붙여주시는 사람이 아닌, 하나님만이 우리의 공급자 되심을 알아가는 장소였습니다. 아둘람은 하나님께서 당신을 향해 어떠한 계획을 가지고 계신지 힌트를 얻는 곳이라는 의미에서 좋은 장소입니다. 아둘람에서 맞이하게 되는 어려움은 시온에서 받게 될 축복을 위한 훈련입니다. 여러분의 삶 속에서 가장 어려운 때에, 여러분은 앞으로 다가올 일들에 대한 힌트를 얻게 될 것입니다.

나의 기도

기브아에서도, 아둘람에서도 당신만이 저의 필요를 채워주실 수 있음을 고백합니다. 주님의 공급함을 바라볼 수 있도록 가르쳐 주시옵소서. 다른 이들에게, 그들과 제가 필요한 것은 다른 것이 아니라, 주님이라는 것을 알게 하시옵소서.

하나님께서는 우리가 조금이라도 기름부음이나 성공으로부터
우리의 정체성을 확립하길 원치 않으신다.
오직 하나님의 사랑 안에서, 그의 연인으로서 정체성을 확립하기 원하신다.

Day 260

그 후에 다윗이 여호와께 여쭈어 아뢰되
내가 유다 한 성읍으로 올라가리이까 여호와께서 이르시되 올라가라
다윗이 아뢰되 어디로 가리이까 이르시되 헤브론으로 갈지니라

삼하 2:1

약 7년간 광야에서의 역경의 시간들이 지난 후에, 다윗은 사울의 죽음과 함께 새로운 계절을 맞이하게 됩니다. 그는 약 30세의 나이로 사막에서 나왔습니다. 사울이 죽었다는 소식을 접한 다윗은 충분히 이렇게 반응할 수 있었습니다. "드디어, 내가 이스라엘의 왕이 될 수 있겠군!" 다윗의 사람들은 실제로 이렇게 생각했고 기뻐 뛰었습니다. 그들은 한숨을 돌리며 외쳤습니다. "다윗이여! 드디어 이제 당신이 왕입니다. 궁으로 돌아가시죠." 하지만 다윗은 예상 밖의 행동을 했습니다. 그는 하나님의 뜻을 구했습니다. 다윗은 하나님과 친밀한 관계를 나누는 사람들이, 큰 결정을 앞두고 어떻게 행동해야 하는지 잘 보여줬습니다. 떡하니 문이 열려있었음에도 불구하고, 다윗은 주님의 직접적인 이끄심 없이는 들어가기를 거절했습니다. 사랑하는 여러분, 우리는 바로 이같이 행동해야 합니다! 일이 술술 잘 풀린다고 해서, 때가 온 것이 아닙니다. 우리 앞에 열린 문이, 하나님께서 열어주신 문인지 아니면 잘못된 내리막길로 이끄는 문인지, 영으로 분별할 수 있어야 합니다. 결정을 해야 할 시간이 다가오면, 성령님께서 우리에게 지혜를 주실 것입니다.

나의 기도

아버지, 저를 여기저기로 이끄시고, 이 계절 저 계절로 이끄실 때에, 저에게 분명한 비전을 주시고, 분별력을 주셔서, 오직 아버지께서 열어주시는 문으로만 들어갈 수 있게 하여 주시옵소서.

**상황에 대해 하나님의 마음을 구하지 아니하고,
막무가내로 앞장서면 안 된다.**

Day 261

모든 겸손과 온유로 하고 오래 참음으로 사랑 가운데서 서로 용납하고
평안의 매는 줄로 성령이 하나 되게 하신 것을 힘써 지키라

엡 4:2-3

주님께서는 다윗에게 헤브론으로 가라고 명하신 후에, 이스라엘의 일부만 취할 수 있게 하십니다. 이스라엘의 12지파 중에, 헤브론은 한 지파를 대표할 뿐이었습니다. 하나님께서는 다윗을 다시 한 번 시험하시고 훈련시키셨습니다. 이스라엘의 왕으로서가 아니라 하나님 안에서 정체성을 찾기 원하셨습니다. 그래서 하나님께서는 그에게 약속하신 것 중, 극히 일부만 성취시켜 주셨습니다. 하나님께서는 우리에게도 이와 같이 행하실 것입니다. 괴로운 경험이긴 하지만, 이러한 훈련은 우리 안에 엄청난 인내를 길러줍니다. 다윗은 또 다시 7년을 헤브론에서 제한되게 보냅니다. 하지만 다윗은 또 시험의 계절을 겪게 한다며 하나님께 화내지 않았습니다. 그는 때가 되면 하나님께서 그에게 온 이스라엘을 주실 것을 알고 있었습니다. 그는 도중에 만족하고, 타협하지 아니하고, 그를 위한 하나님의 완벽한 뜻을 끝까지 좇았습니다. 그가 이렇게 행동할 수 있었던 것은 하나님 안에서 세운 정체성에 있습니다. 이스라엘의 왕이 되는 일은 그에게 가장 중요한 일이 아니었습니다. 헤브론에서 우리가 얻은 교훈처럼, 하나님 앞에서 이미 성공했음을 깨닫고, 자리나 명예를 좇아 사람들 앞에서 성공하기 위해 발버둥 치지 않을 때, 우리는 승리하게 될 것입니다.

나의 기도

아버지, 여태까지 살아오면서 저에게 부어주신 축복들도 저와 친밀함을 나누기 원하시는 당신의 마음 앞에서는 무색해짐을 알게 하시옵소서. 제게 주신 부르심의 일부만 허락하신 헤브론에 거할 때에도, 오직 당신 안에서 저의 정체성을 찾고, 만족하게 하여 주시옵소서.

**하나님께서는 이 땅에서의 성공이 아닌,
하나님 안에서 우리가 정체성을 찾기를 원하신다.**

Day 262

너희가 온 마음으로 나를 구하면 나를 찾을 것이요 나를 만나리라

렘 29:13

하나님께서 다윗에게 왕국의 12분의 1만 주신 것은 미래의 이스라엘의 군대가 될 다윗의 핵심 용사들을 성숙하게 하고 싶으셨기 때문이었습니다. 하나님께서는 야망으로부터 자유로운 충성되고 헌신된 핵심인물들을 원하셨습니다. 그 덕분에 그들은 자신들의 힘을 스스로를 위해 사용하지 아니하고, 하나님과 이스라엘의 더 큰 영광을 위해 사용하는, 의로운 전사들이 되었습니다. 그들은 혼자 가는 것보다, 함께 힘을 합할 때에 더 큰 결과를 이룰 수 있다는 비밀을 알게 되었습니다. 헤브론에서 우리는, 주신 약속이 일부만 성취되었을 때에도, 하나님을 찾는 훈련을 하게 됩니다. 헤브론의 계절은 우리 삶에서 힘든 계절일 수 있습니다. 축복이 너무나도 더디게 오는 것처럼 느껴질 것입니다. 우리는 베들레헴에서 이름 없이, 고립되어 살아가는 시험과, 기브아에서 성공에 대한 시험 그리고 아둘람에서 역경의 시험을 치르게 될 지도 모릅니다. 많은 하나님의 종들이 헤브론으로 대표되는 시험에서 넘어집니다. 우리에게 주신 약속이 우리의 손 끝에 닿을 듯 할 때에도, 우리는 우리의 정체성을 하나님 안에서만 두어야 합니다. 감질 맛나고, 애타는 상황 속에서도, 하나님께서는 우리가 의롭기를 원하십니다.

나의 기도

아버지, 저의 헤브론이 공허하고 외롭게 보이며, 소수의 사람들만이 당신을 따르고자 할 때, 적은 자들이 당신 안에서 강할 수 있음을 가르쳐 주시옵소서. 이 나라 가운데 당신의 이름을 높일 수 있는 당신의 용맹한 군대를 일으키시옵소서. 헤브론에서 우리를 더욱 의롭게 만들어 주시옵소서.

> 우리의 가장 큰 소망은 하나님께 사랑 받고,
> 하나님의 연인으로 사는 것에 있어야 한다.

Day 263

> …다윗 왕이 헤브론에서 여호와 앞에 그들과 언약을 맺으매
> 그들이 다윗에게 기름을 부어 이스라엘 왕으로 삼으니라
>
> 삼하 5:3

다윗은 하나님께서 자신을 높여주실 때까지 기다렸습니다. 그리고 다윗은 드디어 시온의 계절에 들어서게 됩니다. 시온의 계절은 이 땅에서 사는 동안 하나님께서 다윗에게 하신 약속이 온전히 성취되는 것을 말합니다. 이 땅에서 부름 받은 소명대로 온전히 살아가기 시작되는 계절입니다. 다윗은 성경 '시온'으로 불리는 예루살렘을 곧 정복하게 되고, 기브아가 아닌 시온에 자신의 성을 세웁니다. 하나님의 때에 하나님의 방법으로 우리에게 주신 부르심에 도달했을 때에 오는 성취감과 만족감은 다른 어떤 것으로 대신할 수 있는 것이 아닙니다. 많은 사람들이 자신들의 사역을 이끌어 가고, 성공시키기 위해 열심히 일합니다. 때로는 하나님께서 자신들을 대신하여 빨리 움직이지 않으시는 것 같아, 거룩하지 못한 방법으로 먼저 앞서 나가기도 합니다. 그러면 원하던 위치나 명성을 얻을 수 있을지는 몰라도, 그들 안에 자신감은 부족하게 될 것입니다. 다른 사람이 자신의 영역이나 위치를 빼앗진 않을까 두려워하게 될 것입니다. 이들은 잘못된 기반 위에 집을 지은 것입니다. 사랑하는 여러분, 여러분들의 부르심과 목적을 위해 꼭 하나님께서 여러분들을 시온에 이끄실 때까지 인내하시라고 말씀드리고 싶습니다. 하나님과 함께, 자신 있게 시온에 도달하게 되든지, 불법을 행하여 혼란과 근심 속에 도달하든지 둘 중에 하나입니다.

나의 기도

아버지, 제 손을 당신이 저를 위한 계획을 망가트리지 못하도록 멀리하여 주시옵소서. 자리나 위치를 지키려는 두려움과 근심이 저를 해치지 못하게 하시옵소서. 저를 일으키시고 제 발걸음을 시온을 향하는 길에 두시옵소서.

서두르지도, 길을 벗어나지도 마십시오. 시온으로 가는 다른 길은 없습니다.

Day 264

여호와께서 시온의 포로를 돌려보내실 때에 우리는 꿈꾸는 것 같았도다
그 때에 우리 입에는 웃음이 가득하고 우리 혀에는 찬양이 찼었도다
그 때에 뭇 나라 가운데에서 말하기를
여호와께서 그들을 위하여 큰 일을 행하셨다 하였도다
여호와께서 우리를 위하여 큰 일을 행하셨으니 우리는 기쁘도다

시 126:1-3

하나님께서는 우리의 풍성함을 위해 우리를 시온으로 이끌지 않으십니다. 하나님의 축복이 개인이나, 공동체, 국가 또는 도시에 임할 때, 많은 이들은 그 축복이 자신들의 개인적인 특권이나 삶을 위해 허락된 것이라고 생각하기 시작합니다. 이는 우리가 우리의 소명에 도달했을 때, 가장 피해야 할 위험입니다. 많은 사람들은 마침내 약속이 성취되어 시온에 도달하면, 오직 기쁨만이 가득할 것이라고 상상합니다. 기름부으심과 명예 안에서 완벽한 만족을 상상합니다. 하지만 사실은 우리의 상상과 많이 다릅니다. 시온에서 하나님의 은혜 안에 있더라도, 모든 것이 기쁘고 완벽하게 돌아가지 않을 것입니다. 우리의 소명의 자리에서, 우리는 여전히 압박과 핍박 그리고 고통을 맛보게 될 것입니다. 소명 가운데로 들어가기를 준비하시면서 그릇된 기대를 허물고 올바른 기대를 세우십시오.

나의 기도

아버지, 압박과 핍박과 고통이 제가 아버지 안에서 가능성에 도달하는 것을 막는다고 생각될 때, 저 개인의 풍성함 때문이 아니라, 당신의 즐거움과 당신의 계획 때문에 저를 시온으로 이끄실 것을 기억하게 하여 주시옵소서.

시온에 도달한다는 것은 하나님의 나라를 더 크게 섬길 수 있다는 뜻이다.
이는 돈과 명예를 넘어서는 훨씬 더 큰 특권이다.

Day 265

주께 힘을 얻고 그 마음에 시온의 대로가 있는 자는 복이 있나이다 그들이
눈물 골짜기로 지나갈 때에 그 곳에 많은 샘이 있을 것이며 이른 비가 복을 채워 주나이다
그들은 힘을 얻고 더 얻어 나아가 시온에서 하나님 앞에 각기 나타나리이다

시 84:5-7

시온은 다윗이 이스라엘의 왕이 된 것과 같이 예수님께서 이 세상의 왕이 되실 거라는 하나의 예언적인 그림입니다. 앞으로 일어날 이 아름다운 광경을 놓친다면 매우 안타까울 것입니다. 아버지는 아들에게 영원한 동반자가 될 신부를 유업으로 약속하셨습니다. 신부는 그의 아들을 이 땅에서도, 앞으로 다가올 나라에서도 사랑할 것입니다. 다윗이 이 땅에서 부름 받은 목적인 시온에서 만족감을 느꼈듯이, 신부는 신랑 안에서 만족감을 느끼게 될 것입니다. 여러분에게 다시 한 번 확신시켜 주고 싶은 것은, 우리 각자의 삶에는 거룩한 계획이 있다는 것입니다. 고통스럽고 혼란스러운 계절에는 당신을 향한 계획이 없는 것처럼 느껴지고, 당신보다 강한 군대에 쫓겨 목적 없이 이 굴 저 굴 방황하며, 패배자들에게 둘러싸인 것처럼 느껴질 것입니다. 하지만 이러한 상황 가운데서도 하나님께서는 전략적인 계획을 가지고 계시며, 당신에게 특별한 목적을 주십니다. 우리는 우리 각자의 시온에서 하나님 앞에 서게 될 것입니다. 우리 삶의 모든 계절을 지나면서 하나님의 거룩한 리더십에 순종할 때, 사막에서 나와 완전히 하나님만 의지할 수 있을 것이며, 우리 마음에 하나님만이 상급이 될 것입니다.

나의 기도

아버지, 제 삶을 당신의 뜻 안에서 완벽하게 그려 놓으셨다는 사실에 평안을 얻습니다. 제 삶의 모든 계절에, 당신이 개입하고 계시다는 것을 이해하도록 도와주시고, 한 걸음 내디딜 때마다 인도하여 주시옵소서. 저를 버리지도 떠나지도 마시옵소서.

하나님께서는 우리 각자를 위한 예언적인 행로를 가지고 계신다.

Day 266

예수께서 큰 소리로 불러 이르시되 아버지 내 영혼을 아버지 손에 부탁하나이다
하고 이 말씀을 하신 후 숨지시니라

눅 23:46

시온으로 가는 길에 놓인 모든 장애물을 통과할 수 있도록 다윗에게 힘을 주었던 진실이 한 가지 있었는데, 그 진실은 너무나도 강력해서, 예수님의 마지막 말씀에서 찾아볼 수 있습니다. 부서지고 상한 몸으로 십자가에 달려 마지막 숨을 들이키실 때, 죄를 모르던 온전한 하나님이자 온전한 인간이셨던 주님은 죄가 되셨습니다. 예수님께서는 아버지로부터 분리되는 심한 고통을 맛보셔야 했습니다. 주님은 이 고통의 반대편에 하나님께서 자신을 죽음에서 일으키시고 보좌에 앉히실 약속이 있음을 알고 계셨습니다. 하지만 그 약속이 성취되기 이전에, 예수님께서는 인간이 맛볼 수 있는 가장 큰 고통과 반대를 겪으셔야 했습니다. 이 어두운 날에 예수님께서 목소리 높여 부르짖으신 것은 "아버지 내 영혼을 아버지 손에 부탁합니다"였습니다. 빛 가운데로 나올 것을 기다리실 때, 이것이 가장 적절한 마음의 반응이라고 생각하신 것입니다. 하나님께서 약속을 주실 때, 우리는 보통 어둠의 시간을 겪습니다. 우리는 스스로 우리가 어떤 계절에 있으며 어디로 가는지 모를 때가 많습니다. 불가능한 상황 가운데 놓였을 때, 여러분은 어떻게 하겠습니까? 말씀을 붙잡고 아버지의 손에 당신의 영혼을 맡기시겠습니까?

나의 기도

아버지, 제가 고통과 반대와 죽음을 마주할 때에, 당신의 아들이 당신으로부터 침묵과 인간의 잔인함을 경험하면서까지 보여주셨던 본을 기억하게 하여 주시옵소서. "아버지, 제 영혼을 당신의 손에 부탁드립니다"라고 저 또한 말할 수 있게 하여 주시옵소서.

"아버지 제 영혼을 당신의 손에 부탁드립니다."

Day 267

그들이 나를 위하여 비밀히 친 그물에서 빼내소서
주는 나의 산성이시니이다 내가 나의 영을 주의 손에 부탁하나이다
진리의 하나님 여호와여 나를 속량하셨나이다

시 31:4-5

이 구절에 나오는 "그물"은 영적인, 육체적인, 재정적인, 또는 관계적인 수렁을 뜻하기도 하고 그 외의 다른 많은 것들을 상징하고 있습니다. 예수님께 이 그물은 높임을 받으시기 전에, 이 세상 죄를 감당하시는 것이었습니다. 주님은 외치셨습니다. "아버지, 저를 이 상황에서 건지시옵소서. 당신은 저의 힘이십니다." 약속이 성취되기 전까지 어둠 속에서 스스로를 건질 수 없음을 알고 계셨던 것입니다. 예수님의 자신감은 오로지 아버지 한 분 안에 있었습니다. 우리가 어려움과 정의롭지 못한 상황을 마주할 때 우리 또한 마음으로부터 주님과 같이 부르짖기를 원하십니다. 모든 것을 이겨 내야 할 때에도, 약속을 꿈 꿀 때에도, 돌파구를 갈망할 때에도 주님을 의지하라 하십니다. 우리는 우리 마음 깊은 곳에 있는 열망까지 아버지 안에 두어야 합니다. 우리는 스스로 약속 받은 것들을 온전히 성취해 나갈 수 없습니다. 주님만이 우리의 시간과 계절을 주관하시며, 주님만이 우리가 갈망하는 길을 열어 주실 수 있습니다.

나의 기도

아버지, 예수님께서는 죽음을 목전에 두시고 사람이나 상황에 의지하지 아니하시고 오직 아버지 안에서 자신감을 가지셨습니다. 주님과 같이 철저히 당신에게만 의지하는 자리로 저를 부르시고, 당신에게 온전히 순종할 수 있도록 가르쳐 주시옵소서.

삶의 어려운 계절을 지날 때, 우리의 열망과 약속의 말씀들을
하나님께만 온전히 의탁해야 한다.

Day 268

내가 나의 영을 주의 손에 부탁하나이다
진리의 하나님 여호와여 나를 속량하셨나이다
시 31:5

우리의 영을 주님의 손에 부탁한다는 것은 무슨 의미일까요? 영은 우리의 일부로서, 삶을 향한 우리의 가장 큰 열망과 희망이 저장되어 있는 곳입니다. 예수님께서는 이렇게 말씀하신 것입니다. "아버지, 제가 가장 귀하게 여기는 것들을 아버지 손에 부탁합니다. 제가 살아온 이유와 믿음을 가지고 있었던 모든 것을 아버지 손에 맡겨드립니다." 이 말씀을 통해, 저는 예수님께서 이 땅에서 어떻게 살아오셨는지, 그 비밀을 알려주신 것이라고 생각합니다. 삶의 마지막 순간에 예수님께서는 이 영적 원칙이 신뢰하고 믿을 만하다고 다시 한 번 증명될 것을 알고 계셨습니다. 하나님께서는 예수님의 공급자셨고, 우리의 공급자이십니다. 우리 영을 아버지 손에 부탁한다는 것은 우리 마음에 가장 중요한 것들을 돌봐 달라고 아버지께 부탁드리는 것입니다. 하나님께서 우리에게 주신 약속을 우리 힘만으로는 실현시킬 수 없다는 것을 많은 이들이 깨달았을 것이고 깨달아 가고 있을 것입니다. 만약에 당신이 하나님의 손에 무언가를 부탁한다면 사탄이 그것을 훔칠 수 없습니다. 다윗의 삶을 향한 하나님의 마음과 결심을 멈출 수 있는 사람은 오직 다윗 자신 밖에 없었습니다. 이와 마찬가지로 하나님과 교제를 멈춤으로써 우리를 향한 하나님의 뜻을 중단할 수 있는 것도 우리 자신밖에 없습니다.

나의 기도

주님, 제 자신을 완전히 주님께 드려야만 제 삶을 향한 주님의 계획이 성취될 수 있다는 이 놀라운 비밀을 제가 온전히 깨달을 수 있게 하여 주시옵소서. 제 삶에 개입하시는 주님의 손길을 뿌리치는 일에서 저를 멀리하여 주시옵소서. 결단코 주님과 교제하는 것에서 벗어나지 않겠습니다.

하나님께서 우리 영을 숨기시면, 사탄은 우리에게 손가락 하나 올려놓지 못한다.

Day 269

내가 여호와를 항상 송축함이여 내 입술로 항상 주를 찬양하리이다
내 영혼이 여호와를 자랑하리니 곤고한 자들이 이를 듣고 기뻐하리로다
나와 함께 여호와를 광대하시다 하며 함께 그의 이름을 높이세

시 34:1-3

우리 영을 하나님의 손에 맡기는 일은 뒷짐 지고 무관심하게 서 있는 것이 아니라, 적극적으로 영적 전쟁에 참여하는 일입니다. 다윗은 자신의 싸움에 하나님을 개입시키기 위해 자신의 영을 하나님의 손에 맡겼습니다. 다윗은 "무슨 일이 일어나면 일어나겠죠. 더 이상 무슨 일이 일어나도 신경 쓰지 않겠어요, 주님"이라고 이야기한 것이 아닙니다. 자신이 처한 불의한 상황에 영적 전략을 사용하여 하나님의 개입하심을 구한 것입니다. 다윗은 젊어서부터 죽을 때까지 평생, 이러한 종류의 영적 전쟁에 가담했습니다. 그가 어떤 특정한 상황을 하나님께 의탁하면, 영적 영역에서는 그에 상응하는 반응이 일어났습니다. 하나님이 다윗을 대신해서 움직이신 것입니다. 하나님의 방법으로 전쟁을 치르면 하나님께서 어떻게 역사하시는지 우리는 다윗을 통해 잘 볼 수 있습니다. 다윗의 삶에는 한 가지 중요한 특징이 있는데, 그것은 그가 고통, 실수, 절망 그리고 불의에 대처한 자세입니다. 그의 대처방식은 시편에 너무나도 풍성하게 잘 기록되어 있습니다. 그는 복수할 수 있는 권리를 내려놓고, 영으로 싸우는 법을 배웠습니다. 다니엘과 요셉을 포함한 다른 많은 이스라엘의 조상들도, 다윗과 같이 이 영적 원칙을 삶 가운데 적용하며 살았습니다.

나의 기도

제 영을 아버지 손에 맡겨드림과 동시에, 적극적으로 영적 전쟁에 가담하는 전사가 되게 하여 주옵소서. 제 삶의 모든 순간을 아버지께 의탁하는 방법을 가르쳐 주시옵소서. 오직 주님 안에 제 희망과 신뢰를 둡니다.

하나님께서는 정의의 문제는 자신에게 맡기고
하나님의 마음 안으로 들어오라고 우리를 부르신다.

Day 270

그러나 너희 듣는 자에게 내가 이르노니 너희 원수를 사랑하며
너희를 미워하는 자를 선대하며 너희를 저주하는 자를 위하여 축복하며
너희를 모욕하는 자를 위하여 기도하라…
오직 너희는 원수를 사랑하고 대하며 아무것도 바라지 말고 꾸어 주라
그리하면 너희 상이 클 것이요 또 지극히 높으신 이의 아들이 되리니
그는 은혜를 모르는 자와 악한 자에게도 인자하시니라

눅 6:27-28,35

우리에게 일어난 불의한 일을 하나님 손에 맡겨 드리는 것은 하나님께서 우리를 대신하여 갚아 주실 공간을 내어 드리는 일입니다. 우리가 분노하여 스스로 의로움을 입증하려 한다면, 하나님께서는 한 발 뒤로 물러서서서 우리가 혼자 싸우게 놔두십니다. 하나님이 원하시는 것은 앙갚음은 하나님께 맡기고, 우리는 원수를 축복하는 것입니다. 하나님께서는 축복과 자비를 베풀기 원하시는 분이십니다. 우리가 원수를 축복하면 하나님께서는 우리를 통해 정의를 행하시면서도 자신의 사랑과 용서를 나타내실 수 있게 됩니다. 정의가 필요한 곳에 우리를 통해 인자를 베풀기 원하시는 것이 하나님의 뜻입니다. 우리가 원수에게 악으로 갚지 아니할 때, 악하고 고마워 할 줄 모르는 그들이 우리를 통해 아버지의 인자하심을 보게 될 것입니다. 그리고 우리는 함께 온 우주를 다스리시는 하나님께 나아갈 수 있을 것입니다. 여러분, 원수를 사랑하는 것보다 더 강력한 형태의 영적 전쟁은 없습니다.

나의 기도

앙갚음이 주님의 손에 있음을 깨닫게 하여 주시옵소서. 원수를 향해 정의의 칼을 들이대는 것이 아니라, 사랑과 자비로 대하게 하여 주시옵소서. 주님은 저를 위해 싸우실 것이고, 저는 주님을 사랑하겠습니다.

**앙갚음은 하나님의 손에 있으며,
하나님께서는 우리의 원한을 완벽하게 풀어주실 것이다.**

Day 271

너희 몸은 너희가 하나님께로부터 받은 바
너희 가운데 계신 성령의 전인 줄을 알지 못하느냐
너희는 너희 자신의 것이 아니라 값으로 산 것이 되었으니
그런즉 너희 몸으로 하나님께 영광을 돌리라

고전 6:19-20

스스로 복수하고 싶어질 때, 오늘의 말씀에서 찾아볼 수 있는 하나님 나라의 중요한 현실을 기억하십시오. "너는 값으로 산 것이 되었으니…너희는 너희 자신의 것이 아니라." 사랑하는 여러분, 원수에게 사랑을 베풀 때, 당신은 하나님께 속해 있음을 선포하는 것입니다. 당신의 모든 공급도, 명성도, 시간도 하나님께 속해 있다는 것을 말해 주는 것입니다. 당신의 원수가 당신을 압박해 오고, 당신의 명성을 무너뜨리고, 또는 당신의 시간을 빼앗을 때, 주님은 당신이 소유권을 주님께 내어 드리고, 온전히 주님의 손에 맡기기를 원하십니다. 그렇게 할 때에, 주님께서 우리를 대신하여 일하실 공간이 생기게 됩니다. 주님이 당신의 지지자 되시며 아군이 되십니다. 이것이야말로 우리를 참된 자유와 능력으로 이끕니다. 누군가 당신을 모함할 때마다, 주님이 당신의 주인 되시는 것과 주님이 자신의 의로우심에 따라 당신을 변호하실 것을 세상에 알릴 수 있는 기회임을 기억하십시오.

나의 기도

예수님, 저의 영혼을 영원한 죽음에서 구속하시기 위해 값을 치르셨다니 이 얼마나 놀라운 일인지요. 제가 당신에게 속했다는 것을 결단코 잊지 않게 하여 주시옵소서. 저의 변호인이 되어 주시고, 아군이 되어 주시고, 저를 참된 자유와 능력의 길로 이끄시옵소서.

하나님께서 당신에게 일어난 불의한 일을 즉각 처벌하지 않으신다면,
당신 또한 그 일을 즉각 처벌해서는 안 된다.
당신은 그분께 속했기 때문이다.

Day 272

여호와여 그러하여도 나는 주께 의지하고 말하기를 주는 내 하나님이시라 하였나이다
나의 앞날이 주의 손에 있사오니 내 원수들과 나를 핍박하는 자들의 손에서 나를 건져 주소서
시 31:14-15

다윗은 이렇게 고백했습니다. "나의 앞날이 주의 손에 있사오니." 하나님께 우리의 영혼을 부탁드리는 것과, 문제를 해결해 주실 하나님의 때를 신뢰하는 것은 별개의 일입니다. 둘 다 다른 도전과 근심이 있기 때문입니다. 우리 영을 하나님의 손에 부탁했을 때에는 시간, 즉 때의 시험이 찾아옵니다. 일 년이 이년이 되며 이년이 십 년이 되기도 합니다. 그러면 우리는 질문하기 시작합니다. "하나님 돌파구는 어디에 있죠? 제게 주신 약속들은 어떻게 된 건가요?" 우리의 영혼을 아버지께 부탁했는데, 기다림의 날은 길어지기만 합니다. 다윗은 이것을 두 가지 단계로 생각했습니다. 첫째, 하나님께 영혼을 부탁드리는 것과 둘째, 하나님의 때를 신뢰하는 것으로 보았습니다. 다윗은 하나님의 주권 아래 평안히 기다릴 줄 아는 법을 배웠습니다. 우리 또한 이 두 가지 단계를 다 맡겨야 할 것입니다. 첫째, 기도하고 금식하며 또한 기대하며 우리의 영혼과 우리의 꿈들을 하나님 손에 맡겨드려야 합니다. 둘째, 하나님께서 문제에 대한 돌파구를 주시고, 주신 약속을 성취시켜 주실 때에 관해서도 온전히 하나님께 맡겨드려야 합니다.

나의 기도

아버지, 제 삶의 모든 순간에 일 분이라도 빠르거나 늦으신 적 없으심을 고백합니다. 앞으로 살아가는 동안 당신의 때에 대해서 의심하는 마음이 들지 않게 하여 주시고, 과거부터 지금까지 저를 이끌어 오신 하나님의 손을 기억할 수 있게 도와주시옵소서. 아버지, 당신 안에서 평안을 얻으며 당신이 주신 약속들이 이루어지기를 기다립니다.

우리가 영원한 그곳에서 하나님 앞에 서게 될 때,
하나님께서는 단 일 분도 늦으신 적이 없음을 깨닫게 될 것이다.

Day 273

내가 성실한 길을 택하고 주의 규례들을 내 앞에 두었나이다
내가 주의 증거들에 매달렸사오니 여호와여 내가 수치를 당하지 말게 하소서
주께서 내 마음을 넓히시면 내가 주의 계명들의 길로 달려가리이다
시 119:30-32

다윗은 외부적으로도 많은 적을 가지고 있었지만 더 무시무시한 적인 그의 마음과 싸워 승리를 거둔 사람입니다. 자신의 나약함을 직면하게 되었을 때, 자신의 영혼을 하나님에 부탁 드리는 법을 그는 알고 있었습니다. 이는 많은 그리스도인의 삶의 여정 가운데, 가장 깨닫기 힘든 일 중에 하나지만, 하나님의 마음에 합한 자가 되려면 우리 또한 그렇게 살아야 합니다. 모든 인류의 역사를 통틀어 우리가 가장 감사해야 할 일은, 우리가 아무리 하나님의 자비하심을 많이 쓰더라도 바닥나지 않을 것이라는 겁니다. 우리가 진정으로 회개한다면, 우리의 나약함이 절대 하나님의 자녀로서의 우리의 위치를 실격시킬 수 없습니다. 다윗은 우리가 나약해진 그 순간 하나님의 은혜를 더 크게 경험할 수도 있다는 것을 발견했기 때문에, 자신이 나약할 때에 하나님께로부터 도망가지 아니하고 오히려 하나님께로 뛰어들 수 있었습니다.

나의 기도

아버지, 다윗처럼 제가 당신의 진리를 택하게 하여 주시옵소서. 제가 마음으로 오직 갈망하는 것은 당신의 말씀을 더 알기 원하는 것입니다. 당신의 약속을 붙잡고 당신의 계획을 신뢰합니다. 제 삶의 가장 나약한 때에도, 아버지 품에 뛰어 들어가 당신의 힘과 능력을 경험하겠습니다.

**모든 인류의 역사를 통틀어 우리가 가장 감사해야 할 일은,
우리가 아무리 하나님의 자비하심을 많이 써도 바닥나지 않는다는 것이다.**

Day 274

다윗이 아기스에게 이르되 바라건대 내가 당신께 은혜를 입었다면
지방 성읍 가운데 한 곳을 내게 주어 내가 살게 하소서
…아기스가 그 날에 시글락을 그에게 주었음으로
시글락이 오늘까지 유다 왕에게 속하니라
다윗이 블레셋 사람들의 지방에 산 날 수는 일년 사 개월이었더라

삼상 27:5-7

하나님이 다윗을 보호하겠다고 직접 말씀하셨지만 다윗의 마음에는 두려움이 몰려와 하나님의 약속들을 의심하게 됩니다. 하나님께서 다윗을 왕으로 삼으시기 직전 마지막 코스에서 다윗은 시글락을 놓고 큰 타협을 하고 말았습니다. 다윗은 하나님의 뜻을 벗어나 겉으로 보기에 안전해 보이는 곳을 선택했습니다. 게다가 다윗은 이스라엘의 적인 아기스에게 충성까지 맹세했습니다. 그는 두 가지 마음을 가졌습니다. 하나는 여전히 주님을 향한 열정을 품은 마음이었고, 다른 하나는 하나님의 은총과 기름부으심을 잘못 사용하고 타협한 마음입니다. 시글락에서 지낸 날들 동안, 다윗은 자신의 운명을 거슬렀으며, 선지자의 말에 불순종했으며, 자신의 다른 예언의 약속들도 무시했습니다. 또한 아기스 왕에게는 거짓말을 함으로 그를 배신했고, 자기 가족과 자기 사람들을 위험에 빠트렸습니다. 우리는 다윗을 하나님의 마음을 좇는 큰 용사로, 경배자로, 왕으로 이야기합니다. 하지만 오늘 살펴본 다윗은 우리와 마찬가지로 두려움과 의심 그리고 불안이 가득합니다.

나의 기도

아버지, 다윗이 시글락에서 배운 교훈들을 제가 절대 잊지 않게 하여 주시옵소서. 한때 다윗이 그런 것처럼, 하나님을 신뢰하기보다는 사람의 힘에 의지하려는 마음에서부터 멀리 떨어지게 하여 주시옵소서. 두려움과 의심 그리고 불안으로 가득 차서 시글락에 머물지 않게 하여 주시옵소서.

**용기가 거의 바닥난 다윗은 하나님께서
보호하실 것이라는 믿음을 가지지 못하고 크게 흔들렸다.**

Day 275

> 아말렉 사람들이 이미 네겝과 시글락을 침노하였는데 그들이 시글락을 쳐서 불사르고…
> 다 사로잡아 끌고 자기 길을 갔더라 다윗과 그의 사람들이 성읍에 이르러 본즉
> 성읍이 불탔고 자기들의 아내와 자녀들이 사로잡혔는지라
> 다윗과 그와 함께 한 백성이 울 기력이 없도록 소리를 높여 울었더라
>
> 삼상 30:1-4

16개월 동안 다윗의 시글락 전략은 잘 돌아가는 듯 했으나, 하나님께서는 그의 전략을 쳐서 무너트리시기 일보 직전이었습니다. 어느 날, 다윗과 그의 사람들이 집에 이르렀을 때, 불타버린 시글락을 보게 됩니다. 하나님께서 다시 다윗과 얼굴을 마주하시기 위해, 시글락이 불타도록 허락하신 것입니다. 다윗은 이 사건을 통해 정신을 차리고 불순종의 길에서 떠나 하나님께로 돌아옵니다. 감히 말하건대, 우리 또한 시글락과 같이 삶의 한 시점에서 타협하여 후퇴하는 도시가 있을 것입니다. 우리에게 있어 시글락은 계속해서 불순종의 길을 걷도록 힘을 부여하는 피신의 장소입니다. 하나님의 뜻을 감당하기 버거울 때, 작은 시스템을 고안해서 죄와 그릇된 위로를 맛보게 하는 곳입니다. 하나님께서는 이러한 시기에도 우리를 거절하지 않으시지만, 그렇다고 우리의 죄를 허락하시지도 않습니다. 하나님께서는 우리를 멸하시는 대신, 우리를 회복하실 방법을 고안하십니다. 하나님께서는 방책을 마련하셔서 내쫓긴 자가 하나님께 버림받는 자가 되지 않게 하십니다(삼하 14:14). 하지만 대부분의 경우 하나님께서는 우리의 타협의 도시를 불태우십니다.

나의 기도

아버지, 제 불순종이 저의 희망과 꿈을 망가트리기 전에 제가 아버지께 돌아오게 하시옵소서. 제가 타협과 무관심에 빠졌을 때, 저를 찾으시고 당신의 임재로 회복시켜 주시옵소서. 다시 아버지와 얼굴과 얼굴을 마주하게 하시옵소서.

**시글락은 안전하고 아늑한 방 같지만,
하나님의 약속에서 벗어나 적의 영역으로 후퇴하여 들어간 것과 같다.**

Day 276

> 다윗이 아히멜렉의 아들 제사장 아비아달에게 이르되
> 원하건대 에봇을 내게로 가져오라 아비아달이 에봇을 다윗에게로 가져가매
> 다윗이 여호와께 묻자와 이르되 내가 이 군대를 추격하면 따라잡겠나이까 하니
> 여호와께서 그에게 대답하시되 그를 쫓아가라 네가 반드시 따라잡고 도로 찾으리라
>
> 삼상 30:6-8

시글락의 파괴는 다윗과 그의 사람들에게 굉장한 슬픔이었습니다. 하지만 위기의 때에 다윗은 옳은 선택을 했습니다. 그 덕분에 우리 자신의 시글락이 불타고 더 이상 타협이란 선택권이 없을 때 우리가 어떻게 대처해야 하는지 알게 되었습니다. 모든 것이 무너졌을 때 다윗은 다시 하나님께로 돌아와 "그의 하나님 여호와를 힘입었"습니다. 그는 주님께 나아가 말했습니다. "주님, 저는 당신의 것입니다. 사랑합니다. 주님이 저를 사랑하심을 제가 압니다. 저를 도와주시옵소서." 낙심한 그리스도인의 삶에 일어날 수 있는 가장 큰 기적 중 하나는, 크게 범죄하였을 때에 주님의 자비하심을 깨닫고 다시 기쁨으로 그분을 향해 달려 나갈 수 있는 것입니다. 어느 날 아침 눈을 뜨자 타협의 장소에 머물고 있는 당신을 본 적이 있으신가요? 다윗은 하나님께서 어떤 분이신지 잘 알았기에 수치심에 슬그머니 도망가지 아니하고, 주님 앞에 자신 있게 나아갈 수 있었습니다. 다윗의 이 행동은 또한 그를 온전한 회복으로 이끌었습니다. 위기의 순간에 하나님께로 달려가지 아니하고 도망간다면, 당신은 회복할 수 없을 것입니다. 하지만 하나님께 달려 나간다면 온전한 해결책을 얻을 수 있습니다.

나의 기도

아버지, 제 주위의 모든 것이 무너졌을 때, 다윗처럼 주님 안에서 힘을 얻을 수 있게 하여 주시옵소서. 당신의 놀라운 은혜와 자비를 내려주시고, 제가 도망가지 아니하고 아버지께 달려 나갈 수 있게 하여 주시옵소서.

하나님께서 당신의 불순종의 자리인 시글락을 불태우신 적 있나요?

Day 277

나의 유리함을 주께서 계수하셨사오니 나의 눈물을 주의 병에 담으소서
이것이 주의 책에 기록되지 아니하였나이까

시 56:8-9

시편 56편은 하나님의 자비하심 안에서 다윗이 어떻게 자신감을 회복할 수 있었는지 대해 더 깊은 통찰을 우리에게 더해 줍니다. 시편 56편은 다윗이 여전히 타협의 삶을 살 때 기록한 것입니다. 다윗은 주님께 고백했습니다. "하나님, 제가 방황하는 것을 당신이 아시나이다. 저의 타협을 아버지께서 아시나이다. 제 길이 아버지의 뜻에서 멀어졌음을 아버지께서 모르지 아니하시나이다." 우리 또한 다윗과 마찬가지로, 우리 각자의 시글락에 머물 때 예수님께 그 사실을 숨길 수 없습니다. 그분이 이미 알고 계시기에 우리가 타협과 손잡고 있다 해서, 하나님을 속이는 것은 아닙니다. 다윗은 다시 고백합니다. "나의 눈물을 주의 병에 담으소서. 이것이 주의 책에 기록되지 아니하였나이까?" 다윗은 고통과 깨어진 꿈으로 인해 흘린 자신의 눈물이, 거짓말을 하고 하나님의 말씀을 거스른 자신으로 인해 흘린 눈물이, 하나님 앞에 값지다는 것을 알았습니다. 다윗의 마음속엔 다른 많은 감정들이 휘몰아쳤습니다. 거짓된 말을 하고 주님을 신뢰하지 않았던 자의 눈에서 눈물이 흐릅니다. 그는 자신의 사람들을 위험에 빠트렸습니다. 그러나 다윗은 여전히 주님을 사랑했습니다. 그는 온전히 하나님의 것이기를 원했습니다. 다윗은 자신의 회개의 눈물이 하나님 보시기에 귀하기에, 하나님께서 자신의 눈물을 손에 담아 병에 담으시는 것을 알았습니다.

나의 기도

아버지, 당신 앞에 모든 발자취가 다 드러남을 감사드립니다. 저의 눈물과 깨어짐을 보시고, 불순종한 제 영혼을 용서하여 주시옵소서. 전심으로 아버지를 사랑합니다. 당신의 거룩한 임재 가운데로 온전히 회복시켜 주시기를 갈망합니다.

타협의 자리인 시글락에 있을 때에도, 하나님께서는 우리에게 자비를 베푸신다.

Day 278

내가 하나님을 의지하여 그의 말씀을 찬송하며 여호와를 의지하여
그의 말씀을 찬송하리이다 내가 하나님을 의지하였은즉 두려워하지 아니하리니
사람이 내게 어찌하리이까

시 56:10-11

저는 다윗이 홀로 앉아 이렇게 울부짖는 모습을 상상하곤 합니다. "오 하나님, 불순종하는 것이 너무 싫습니다. 제가 당신을 사랑하는 것 아시죠? 당신의 말씀에 불순종하고 있는 것도, 제가 거짓된 말로 사람들을 속이는 것도 압니다. 하지만 지금 당장은 너무 두렵습니다." 우리 모두 눈물로 뉘우쳐 본 경험이 있을 것입니다. 어쩌면 다윗의 사람 중 한 명이 울고 있는 그에게 다가와 말했을지도 모릅니다. "그만 울고 일어나십시오! 하나님께서는 엉엉 우는 걸 듣고 싶어 하지 않으실 겁니다. 정말 하나님을 사랑하신다면 죄에서 돌아서서 말씀하신 대로 이스라엘로 돌아가십시오. 울지 말던지, 하나님께 순종하던지 둘 중에 하나만 택하십시오." 이 순간에도 주님은 다윗의 귓가에 속삭이셨을 것입니다. "네 눈물 한 방울 한 방울 내가 다 병에 담아 하늘에 두었다." 다윗은 자신의 눈물을 하나님께서 경멸하지 않으신다는 것을 알았습니다. 그의 눈물은 소중했습니다. 하나님께서는 다윗의 마음의 진실한 사랑을 보셨습니다. 다윗은 시글락에 있으면서도 하나님께서 자신의 편임을 믿었으며 이것이 그를 회복으로 이끈 비밀입니다.

나의 기도

아버지, 다윗처럼 순종하지 못하는 제 영혼이 싫습니다. 당신께 순종하는 자녀가 되고 싶습니다. 저의 눈물을 병에 담아 하늘에 두신다니 이 얼마나 놀라운 일인지요. 저를 생각해 주시는 아버지의 마음이 느껴집니다. 차갑게 식은 제 마음을 회복시키시고 당신을 향한 사랑으로 타오를 수 있게 하여 주시옵소서.

다윗의 마음을 뜨겁게 달구었던 그 계시로,
차갑게 식은 우리의 마음을 달구어야 한다.

Day 279

여호와는 긍휼이 많으시고 은혜로우시며 노하기를 더디 하시고
인자하심이 풍부하시도다…우리의 죄를 따라 우리를 처벌하지는 아니하시며
우리의 죄악을 따라 우리에게 그대로 갚지는 아니하셨으니

시 103:8-10

다윗은 다시 한 번 자신이 알고 있는 하나님의 마음에 대해 이야기합니다. "내가 마땅히 처벌받아야 함에도 불구하고, 하나님께서는 나를 용서하시고 사랑으로 회복시켜 주셨나이다." 다윗은 하나님께서 동이 서에서 먼 것 같이 우리의 죄를 우리에게서 멀리 옮기셨음을 알았던 것입니다. 이는 다윗이 하나님의 마음에 대해 받은 계시였습니다. 다윗은 자신의 성과가 아니라, 자신을 향한 하나님의 열정에 기초하여 하나님과 교제하는 방법을 터득했습니다. 사랑하는 여러분, 하나님의 마음과 감정을 잘 아는 자만이 쓰라린 타협 후에 빨리 회복할 수 있습니다. 하나님께서는 오늘 우리를 용서하심으로, 내일 우리로 하여금 하나님을 경외하게 하십니다. 우리를 용서해 주시는 것이 바로 하나님의 전략입니다. 하나님께서는 시글락을 태우는 한이 있더라도, 우리에게 자비를 베푸십니다. 하나님께서는 우리에게 "너희는 불완전해"하며 표시하시기보다, 용서하심으로 우리가 그분의 크신 사랑 안에서 계속해서 자라날 수 있기를 원하십니다. 하나님의 마음과 십자가에서 이루신 일들에 대한 계시를 받아 우리가 하나님 안에서 자신감을 얻기를 원하십니다.

나의 기도

주님, 제가 마땅히 처벌받아야 할 대로 저를 벌하지 아니하시고, 저를 옮기지 아니하시고, 다만 저의 죄를 동이 서에서 먼 것 같이 옮기셨습니다. 다시 거룩함 가운데, 당신과 동행하도록 일으켜 주시니 감사합니다. 제 안에서 시작하신 일을 끝내 주시옵소서.

하나님과의 친밀한 관계를 방해하는
두려움의 영을 극복해야 하는지 점검해 봅시다.

Day 280

> 내가 여호와께 바라는 한 가지 일 그것을 구하리니
> 곧 내가 내 평생에 여호와의 집에 살면서 여호와의 아름다움을 바라보며
> 그의 성전에서 사모하는 그것이라
> 여호와께서 환난 날에 나를 그의 초막속에 비밀히 지키시고
> 그의 장막 은밀한 곳에 나를 숨기시며 높은 바위 위에 두시리로다
> 시 27:4-5

마지막 때에 큰 두려움을 이겨낼 수 있는 방법은 무엇일까요? 예수님과 다윗에게서 그 답을 명백하게 찾을 수 있습니다. 예수님도 다윗도 친밀함 가운데 하나님의 얼굴을 구함으로써 두려움을 극복했습니다. 둘 다 하나님의 마음을 바라보았고 그분의 아름다움을 마주했습니다. 오늘 말씀에서 다윗이 이야기하는 환난은 여러 가지를 의미하고 있지만, 주로 자기를 해하려 하는 무리들을 두고 한 말입니다. 직장이나, 교회, 학교, 또는 이웃에서 당신을 해하려는 자들이 언제 나타날지 몰라, 울렁거리는 속을 붙잡고 걸어 다니는 일은 정말이지 끔찍한 상황입니다. 상황을 바꾸고 싶겠지만 대부분 그렇지 못하기 때문에 다윗처럼 적을 주변에 두고 살아가는 방법을 터득하게 됩니다. 사울이 다윗을 거절한 그 순간부터, 다윗은 큰 표적이 된 채 떠돌아다녀야 했습니다. 하지만 그는 여호와께서 은밀한 곳에 자신을 숨길 것을 고백합니다. 악한 자들로 인한 핍박과 큰 어려움의 때에 어떠한 마음가짐을 가져야 하는지, 다윗은 우리에게 답을 제시해 주고 있습니다.

나의 기도

아버지, 다른 이들이 저에게 무슨 짓을 할지, 또는 저를 어떻게 대할지에 대한 두려움에서 지켜 주시옵소서. 다른 이들의 거절과 미움 때문에 상처받지 않게 도와주시옵소서. 악한 자들이 저를 해하겠다 협박하여도, 당신의 사랑 안에 거하며 그들의 악함을 극복하게 하시옵소서.

> 주님은 우리에게 답을 주심으로 위로하시며,
> 꺼져가는 우리 마음에 기름을 부으실 것이다.

Day 281

여호와는 나의 빛이요 나의 구원이시니 내가 누구를 두려워하리요
여호와는 내 생명의 능력이시니 내가 누구를 무서워하리요
악인들이 내 살을 먹으려고 내게로 왔으나 나의 대적들
나의 원수들인 그들은 실족하여 넘어졌도다
군대가 나를 대적하여 진 칠지라도 내 마음이 두렵지 아니하며
전쟁이 일어나 나를 치려 할지라도 나는 여전히 태연하리로다

시 27:1-3

다윗은 여호와께서 빛이 되심을 제일 먼저 선포했습니다. 이 선포와 함께 그는 주님께서 계시의 영으로 자신을 도와주실 것을 선포합니다. 하나님께서 교회에게 주신 가장 큰 특권 중 하나는 참된 정보, 바로 계시입니다. 우리는 말씀을 통해 전반적으로 계시를 받는데, 이는 앞으로 다가올 날들을 위하여 우리 마음을 강하게 준비시켜 줍니다. 많은 믿는 자들이 안타깝게도 성경에서 공짜로 얻을 수 있는 강력한 정보들을 얻으려 노력하지 않습니다. 하나님께서는 주로 성경을 통해 역경을 앞둔 우리를 준비시키십니다. 하나님께서는 성경을 통해 자신의 계획, 종말, 영원 그리고 믿는 자들에게 일어날 수 있는 모든 일들을 말씀하셨습니다. 하지만 다윗이 선포하고 있는 것처럼, 예언의 기름부으심을 통해 더 개인적이고 구체적인 정보를 우리에게 주시기도 합니다. 많은 사람들이 하나님께서, 이전에 보지 못했던 큰 규모로 지금 전 세계에 예언사역을 일으키고 계신다고 말하고 있으며, 저 또한 이에 동의합니다.

나의 기도

아버지, 당신의 계시의 영을 받고 싶습니다. 아버지께서 주시는 참된 정보를 통해, 불확실한 미래를 마주하는 저를 준비시켜 주시옵소서. 오늘날, 이 땅에 사는 우리에게 당신의 계시의 영을 더 부어 주시옵소서.

하나님께서는 가까운 미래의 일들을
꿈과 환상을 통해 우리에게 분명하게 알려주신다.

Day 282

여호와는 나의 빛이요 나의 구원이시니 내가 누구를 두려워하리요
여호와는 내 생명의 능력이시니 내가 누구를 무서워하리요
시 27:1

하나님 안에서 우리 모두는 수년에 걸쳐 쌓아온 개인적인 역사를 가지고 있습니다. 개인에 따라 길 수도 있고 짧을 수도 있지만, 주님은 모든 믿는 자들에게 의미 있는 역사를 만들어 주심으로 우리가 다 각각의 믿음의 책을 한 권씩 소유하기를 원하십니다. 다윗의 역사는 하나님 안에서 끊임없이 늘어갔습니다. 두려움을 떨쳐 내고 하나님의 힘과 담대함을 의지하여 한 걸음 내딛을 때마다, 다윗의 믿음의 책에는 한 장이 더해졌습니다. 어떻게 하면 하나님 안에서 역사를 만들어 갈 수 있을까요? 베드로가 물 위를 걷기 위해 배 밖으로 나온 것처럼, 우리의 안전지대를 벗어나야 합니다. 그렇지 않고는 결코 두꺼운 믿음의 책을 가질 수 없습니다. 누가복음 21장에 기록된 대로 어두운 밤과 큰 환난이 찾아오면, 하나님 안에서 써 내려간 개인적인 역사에 의지하게 될 것입니다. 왜 믿지 않는 자들처럼 우리가 두려워해야 합니까? 신실하신 하나님을 의지하여 자신의 역사를 가지고 우리는 두려움을 이겨내야 할 것입니다. 우리는 다윗의 간증에 동의하며 이렇게 말할 수 있어야 합니다. "하나님께서 영원히 내 구원되시고 능력되시니 두려워하지 않겠습니다."

나의 기도

하나님, 다윗과 같이 제 믿음의 책이 끊임없이 한 장 한 장 늘어가기를 기도합니다. 제 삶을 돌아봤을 때, 아버지의 놀라운 개입과 축복이 있었음을 봅니다. 앞으로도 내 구원되시고 능력되시는 하나님을 신뢰하며 담대함으로 걸어나가기를 소망합니다.

> 우리가 어려움에 부딪혔을 때,
> 하나님께서는 우리가 달려 나와 구하기를 원하신다.

Day 283

그의 영광의 풍성함을 따라 그의 성령으로 말미암아
너희 속사람을 능력으로 강건하게 하시오며
믿음으로 말미암아 그리스도께서 너희 마음에 계시게 하시옵고
너희가 사랑 가운데서 뿌리가 박히고 터가 굳어져서

엡 3:16-17

다윗은 하나님께서 자신의 감정, 곧 마음의 힘이 되심을 고백한 적 있습니다. 이는 하나님과 친밀한 관계를 유지했을 때 오는 또 다른 측면으로, 우리를 두려움으로부터 보호해 줍니다. 바울은 성령님께서 우리 속사람에게 역사하셔서 우리 감정이 강건해지기를 기도했습니다. 바울이 말한 속사람은 감정적인 존재입니다. 하나님께서는 우리 영혼이 확신을 가지길 원하시어 강건하게 하십니다. 우리 안에 일어나는 초자연적인 은사와 기름부으심은 도중에 그만두고 싶은 이유가 수천 개쯤 될지라도 계속해서 우리를 나아가게 해 줍니다. 우리가 도중에 그만두지 않는 것 자체가 하나님의 은혜입니다. 하지만 하나님께서는 이것뿐만이 아니라 더 많은 일들을 하십니다. 당신의 마음과 감정을 격려하시고 힘 주심으로, 하나님 안에서 새 힘을 주십니다. 하나님께서 우리를 두려움에서 건져 주셨다고 해서 앞으로 우리가 평생 두려움을 느끼지 않는 것은 아닙니다. 하지만 두려움이 우리 삶에 지배적인 감정이 되지 않을 것입니다. 두려움은 더 이상 우리의 걱정거리가 아닙니다. 적이 두려움을 가지고 우리에게 다가와도 더 이상 성공하지 못할 것이며 그저 미미한 시도로 전락할 것입니다.

나의 기도

아버지, 상황에 관계없이 실패하지 않고 설 수 있도록 당신의 초자연적인 기름부으심으로 저를 채워 주시옵소서. 제 영혼의 상처를 치유하시고 하나님 안에서 활력을 띠게 해 주시옵소서. 적에 대한 두려움에서 저를 건져 주시옵소서.

사랑하는 여러분, 하나님께서는 우리 속사람을 강건하게 하십니다.

Day 284

그에게 노래하며 그를 찬양하며 그의 모든 기이한 일들을 말할지어다
그의 거룩한 이름을 자랑하라 여호와를 구하는 자들은 마음이 즐거울지로다
여호와와 그의 능력을 구할지어다 그의 얼굴을 항상 구할지어다

시 105:2-4

하나님의 아름다움이 있는 곳에는 두려움을 극복하게 하는 기름부으심이 있습니다. 이곳은 두려움을 능가하는 즐거움이 마음을 지탱하고 있기 때문에 두려움이 우리를 지배할 수가 없습니다. 하나님의 아름다움을 마주하고 가까이 하는 생활양식이 우리를 두려움에서 건져 줄 것입니다. 다윗이 처음으로 이에 대해 이야기 했을 때는 완전히 새로운 발상이었습니다. 그도 그럴 것이 5백 년 전에 살았던 모세는 하나님의 얼굴을 보면 죽는다고 가르쳤고, 이 가르침이 일반화되었기 때문입니다. 출애굽기 20장 19절에 보면 사람들이 이렇게 말합니다. "하나님이 우리에게 말씀하시지 말게 하소서 우리가 죽을까 하나이다." 다윗은 이 패러다임을 자신의 경험을 거울삼아 이야기했고, 이는 완전히 다른 패러다임이 되었습니다. "가장 높은 곳에 계시는 하나님께서는, 제게 얼굴을 보여주기 원하셨습니다." 이때 처음으로 하나님께서는 우리 인간에게 자신의 얼굴을 구하라고 말씀하셨고, 다윗은 이를 처음으로 선포하게 된 사람이 되었습니다. 하나님이 얼굴을 보이시는 것은 우리를 죽음으로 치려 하시기 때문이 아니라, 우리로 하여금 친밀함과 위안을 경험하기 원하시기 때문임을, 다윗의 새로운 가르침은 알려 줍니다.

나의 기도

아버지, 당신의 얼굴을 구합니다. 우리에게 당신의 얼굴을 나타내시어 우리로 하여금 그 아름다움을 바라보게 하고 싶으심을 압니다. 다윗과 같이 선포합니다. "주님, 당신의 얼굴을 보여주시옵소서."

두려움은 더 이상 우리에게 문제가 안 된다.

Day 285

*내가 곧 그들을 나의 성산으로 인도하여 기도하는 내 집에서
그들을 기쁘게 할 것이며 그들의 번제와 희생을 나의 제단에서 기꺼이 받게 되리니
이는 내 집은 만민이 기도하는 집이라 일컬음이 될 것임이라*

사 56:7

다윗은 밤낮 기도하지 않고는 자기 세대를 향한 하나님의 뜻이 온전히 이루어지지 않을 것을 알았기에, 특히 더 하나님의 성전을 짓고자 하는 열정이 컸습니다. 다윗의 비전은 너무나도 간절하여 그는 4천 명의 악기 다루는 자들과 288명의 노래하는 자들을 모아 예언적 예배를 하나님께 드립니다. 이 이후에, 많은 성경구절에서 세대에 걸쳐 하나님께서 어떻게 성전을 세워 가시는지 비중 있게 다룹니다. 하나님의 목적을 성취하는 과정에는 많은 어려움이 있습니다. 하나님께서 어떻게 사람을 모으시고, 그들이 과정 중에 어떻게 넘어지고 실패하며, 어떻게 다시 하나님께서 그들을 모으시고 승리를 주시는지 우리는 성경을 통해 알 수 있습니다. 하나님께서 우리에게 어려움을 허락하시는 이유는, 우리가 마침내 승리했을 때 우리 마음을 겸손하게 하시기 위해서입니다. 자연사가 끝날 때 하나님께서는 말씀하실 것입니다. "내 집은 만민이 기도하는 집이라 일컬음이 될 것임이라."

나의 기도

아버지, 제 삶 가운데도 아버지의 뜻을 이루는 과정에 어려움과 실패가 있음을 깨닫습니다. 제 삶이 기도의 삶이 되게 하여 주시옵소서. 제가 아침저녁으로 아버지 앞에 엎드리게 하여 주시고, 이 땅에서 아버지의 성전이 되게 하여 주시옵소서.

**우리는 다윗에게서 배울 점이 많다.
그는 마지막 때에 하나님께서 온 땅 위에 세우실
기도하는 집의 영광스런 예언적 그림을 우리에게 보여준다.**

Day 286

오순절 날이 이미 이르매 그들이 다같이 한곳에 모였더니 홀연히 하늘로부터
급하고 강한 바람 같은 소리가 있어 그들이 앉은 온 집에 가득하며 마치 불의 혀처럼
갈라지는 것들이 그들에게 보여 각 사람 위에 하나씩 임하여 있더니 그들이
다 성령의 충만함을 받고 성령이 말하게 하심을 따라 다른 언어들로 말하기를 시작하니라

행 2:1-4

오늘 성경말씀은 하나님께서 오순절 날 어떻게 그의 교회를 시작하셨는지 잘 보여주고 있습니다. 그 중 세 가지 요소에 중점을 두고 싶습니다. 하나님께서는 가장 먼저 성령의 '바람'을, 그 후에 성령의 '불'을, 그 후에 성령의 '충만함'을 보내셨습니다. 하나님께서 성령의 바람을 보내실 때, 우리는 큰 이적과 기사를 기대할 수 있습니다. 성령의 불은 하나님의 사랑으로 우리 마음을 더 확장시켜 줍니다. 또한 선지자 요엘을 통하여 이미 말씀하신 바 있는 성령의 충만함은 설명할 수 없는 기쁨을 우리에게 주며, 지치고 무거운 짐 진 자들에게는 쉼을 줍니다. 하나님께서 재림 전에 그의 교회를 회복시키실 때에는 이 순서가 거꾸로 바뀔 것이라고 저는 믿습니다. 첫째, 하나님께서는 성령의 충만함으로 지친 교회를 새롭게 하시고 치유하실 것입니다. 그 후에, 성령의 불을 보내셔서 하나님의 사랑으로 우리 마음을 확장시키실 것이며, 마지막으로 천사들의 사역을 더한 성령의 바람을 보내실 것입니다. 이러한 성령님의 강력하신 능력이 나타날 때, 수많은 사람들이 예수 그리스도 안에서 믿음을 가지고 구원받게 될 것입니다.

나의 기도

성령님, 당신의 '바람'과 '불'과 '충만함'을 보내 주시옵소서. 당신의 놀라운 이적과 기사를 보기 원하며 제 마음이 당신의 사랑으로 확장되기를 원합니다. 예수님을 향한 맹렬한 열정을 주시고 다른 이들을 긍휼히 여기는 마음을 주시옵소서.

저는 사도행전 2장에 기록된 순서대로 하나님께서 능력으로
그의 교회들을 찾으실 것이라고 믿습니다.

Day 287

> 때가 제 삼 시니 너희 생각과 같이 이 사람들이 취한 것이 아니라
> 이는 곧 선지자 요엘을 통하여 말씀하신 것이니
>
> 행 2:15-16

요엘 선지자를 통하여 예언하신 성령을 부어 주시겠다던 하나님의 약속은, 오순절 날 예루살렘에서 일부 성취되었습니다. 하지만 오순절 날 부어진 성령이 '선지자 요엘이 예언한 내용'이긴 하지만 '전부'는 아닙니다. 하나님의 영이 예루살렘의 작은 다락방에 있던 120명의 사람들에게 임했습니다. 이는 그날 세례를 받고 개종한 3천 명을 포함한다 해도 온전히 성취했다고 하기에는 부족합니다. 저는 요엘 선지자가 예언한 성령의 부어짐이 아직 온전히 성취되지 않았다고 확신합니다. 하나님 나라의 가장 위대하고 온전한 능력은 모든 것이 완성될 마지막 때를 위해 남겨 두셨을 것입니다. 주님의 날에는 모든 것이 회복되며 엄청난 성령의 부어짐이 있을 것입니다. 요엘 선지자가 예언했듯이 저는 예수님의 재림 전에, 모든 믿는 자들이 꿈을 꾸고, 환상을 보는 유례없는 일이 일어날 것이라고 믿습니다.

나의 기도

아버지, 약속하신 대로 이 땅에 당신의 영을 부어 주시기를 기도합니다. 부흥이 이 땅에 임하고, 모든 육체가 당신의 꿈을 꾸고 환상을 보는 그날이 오기를 간절히 기다립니다.

예언은 전 지구적으로 일어날 것이다.
예언자들만이 아니라, 모든 믿는 자들이 꿈과 환상을 보게 될 것이다.

Day 288

> 그러나 진리의 성령이 오시면
> 그가 너희를 모든 진리 가운데로 인도하시리니
> 그가 스스로 말하지 않고 오직 들은 것을 말하며
> 장래 일을 너희에게 알리시리라
> 그가 내 영광을 나타내리니
> 내 것을 가지고 너희에게 알리시겠음이라
>
> 요 16:13-14

성령의 부어짐으로 인해 많은 일들이 일어나기 시작할 것입니다. 너무 다차원적으로 일어날 것이어서 단순히 복음주의 운동, 치유 운동, 기도 운동, 화합 운동 또는 예언 운동 등으로 정의내릴 수 없을 것입니다. 중요한 것은 성령님을 통해 새롭고 깊은 열정이 부어질 것이라는 겁니다. 지역 교회에 증가하고 있는 에인사역에는 말이나 영감적인 예언 이상의 무언가가 있습니다. 제가 이해하기로 예언사역은 천사의 방문, 꿈, 환상, 이적과 기사 그리고 예언적 계시의 증가를 포함합니다. 또한 성령님을 통해 이와 같은 다른 역사들도 포함되어 있다고 믿습니다.

나의 기도

주님, 당신을 향한 깊은 열정을 불어넣어 줄 부흥을 일으켜 주시옵소서. 당신의 자녀들에게 천사들을 보내주시고, 꿈과 환상 그리고 기적과 이사들을 부어 주시옵소서. 우리에게 당신의 예언적 계시를 증가시켜 주시옵소서.

> 성령께서 가장 원하시는 것은
> 우리 마음에 예수님을 영화롭게 하시는 것이다.

Day 289

하나님이 말씀하시기를 말세에 내가 내 영을 모든 육체에 부어 주리니
너희의 자녀들은 예언할 것이요 너희의 젊은이들은 환상을 보고
너희의 늙은이들은 꿈을 꾸리라 그 때에 내가 내 영을 내 남종과 여종들에게 부어 주리니
그들이 예언할 것이요 또 내가 위로 하늘에서는 기사를
아래로 땅에서는 징조를 베풀리니 곧 피와 불과 연기로다

행 2:17-19

하나님께서 역사하심으로 사실상 예언들이 확증될 것에 대해서 교회들은 그리 많이 이야기하지 않는 편입니다. 하지만 하늘에서 기사가 나타나고 땅에서는 징조가 나타날 때, 많은 교회와 믿지 않는 자들에게 극적인 증거가 될 것입니다. 요엘 선지자가 예언한 성령의 충만함은 예수님의 재림 직전에 가장 크게 부어질 것입니다. 사도행전 2장 17-18절은 모든 육체에게 성령의 부어짐과 예언적인 계시의 증가가 임할 것을 이야기하고 있고, 19-21절은 하나님께서 행하실 큰 일들을 이야기하고 있습니다. 마지막 때에는 요엘 선지자가 이야기한 성령의 충만함, 예언적 꿈과 환상, 하늘과 땅에서의 이적과 기사 그리고 전심으로 주님께 돌아오는—먼저는 구원을 위해 그리고는 주님을 향한 아낌없는 사랑을 위해—이 네 가지 요소가 증가될 것입니다. 전심을 다해 주님께 돌아오라는 메시지는 불신자들을 향한 것만이 아니라, 교회가 예수님을 향한 거룩한 열정 안에서 성장하는 것도 포함하고 있습니다.

나의 기도

아버지, 당신의 영이 부어지는 데 제가 동참할 수 있도록 제게 성령을 부어 주시옵소서. 예언적 꿈과 환상을 주시고, 기적과 이사를 기대하며 기도할 수 있게 도와주시옵소서. 많은 이들이 전심으로 주님께 돌아오는 데 제가 동참하게 하여 주시옵소서. 제 안에 부흥을 주시옵소서.

**균형을 잘 이룬 예언사역이 이루어질 때,
흔히 어떤 형태로든 기적과 이사가 일어난다.**

Day 290

하나님이 말씀하시기를 말세에
하늘에서는 기사를 아래로 땅에서는 징조를 베풀리니 곧 피와 불과 연기로다…
누구든지 주의 이름을 부르는 자는 구원을 받으리라

행 2:17, 19-21

이 땅에서 행해지는 기적과 이사를 결코 가볍게 여겨서는 안 됩니다. 별 이유 없이 행해지지 않았기 때문입니다. 하나님께서 하늘에서 이루실 기사를 당신의 차를 사 주시는 것 정도로 생각하거나 기대하지 마십시오. 하늘에서부터 불이 떨어져 엘리야의 제단을 불태웠고, 홍해가 갈라졌으며, 별이 동방박사들을 베들레헴으로 이끌었습니다. 하나님의 계획과 목표를 이루는 과정에서 이 사건들은 매우 중요했습니다. 하나님의 능력이 이적과 기사의 형태로 마지막 때에 나타날 때는, 이전에 볼 수 없었던 규모와 능력으로 나타날 것입니다. 가장 위대한 사건 중 하나가 될 영혼의 대추수와 예수님의 재림을 확증하고 알리는 데 사용될 것이기 때문입니다. 성령을 충만하게 부어주시는 목적은 예언사역과 기적과 이사의 증가를 통해 교회를 깨워 열정적인 그리스도인으로 세우고, 많은 이들을 구원으로 이끌기 위해서입니다.

나의 기도

사랑하는 하나님, 이 마지막 때에 행해지는 당신의 일들을 이해할 수 있도록 도와주시옵소서. 당신의 영이 우리에게 부어지는 것은 당신의 교회를 깨우고 많은 사람들을 구원으로 이끌기 위해서임을 늘 기억하게 하여 주시옵소서.

> 보통 하나님의 능력이 나타나는 정도와
> 하나님의 목적의 중요성은 비례한다.

Day 291

> 우리 주 예수 그리스도의 능력과 강림하심을 너희에게 알게 한 것이 교묘히 만든 이야기를 따른 것이 아니요 우리는 그의 크신 위엄을 친히 본 자라 지극히 큰 영광 중에서 이러한 소리가 그에게 나기를 이는 내 사랑하는 아들이요 내 기뻐하는 자라 하실 때에 그가 하나님 아버지께 존귀와 영광을 받으셨느니라 이 소리는 우리가 그와 함께 거룩한 산에 있을 때에 하늘로부터 난 것을 들은 것이라
>
> 벧후 1:16-18

설득력 있는 능력과 반박할 수 없는 진실이 두드러지게 나타나면서 1세기에 복음이 퍼지는 데 일조했습니다. 성령님의 임재와 능력은 사도들이 선포한 진실에 부정할 수 없는 증거가 되었습니다. 그 시절 복음의 가장 중요한 부분을 차지했던 것은, 사도들이 죽음에서 부활하신 예수님을 눈으로 직접 목격한 목격담이었습니다. 불가결한 진실을 직접 목격한 증거는 초기 복음 전파에 있어서 가장 중요했습니다. 사도들이 유다를 대신할 제자를 뽑기 위해 모였을 때, 그 조건은 그들과 처음부터 함께한 자여야 했으며, 베드로가 말하기를 "그분의 부활을 목격한 자"(행 1:22)여야 했습니다. 열두 사도들의 근본적인 일 중 하나는 예수님께서 하신 말씀과 행하신 일들에 대한 직접 목격담을 제공하는 것이었습니다. 마지막 때의 교회는 그리스도가 죽음에서 부활하셨다는 것뿐만 아니라 곧 오실 것에 대해서도 이야기해야 합니다.

나의 기도

아버지, 이 땅에 초기 교회 시절에 당신의 능력과 영광을 목격한 증인들을 주셔서 감사합니다. 곧 일어날 영혼의 대추수는 주님께서 곧 오실 것을 증거하는 것임을 깨닫습니다. 우리에게 당신의 자비와 능력을 부어 주시니 감사합니다.

하나님께서는 대추수 때 우리에게 그분의 자비와 능력을 아낌없이 부어 주실 것이다.

Day 292

> 여러 계시를 받은 것이 지극히 크므로 너무 자만하지 않게 하시려고 내 육체에
> 가시 곧 사탄의 사자를 주셨으니 이는 나를 쳐서 너무 자만하지 않게 하려 하심이라
> 이것이 내게서 떠나가게 하기 위하여 내가 세 번 주께 간구하였더니
> 나에게 이르시기를 내 은혜가 네게 족하도다
> 이는 내 능력이 약한 데서 온전하여짐이라 하신지라
> 그러므로 도리어 크게 기뻐함으로 나의 여러 약한 것들에 대하여 자랑하리니
> 이는 그리스도의 능력이 내게 머물게 하려 함이라
>
> 고후 12:7-9

우리가 유념해야 할 원칙 한 가지는 계시가 풍성할수록 더 큰 고난과 시험을 받게 된다는 것입니다. 바울은 여러 계시를 받은 것이 지극히 크므로, 자신으로 하여금 너무 자만하지 않게 하시려고 육체에 가시를 주셨다고 기록하고 있습니다(고후 12:7). 육체의 가시는 받은 계시로 인한 것입니다. 반대로 생각하면, 곧 마주하게 될 큰 어려움 때문에 하나님께서 강력한 계시를 주시는 것이라고 볼 수도 있습니다. 바울은 마게도냐가 아닌 비두니아로 갈 것을 예언적 환상을 통해 지시 받았습니다. 이에 순종한 바울과 실라는 체포되었고 상관들에게 끌려가 채찍질 당한 후 감옥에 갇혔습니다. 받을 계시로 인해 가시가 생기기도 하지만, 앞으로 일어날 시험에 대비해 계시를 받기도 합니다. 예수님의 재림을 고대하는 성도들에게 예수님의 재림에 대한 부인할 수 없는 확증은 얼마나 큰 위로가 될까요?

나의 기도

아버지, 당신의 재림을 위해 저를 시험하시고 준비시키시는 증거로 제 삶에 가시가 올 수 있음을 깨닫습니다. 가시와 함께 당신의 계획에 대한 강력한 계시를 주시니 감사합니다.

> 강력한 예언적 계시와 부정할 수 없는 증거는
> 사람들로 하여금 시험의 때를 견딜 수 있게 한다.

Day 293

기록된 바 하나님이 자기를 사랑하는 자들을 위하여
예비하신 모든 것은 눈으로 보지 못하고 귀로 듣지 못하고
사람의 마음으로 생각하지도 못하였다 함과 같으니라
오직 하나님이 성령으로 이것을 우리에게 보이셨으니
성령은 모든 것 곧 하나님의 깊은 것까지도 통달하시느니라

고전 2:9-10

때때로 주님께서는 강력한 예언적 증거 없이는 교회가 실행에 옮기기 어려운 일을 요구하시기도 합니다. 이러한 일은 3세기 교회 역사가 에우세비오(Eusebius)에 의해 기록된 바 있습니다. 에우세비오에 따르면, 예루살렘의 모든 성도들이 예언적 계시 때문에 도시를 떠났고, 그 결과 목숨을 건질 수 있었다고 합니다. 그들이 떠나자마자 예루살렘은 로마 장군 티투스(Titus)에 의해 포위되었고, A.D. 70년에 멸망하게 됩니다. 틀림없이 하나님께서는 위기를 앞두고 이런 믿을 만한 예언적 전령을 교회에 보내실 것입니다. 그리고 이는 우리에게 신뢰를 줄 만큼 강력한 것일 겁니다. 저는 당대에 그리스도 안에서 교회와 그리고 어느 정도까지는 세상의 리더와 사회에까지 위와 흡사한 믿을 만한 예언적 사역이 달성될 것이라고 믿습니다. 많은 사람들이 제 생각에 동의하지 않을 수 있지만, 어쩌면 하나님께서는 예언적 사역을 통해 그들을 재앙에서 건져내실지도 모릅니다.

나의 기도

아버지, 마지막 때에 믿을 만한 예언적 사역을 일으키셔서 당신의 상세한 계획과 목적을 세상이 알 수 있도록 도와주실 것을 감사드립니다. 아버지, 우리 삶을 이끌어 주시고 우리를 재앙으로부터 보호하실 당신의 계시를 볼 수 있게 하여 주시옵소서.

교회 앞에 이 얼마나 흥분되는 날들이 놓여 있는가!

Day 294

네가 네 자신과 가르침을 살펴 이 일을 계속하라
이것을 행함으로 네 자신과 네게 듣는 자를 구원하리라

딤전 4:16

보수적 은사주의 목사님들과 제가 공통으로 동의하는 놀라운 사실이 하나 있습니다. 그것은 아직 세상에 속해 있으면서도 성령의 은사를 사용할 수 있는 사람들이 있다는 것입니다. 이는 지혜롭고 훌륭한 성품을 가질수록 더 큰 능력이 나타난다는 우리의 일반적인 생각에 도전장을 내미는 일입니다. 많은 사람들이 오직 거룩하고 성숙한 사람들에게만 하나님의 능력이 나타난다고 생각하지만, 여기에는 예외가 많습니다. 은사주의 교회 목사님이든 다른 교파의 목사님이든 이들이 공통적으로 놀랍게 여기는 사실은, 아직 삶 가운데 해결되어야 할 중대한 문제들을 가지고 있는 사람들도 성령의 은사를 사용할 수 있다는 것입니다. 하지만 여태까지 많은 지도자들이, 은사를 가지고 사역 가운데 능력을 행한 사람에게 어떤 특정한 결함이 있으면, 그들이 가지고 있는 은사와 능력이 아예 하나님께로부터 온 것이 아니라고 쉽게 단정지었습니다.

나의 기도

부족한 개인에게도 당신의 영적 은사를 부어 주시는 아버지, 당신의 말씀과 메시지를 전하는 데 부족한 우리를 사용하신다는 것을 제가 이해할 수 있도록 도와주시옵소서.

**예언하는 사람들은 성경의 가르침을 꿰뚫고 있지 않으면
그릇된 사실을 전달할 수 있다.**

Day 295

이 모든 일은 같은 한 성령이 행하사
그의 뜻대로 각 사람에게 나누어 주시는 것이니라

고전 12:11

신약에서는 영적 은사를 카리스마 또는 문자 그대로 '은혜의 선물'이라고 일컫습니다. 은사는 거저 주어진 것이지 우리가 얻어낸 것이 아니라는 말입니다. 시몬은 성령의 은사와 능력을 돈을 주고 살 수 있다고 생각했습니다(행 8:18-24). 이 얼마나 무서운 생각입니까! 베드로가 꾸짖은 시몬의 사악한 마음을 고려한다면 그가 이런 생각을 한 것이 그다지 놀라운 일은 아닙니다. 그의 사악한 마음이 그로 하여금 감히 하나님의 능력도 돈으로 살 수 있다는 생각을 하게 한 것입니다. 은사를 얻으려 하는 것과 사려하는 것에는 큰 차이가 없다는 것을 기억하십시오. 은사를 얻으려 노력하고 수고하는 것은 은사를 사려고 돈을 지불하는 것과 같습니다. 이렇게 우리가 일반적으로 생각하는 공식과는 대조적으로, 하나님의 은사와 능력은 성령님의 뜻대로 각 사람에게 나누어집니다. 은사는 티켓도 아니고 하나님께서 개인의 영적 성숙함을 측정하신 후 내려주시는 표창도 아닙니다. 또한 은사는 우리의 헌신으로 얻을 수 있는 것도 아닙니다. 은사는 은혜의 선물입니다.

나의 기도

아버지, 영적 은사는 당신의 크신 은혜로 말미암아 거저 주어지는 것임을 가르쳐 주시옵소서. 제가 이 은사를 살 수 없으며, 또한 은사를 사기 위해 당신께 드릴만한 것이 저에게 없음을 알게 하시옵소서. 은혜의 선물로 은사를 주시니 감사합니다.

영적 은사는 거저 주어지는 것이지 살 수 있는 것이 아니다.

Day 296

어리석도다 갈라디아 사람들아
예수 그리스도께서 십자가에 못 박히신 것이
너희 눈 앞에 밝히 보이거늘 누가 너희를 꾀더냐
내가 너희에게서 다만 이것을 알려 하노니
너희가 성령을 받은 것이 율법의 행위로냐 혹은 듣고 믿음으로냐
너희가 이같이 어리석으냐
성령으로 시작하였다가 이제는 육체로 마치겠느냐

갈 3:1-3

바울은 은혜를 이해하는 데 있어 어려움을 겪고 있는 갈라디아 사람들에게 편지했습니다. 그들은 은혜의 공식에 다시 율법과 행위를 집어넣으려 했습니다. 갈라디아 사람들은 분명 성령의 채워주심을 경험했고, 그것을 가지고 특정한 성령의 은사를 행했던 이들입니다. 바울은 은혜로 영적 은사를 받은 것과 마찬가지로 의 또한 하나님의 은혜로부터 오는 것임을 그들에게 상기시켜 줬습니다. 여러분에게도 이 공식은 똑같이 적용됩니다. 우리가 우리의 노력과 성과가 아닌 은혜로 구원받은 것 같이 성령의 은사 또한 노력이 아닌 은혜로부터 오는 것임을 기억하십시오.

나의 기도

아버지, 당신의 은혜의 선물로 의로움을 입었고 또한 성령의 은사들을 받았습니다. 감사합니다. 아버지, 한시라도 저의 노력과 수고로 인해 이 선물들을 받았다고 생각하지 않게 하여 주시옵소서.

> 우리가 우리의 노력이 아닌 은혜로 구원받은 것과 같이
> 성령의 은사 또한 노력이 아닌 은혜로부터 온 것이다.

Day 297

베드로가 이것을 보고 백성에게 말하되 이스라엘 사람들아 이 일을 왜 놀랍게 여기느냐
우리 개인의 권능과 경건으로 이 사람을 걷게 한 것처럼 왜 우리를 주목하느냐
아브라함과 이삭과 야곱의 하나님 곧 우리 조상의 하나님이
그의 종 예수를 영화롭게 하셨느니라… 너희가 생명의 주를 죽였도다
그러나 하나님이 죽은 자 가운데서 그를 살리셨으니 우리가 이 일에 증인이라
그 이름을 믿으므로 그 이름이 너희가 보고 아는 이 사람을 성하게 하였나니
예수로 말미암아 난 믿음이 너희 모든 사람 앞에서 이같이 완전히 낫게 하였느니라

행 3:12-16

나면서부터 걷지 못해서 미문에 앉아서 구걸하던 자가 베드로와 요한이 예수님의 이름으로 명령하자 일어나 걷게 되는 일이 벌어졌습니다. 베드로는 이를 본 사람들이 성급하게 그릇된 생각을 할까봐 그들에게 이 능력이 자신의 것이 아님을 분명하게 이야기합니다. 하나님의 능력이 한 개인을 통해 나타났다고 해서, 그것이 그 개인의 거룩함을 나타내는 증표가 아닙니다. 걷지 못하던 자가 치유함을 받은 것은 예수님의 이름을 믿는 믿음을 통해 하나님께서 그가 원하신 때에 그의 목적을 나타내신 것뿐입니다. 이 구절은 많은 것을 내포하고 있지만, 그 중 무언가를 이야기하려 했다면, 그것은 기적이 베드로나 베드로의 영성을 보이기 위해 일어나지 않았다는 것입니다. 그가 행한 기적은 하나님과 하나님의 목적을 나타내는 것에 있었습니다.

나의 기도

성령님께로부터 온 것이 아니고는 어떤 형태의 거룩함도 제가 소유할 수 없음을 다시금 깨닫게 해주시옵소서. 당신의 이름으로 기적을 행할 수 있게 하시니 감사합니다.

**기적은 베드로를 드러내기 위함이 아니라
하나님의 목적을 드러내기 위해서였다.**

Day 298

> 우리 각 사람에게 그리스도의 선물의 분량대로 은혜를 주셨나니…
> 그가 어떤 사람은 사도로 어떤 사람은 선지자로 어떤 사람은 복음 전하는 자로
> 어떤 사람은 목사와 교사로 삼으셨으니
> 이는 성도를 온전하게 하여 봉사의 일을 하게 하며 그리스도의 몸을 세우려 하심이라
> 우리가 다 하나님의 아들을 믿는 것과 아는 일에 하나가 되어
> 온전한 사람을 이루어 그리스도의 장성한 분량이 충만한 데까지 이르리니
>
> 엡 4:7, 11-13

바울은 에베소 교인들에게 이렇게 편지했습니다. "우리 각 사람에게 그리스도의 선물의 분량대로 은혜를 주셨나니"(엡 4:7). 11절은 7절에서 이야기하는 선물이 사역의 은사를 말하고 있다는 것을 분명히 해 줍니다. 오늘 말씀에서 기름부음 받은 사람들과 관련해 가지고 있는 오해를 이야기하지 않을 수 없습니다. 우리는 일반적으로 사람들이 선지자, 목사, 또는 복음 전하는 자가 되는 은사를 받았다고 생각합니다. 하지만 바울은 다른 시각으로 봤습니다. "그가 어떤 사람은 사도… 선지자… 복음 전하는 자… 목사… 교사로 삼으셨으니"(11절). 분명 사역자는 교회에게 주는 선물이었습니다. 기름부음 받은 은사는 사역자의 유익을 위해서 주어진 것이 아니었습니다. 이는 우리가 은사를 바라보는 시각에 큰 변화를 가져다 줍니다. 하나님의 은사는 다른 이들의 유익함을 위해서, 그분의 자비하심을 입은 자들에게 주어진 것입니다.

나의 기도

아버지, 제게 주신 은사를 분별할 수 있게 도와주시고, 또한 제게 은사를 주신 목적이 교회로 하여금 당신을 더 잘 알아가는 데 사용되기 위해서임을 늘 기억하게 하여 주시옵소서.

하나님의 은사는 우리의 승진과 존경을 위해서 주어진 것이 아니다.

Day 299

우리 각 사람에게 그리스도의 선물의 분량대로 은혜를 주셨나니
그러므로 이르기를 그가 위로 올라가실 때에 사로잡혔던 자들을 사로잡으시고
사람들에게 선물을 주셨다 하였도다

엡 4:7-8

하나님께서 우리 개인의 삶에 주신 선물은 개인의 헌신, 지혜, 또는 백 퍼센트 참된 교리를 나타내 주는 훈장이 아닙니다. 어쩌면 에베소서 4장 7절 말씀을 이렇게 해석할 수도 있겠습니다. 개인이 아무 공로 없이 받은 은사는 다른 이들의 유익을 위해 받은 선물입니다. 성령의 은사는 그분의 능력과 계시를 나타내는 형태이든지 사역자의 형태로 주어진 것이든지 간에 교회를 축복하는 데 그 목적이 있습니다. 하지만 우리 중 대다수는 이 초자연적인 능력의 은사를 하나님께서 그들의 삶과 영적 성숙함 그리고 교리를 인정하신 하나의 상징으로 여기는 유혹에 빠지기 쉽습니다. 은사와 능력이 크면 클수록 하나님께서 더 많이 인정해 주시는 것이라고 생각하기 쉽습니다. 만약 성령님의 능력이 나타나는 것이 공공의 이익을 위해서이지 개인의 유익을 위해서가 아니라는 것을 이해한다면, 하나님께서 불완전하고 종종 성숙하지 못한 자들을, 교회를 축복하시는 데 사용하신다는 사실을 받아들이는 것이 그리 어렵지 않을 것입니다.

나의 기도

아버지, 다른 사람들을 축복하는 데 저를 사용하여 주시옵소서. 당신의 영과 당신의 은사들을 제 삶에 나타내시되, 이를 통해 사람들이 저를 보는 것이 아니라, 당신만을 볼 수 있게 하여 주시옵소서.

**개인이 아무 공로 없이 받은 은사는
다른 이들의 유익을 위해 받은 선물이다.**

Day 300

> 어리석도다 갈라디아 사람들아 예수 그리스도께서 십자가에 못 박히신 것이
> 너희 눈 앞에 밝히 보이거늘 누가 너희를 꾀더냐
> 내가 너희에게서 다만 이것을 알려 하노니 너희가 성령을 받은 것이
> 율법의 행위로냐 혹은 듣고 믿음으로냐 너희가 이같이 어리석으냐
> 성령으로 시작하였다가 이제는 육체로 마치겠느냐
> 너희가 이같이 많은 괴로움을 헛되이 받았느냐 과연 헛되냐
> 너희에게 성령을 주시고 너희 가운데서 능력을 행하시는 이의 일이
> 율법의 행위에서냐 혹은 듣고 믿음에서냐
>
> 갈 3:1-5

갈라디아 교인들을 책망하면서 바울은 의로움을 입은 것이 우리의 노력이 아닌 믿음으로 말미암은 것과 같이, 성령의 은사를 받는 것도 이와 동일하다고 이야기합니다. 은사와 구원이 우리의 행위나 칭찬받을 만한 노력이 아닌 오직 은혜 안에서 믿음으로 주어진다는 이 개념은, 인간들의 선천적인 생각과는 완전히 대조적입니다. 기독교를 제외한 모든 종교는 구원을 받거나, 신과 하나가 되기 위한 개인의 노력을 강조합니다. 가장 흔히 잘못 사용되고 있는 공식은 인간이 죄 사함을 받기 위해서는 그에 마땅한 노력이나 대가를 치러야 한다는 것과, 부지런히 수행해야 신과 인간 사이에 벌어진 틈을 좁힐 수 있다는 것입니다. 어떻게 보면 사람들이 이렇게 생각하는 것은 오히려 자연스러운 것일지도 모르겠습니다.

나의 기도

아버지, 인간이 하나님의 은혜를 이해하는 것이 얼마나 어려운 일인지요. 나의 행위가 아닌 오직 당신을 믿는 믿음 안에서 거저 주어지는 은혜에 감사합니다.

> **은혜에 대한 개념은 우리의 선천적인 생각과는 완전히 대조적이다.**

Day 301

그러므로 우리가 믿음으로 의롭다 하심을 받았으니
우리 주 예수 그리스도로 말미암아 하나님과 화평을 누리자
또한 그로 말미암아 우리가 믿음으로 서 있는 이 은혜에 들어감을 얻었으며
하나님의 영광을 바라고 즐거워하느니라

롬 5:1-2

하나님의 시각에서 보지 않는 이상 그 누구도 믿음으로 의로움을 입는 은혜를 이해할 수 없을 것입니다. 하나님의 거룩하심을 한 손에 그리고 인간의 죄를 다른 한 손에 놓고 동시에 바라보면, 많은 것들을 새로운 시각에서 볼 수 있습니다. 우리의 그 어떤 노력도 하나님과 우리 사이의 엄청난 틈을 메울 수 없다는 것을 깨닫는다면, 오직 믿음으로만 의롭다 함을 받을 수 있다는 것이 쉽게 이해될 것입니다. 면죄부로 죄사함을 받으려 한 것과 시몬이 돈으로 하나님의 능력을 사려 한 것, 그리고 수행과 노력으로 의로움을 얻으려 하는 것에는 큰 차이가 없습니다. 따라서, 성령의 은사는 우리의 성숙함과 지혜나 인격으로 얻을 수 있는 것이 아니라, 오직 하나님의 은혜 안에서 거저 주어지는 것입니다.

나의 기도

아버지, 당신의 온전하신 거룩하심과 악하고 희망 없는 인류 사이에는 엄청나게 큰 틈이 존재합니다. 오직 당신을 믿는 믿음만이 다리를 놓아 제 영혼에 당신의 용서와 자비하심이 흐를 수 있게 함을 고백합니다.

**사람의 노력이란 공식이 희망이 없다는 것을 깨달을 때,
하나님의 십자가 방책을 이해할 수 있게 된다.**

Day 302

여호와께서 사무엘에게 이르시되 그의 용모와 키를 보지 말라
내가 이미 그를 버렸노라 내가 보는 것은 사람과 같지 아니하니
사람은 외모를 보거니와 나 여호와는 중심을 보느니라 하시더라

삼상 16:7

모든 성경시대에 걸쳐 하나님께서 우리 기준에서 비열한 사람에게 크신 자비를 베푸시고 용서하시는 것을 볼 수 있습니다. 예수님께서는 종종 교만, 위선, 가난한 자를 향한 태도, 용서하지 못함, 자기 의와 같은 죄를 우리가 악랄하다고 생각한 죄보다 더 악랄하게 여기셨습니다. 지혜롭지 못하고, 미성숙하고 나약하기 때문에 짓는 죄에는 오히려 관대하신 것처럼 보입니다. 하지만 고의적으로 하나님께 불순종하며 하나님의 은혜를 남용하고, 은혜를 죄에 대한 변명으로 삼는 자들에게는, 심판을 내리심으로 그들의 고의적인 불순종을 드러내셨습니다. 우리는 사람들이 가지고 있는 은사를 그들의 나약함과 미성숙함 때문에 과소평가하지 않도록 조심해야 합니다. 하나님께서는 그 사람의 삶을 심판하시기보다 선지자의 그릇으로 사용하시는 데 더 관심이 있으실지도 모릅니다.

나의 기도

성령님, 제 눈으로 보는 것들만으로는 당신의 목적을 이해할 수 없으니, 은혜를 더하셔서 당신의 목적을 이해할 수 있게 하여 주시옵소서. 저에게 당신의 예언적 말씀을 전해 준 자의 삶이 지혜롭지 못하고, 성숙하지 못하고, 나약하다 해서 제가 당신의 말씀을 무시하려 할 때, 약한 그릇을 통해 말씀하시기도 하심을 기억하게 하여 주옵소서.

> 우리가 아무리 가장 뛰어난 자와 나약한 자를 구별한다 해도
> 하나님의 정결하심과 거룩하심 앞에서는 도토리 키 재기이다.

Day 303

내가 예언하는 능력이 있어 모든 비밀과 모든 지식을 알고
또 산을 옮길 만한 모든 믿음이 있을지라도 사랑이 없으면 내가 아무것도 아니요

고전 13:2

예언의 은사를 선물로 받은 사람들 중 대다수는 건강하고 균형 잡혀 있는 안전한 교회를 이루는 데 있어 필수적인 리더십이 부족한 경우가 많습니다. 예언자들만 가득한 교회는 하나님의 백성들에게 그리 안전한 환경이 되지 못합니다. 예언사역을 양육하고 관리하기 원하는 교회가 가장 먼저 해야 할 중요한 일 중 하나는, 신비주의와 초자연적으로 보이고 싶어 하는 개인의 욕망을 줄이는 것입니다. 우리는 우리의 시선을 사람에게 두는 것이 아니라, 예수님과 우리를 향한 그분의 목적에 두어야 합니다. 예언사역은 영적 아름다움을 과시하는 자리가 아닙니다. 하지만 사람들이 은사를 교회를 축복하기 위한 도구로 보기보다 훈장처럼 여기기 시작한다면, 예언사역은 곧 영적인 능력과 아름다움을 과시하는 자리가 될 것입니다. 능력과 계시가 예언사역을 하는 사람에게 흐른다고 해서 하나님께서 반드시 그들의 삶의 다른 영역도 기뻐하시는 것은 아닙니다. 때로는 개인의 내적인 삶이 무너졌을 때에도 예언의 은사는 지속되기도 합니다.

나의 기도

아버지, 당신의 백성에게 주기 원하시는 참된 계시에 제가 집중할 수 있도록 도와주시옵소서. 아버지의 사랑 안에서 성장하고 친밀해지는 것보다 다른 것을 더 소원하지 않게 하옵소서. 당신의 교회를 당신이 원하시는 방법과 쓰시기 원하시는 사람을 사용하여 세우시옵소서.

**사람이 중요한 것이 아니다.
주님을 사랑하고 그분의 교회를 세우는 것이 중요하다.**

Day 304

알지 못하고 맞을 일을 행한 종은 적게 맞으리라 무릇 많이 받은 자에게는
많이 요구할 것이요 많이 맡은 자에게는 많이 달라 할 것이니라

눅 12:48

뛰어난 영적 은사를 가진 사람과 리더로 부름 받은 사람은 스스로를 고상하게 여기지 않도록 끊임없이 조심해야 합니다. 스스로 고상하게 여긴다는 것은 간단히 말하면, 자신을 향한 하나님의 목적이 중요한 것이라서 자기의 위치가 대단하기 때문에 하는 일에 있어 관대하게 여김 받을 것이라는 생각입니다. 스스로를 고상하게 여기는 사람들은 자신들이 하고 있는 일이 하나님께 너무 중요한 일이기 때문에, 하나님의 능력이 자신들을 통해 나타난다고 생각합니다. 그렇기 때문에 사소한 일이거나 잘 드러나지 않는 영역에서는 성실하게 정직하게 일해야 할 의무를 느끼지 못합니다. 많은 능력과 영향력을 가진 사람들이 바로 이런 자기기만의 유혹에 빠져 병들기 쉽습니다. 실제로는 정반대가 사실이기 때문에 이는 큰 속임수입니다. 영적 은사를 행하는 모든 개인과 특권 또는 리더십의 자리에 위치한 모든 개인들은 평가의 날이 다가오고 있다는 것을 인식하며 사역해야 합니다. 우리는 언젠가는 다 하나님 앞에 서서 우리 삶과 사역에 대한 최종 평가를 받게 될 것입니다(고전 3:11-15).

나의 기도

성령님, 제 마음속에 스스로를 고상히 여기는 마음이 있다면 깨닫게 하여 주시옵소서. 제 삶과 제 입술을 성실과, 정직과, 상냥함으로 채워 주시옵소서. 제가 말하고 생각한 모든 것을 당신 앞에서 평가 받는 날이 올 것이라는 것을 절대 잊지 않도록 도와주시옵소서.

> 우리는 언젠가는 다 하나님 앞에 서서
> 우리 삶과 사역에 대한 최종 평가를 받게 될 것이다.

Day 305

너는 편견이 없이 이것들을 지켜 아무 일도 불공평하게 하지 말며 아무에게나 경솔히
안수하지 말고 다른 사람의 죄에 간섭하지 말며 네 자신을 지켜 정결하게 하라

딤전 5:20-22

하나님께서는 연약한 사람에게 자비를 베푸시며 그들의 내면이 온전하지 못하여도 그들을 통해 은사를 나타내십니다. 하지만 이로 인해 안심하지도 불평하지도 마십시오, 영원히 지속되지는 않을 것입니다. 이는 개가 자유롭게 풀려 있는 것과 마찬가지입니다. 자유롭기 때문에 고양이를 쫓아다니며 코너에 몰 수도 있지만, 결국은 어느 순간에 그 자유가 끝날 것입니다. 어떤 하나님의 사람들은 하나님께서 죄를 오래 참으시고 주신 은사를 후회하지 않으신다는 것을 보여주기도 하고, 어떤 이들은 하나님께서 결국 그의 종으로 부르셔서 책임을 주시는 본으로 보여주기도 합니다. 하나님의 훈련의 손길은 후자에 속한 그룹에게 더 무겁습니다. 선지자와 리더 그리고 성도들을 향한 하나님의 메시지는 이렇습니다. 하나님의 은사는 그의 자비하심으로 거저 주어진 것으로 그들의 모든 것을 인정해 주신 증표가 아닙니다. 그러므로 미성숙한 사람들을 통해 나타나는 영적 은사들을 경시하지 마십시오. 하지만 하나님께서 그의 은혜와 인내하심으로 한때 기름 부어 예언하는 자로 삼으셨지만, 계속해서 육욕을 버리지 못한 이들에게 속지도 마십시오. 하나님께서는 결국 우리에게 맡기신 은사대로 우리를 책임의 자리로 부르실 것입니다.

나의 기도

아버지, 은사를 행하는 사람이나 은사 자체가 아닌 당신에게만 집중할 수 있도록 도와주옵소서. 당신의 계시를 올바르게 잘 감당할 수 있는 자가 되게 하시고, 다른 이들을 판단하는 것을 오직 아버지께 맡겨드릴 수 있게 도와주옵소서.

**하나님의 은사는 그의 자비하심대로 거저 주어진 것이지
우리를 인정하셨다는 증표가 아니다.**

Day 306

먼저 알 것은 성경의 모든 예언은 사사로이 풀 것이 아니니
예언은 언제든지 사람의 뜻으로 낸 것이 아니요
오직 성령의 감동하심을 받은 사람들이 하나님께 받아 말한 것임이라

벧후 1:20-21

방법이나 사역 스타일로는 능력과 기름부으심을 일으킬 수 없습니다. 하나님께서 말씀하셨거나 역사하셨거나 치유하셨을 때, 당신이 어떤 특정 장소에서 특정 행동을 하고 있었다고 해서 그 상황에 크게 의미를 두지 마십시오. 아무런 관련도 없습니다. 하지만 사람들은 다시 똑같은 상황을 재현해서 하나님의 능력이 다시 나타나는 것을 보려고 시도합니다. 저는 방법을 열쇠라고 생각하여 방법과 스타일을 흉내 내는 각처의 많은 다른 사람들을 만났습니다. 하지만 성령님만이 열쇠이며, 성령님만이 하나님의 능력을 나타내실 수 있습니다. 우리가 변함없이 새벽예배를 드리고 기름부으심이 있었던 곡을 찬양 인도자가 부르면 하나님께서 똑같이 역사하실지도 모른다고 생각해서는 안 됩니다. 이는 영적 미신입니다.

나의 기도

성령님, 당신이 말씀하시고 싶으신 방식으로 제게 말씀하시옵소서. 저로 하여금 어떤 특정한 방법이나 버릇 또는 스타일이 옳다고 생각하지 않게 하여 주시옵소서. 다른 이들의 전달 방식을 판단하지 않으면서, 그들을 통해 당신의 음성을 명확하게 들을 수 있도록 도와주시옵소서.

예언하는 사람들이 종종 받는 유혹은
그들의 특정한 방법이나 스타일이 기름부으심을 위해
반드시 필요하다 생각하는 것이다.

Day 307

사랑을 추구하며 신령한 것들을 사모하되 특별히 예언을 하려고 하라
방언을 말하는 자는 사람에게 하지 아니하고 하나님께 하나니
이는 알아듣는 자가 없고 영으로 비밀을 말함이라
그러나 예언하는 자는 사람에게 말하여 덕을 세우며 권면하며 위로하는 것이요

고전 14:1-3

어떤 이들은 즉흥적인 경험을 시스템화시키는 경향이 있습니다. 우리는 가끔 어떤 방법적인 열쇠만 개발하면 우리가 상황을 통제할 수 있을 것이라고 생각합니다. 사람들은 사역에 성공하면(또는 성공적으로 보이거나), 사역을 성공적으로 이끄는 데 사용된 같은 방법을 사람들에게 적용시켜 그들을 교묘하게 다루는 데 사용하기도 합니다. 기름부음 받은 하나님의 남자 또는 여자라고 한번 인식되면, 다른 이들에게 제안을 할 수 있는 힘을 얻게 됩니다. 누군가에게 넘어질 것이라고 말하거나, 예언을 받으라고 말하거나, 또는 방언으로 말하라고 제안하는 것은 조종하려는 욕구입니다. 능력과 예언적인 은사를 가졌지만 지역 교회 팀과 균형 있는 관계를 가지지 못한 사역자는 그들의 사역을 방법과 수단의 능력에 의존하게 되는 경향이 있습니다. 만약 그들이 세상적인 사람들과 밀접하게 관계되어 있을 때는, 특히 더 조작과 위장에서 벗어나기가 어렵습니다.

나의 기도

성령님, 당신이 인간에게 즉흥적으로 부어 주시는 계시를 저는 너무나도 사랑합니다. 저에게 주신 은사들을 조작하거나 예측하는 것에서부터 저를 최대한 멀리하시고, 하나님께서 선택하셔서 그 원하시는 때에 말씀을 주신 자들의 입을 제가 막지 않게 하여 주시옵소서.

은사와 능력은 성령께서 원하시는 대로 주어진다.

Day 308

나에게 이르시기를 내 은혜가 네게 족하도다
이는 내 능력이 약한 데서 온전하여짐이라 하신지라
그러므로 도리어 크게 기뻐함으로 나의 여러 약한 것들에 대하여 자랑하리니
이는 그리스도의 능력이 내게 머물게 하려 함이라
그러므로 내가 그리스도를 위하여 약한 것들과 능욕과 궁핍과 박해와
곤고를 기뻐하노니 이는 내가 약한 그 때에 강함이라

고후 12:9-10

이런 방식으로 하면 하나님의 능력이 나타날 것이라는 공식을 우리는 무너트려야 합니다. 하나님께서는 사역자나 그의 방법에 사람들이 마음을 뺏기지 않도록, 때로는 전략적으로 역사하지 않으시기도 한다고 저는 믿습니다. 하나님께서는 우리가 방법을 신뢰하지 않게 하시기 위해 성령님을 거두시기도 합니다. 우리는 결코 약해 보이는 것을 원치 않습니다. 하지만 바울은 증거하기를, 여러 약한 것들에 대하여 자랑하는데 이는 그리스도의 능력이 머물게 하려 함이라고 했습니다. 예언사역은 본래 숭배의 대상이 되기가 쉽습니다. 마음이 열리고 굶주린 사람들은 예언적인 기름부음을 받은 사람들에게 몰리는데, 그들은 예언자가 무슨 말을 해 줄지 희망을 갖기도 하지만, 동시에 자신들의 비밀을 누설하진 않을까 두려워하기도 합니다. 사람들은 예언자가 내뱉은 말이라면 단어 하나하나까지 매달리기도 합니다. 이러한 다양한 상호작용은 예언자와 예언을 받는 사람으로 하여금 쉽게 유혹에 빠지게 만듭니다.

나의 기도

아버지, 당신께서는 공식이나 방법의 하나님이 아니십니다. 계속해서 아버지가 원하시는 대로 당신의 임재와 능력을 나타내시옵소서. 예언사역을 하면서 숭배의 대상이 되고자 하는 마음이 있다면 모두 제거하여 주시옵소서. 아버지께서 하고자 하시는 일을 저와 다른 이들을 통해 행하시옵소서.

결국, 살아계신 하나님께 직접 듣는 것이 가장 멋진 일이다.

Day 309

저녁 소제 드릴 때에 이르러 선지자 엘리야가 나아가서 말하되
아브라함과 이삭과 이스라엘의 하나님 여호와여 주께서
이스라엘 중에서 하나님이신 것과 내가 주의 종인 것과 내가 주의 말씀대로
이 모든 일을 행하는 것을 오늘 알게 하옵소서…
이에 여호와의 불이 내려서 번제물과 나무와 돌과 흙을 태우고 또 도랑의 물을 핥은지라

왕상 18:36-38

그리스도의 몸 안에서 존재할지 모르는 다른 역할로부터 자신의 정체성을 찾으려 하기보다, 예언사역에 둘러싸여 있고 싶어 하는 사람들을 저는 많이 봐왔습니다. 예언하는 사람들은 종종 하나님께서 말씀을 하시든 안 하시든 관계없이, 본인이 하나님의 음성을 늘 들을 것이라는 다른 이들의 기대에 순응해 버립니다. 하나님의 능력을 나타내는 일을 할 때에는 어떤 의미에서는 하나님으로 하여금 일하시기 좀 더 어렵게 만들어야 한다고 생각합니다. 이에 대해 설명하겠습니다. 저는 엘리야가 갈멜 산에서 제단에 물을 붓는 장면을 묵상하고 있었습니다. 그는 조건을 더 쉽게 조작하거나 몰래 뒤에서 성냥을 켜지 않았습니다. 그에겐 참된 하나님의 불이 떨어지면 젖은 제단도 불태워 버릴 것이란 자신이 있었습니다. 저는 예언사역을 하는 사역자들에게 정말 하나님의 능력이 나타나기를 믿으며 자신이 준비하는 '제단에 물을 부으라고' 도전하고 싶습니다. 그렇다면 감히 내가 하나님을 좀 도와드려야겠다는 생각을 하지 못하게 될 것입니다. 그리고 하나님의 능력이 나타났을 때 사람들은 하나님의 선지자에게 영광 돌리는 것이 아니라, 선지자의 하나님께 영광 돌리게 될 것입니다.

나의 기도

아버지, 제가 당신의 능력을 나타내려고 상황을 '설정'하지 않게 하시옵소서. 제가 주님께 '도움'을 드리려는 어떠한 시도도 하지 않게 하시고, 오직 주님으로부터만 능력과 계시가 오게 하여 주시옵소서.

스스로에게 감명 받지 마시고 하나님과 하나님의 능력에 감명 받으십시오.

Day 310

그 날에 많은 사람이 나더러 이르되 주여 주여 우리가 주의 이름으로
선지자 노릇 하며… 그 때에 내가 그들에게 밝히 말하되
내가 너희를 도무지 알지 못하니 불법을 행하는 자들아 내게서 떠나가라 하리라

마 7:22-23

효과적인 예언사역을 위해 감당해야 할 가장 어려운 일 중 하나는 개인의 생각을 집어넣지 않는 것입니다. 교사들은 강단 위에 서서 자신들의 생각들을 자유롭게 이야기할 수 있습니다. 하지만 예언을 하는 사람들은 종종 교사들에게는 있고 자신들에게는 없는 이 자유 때문에 몸을 비틀곤 합니다. 예언사역자들이 가르침의 은사를 가지고 있는 사람이 있는 지역 교회와 한 팀을 이뤄서 사역하는 것은 굉장히 중요합니다. 만약 팀으로 사역하지 않고 혼자 사역하면 종종 너무 많은 책임이 자신에게 주어졌다고 생각하게 되어 결국은 자신의 부르심의 영역을 넘어서는 유혹을 받게 됩니다. 예언의 은사가 있는 사람과 복음주의자가 지역 교회에서 분리되면, 많은 따르는 자들을 가지고 있는 가르침의 은사가 있는 자들이 그러기 쉬운 것처럼, 그들은 종종 교리를 세우는 유혹에 빠지게 됩니다. 그들은 자신들 안에 있는 초자연적인 성령의 은사들로 많은 사람들을 가르칩니다. 하지만 성경을 적절히 공부하지 않고 훈련되어지지 않은 채로 가르침의 은사를 개발하여 사역을 하게 되면, 그들은 자신을 따르는 자들에게 균형 잡히지 못한 교리를 가르치게 됩니다.

나의 기도

아버지, 말씀 안에서 제게 필요한 훈련을 마치시기 전에는 저로 하여금 대중 앞에서 하는 모든 사역을 허락하지 마시옵소서. 제가 잘못된 곳에서 방황하지 않도록 저를 모든 잘못된 권위로부터 보호하여 주시옵소서.

예언사역자들은 빠지기 쉬운 많은 함정에 주의해야 한다.

Day 311

> 그러므로 너희도 영적인 것을
> 사모하는 자인즉 교회의 덕을 세우기 위하여
> 그것이 풍성하기를 구하라
>
> 고전 14:12

영적 은사와 그것이 의미하는 바에 대한 잘못된 가정은 우리로 하여금 정말 좋은 것을 내던져 버리게 하기도 하고, 나쁜 것을 받아들이게 하기도 합니다. 은사가 있다고 해서 그 방법이나, 개인의 성품이 보장된 것은 아닙니다. 예언자가 큰 기적을 행했다고 해서 그 사람이 가진 교리가 다 옳다고 검증된 것도 아닙니다. "각 사람에게 성령을 나타내심이 유익하게 하려 하심이라"(고전 12:7). 우리는 이것을 가장 중요하게 기억해야 합니다. 영적 은사는 그리스도의 몸을 축복하기 위한 목적으로 주어진 것이지, 은사를 행하는 자를 높이기 위해 주어진 것이 아닙니다. 하나님께서는 연약한 자와 불완전한 자를 사용하시고, 그들을 통해 영광 받는 것을 기뻐하십니다.

나의 기도

성령님, 우리에게 당신의 은사의 축복을 주시니 감사합니다. 주신 은사가 다른 이들을 축복하기 위함임을 저로 하여금 잊지 않게 하여 주시옵소서. 연약하고 불완전한 저를 당신의 영광을 선포하는 데 사용해 주시니 감사합니다.

**예언과 치유사역에 쓰임 받는 것에 대해
무감각해지지 마십시오.**

Day 312

> 그런즉 내 형제들아 예언하기를 사모하며
> 방언 말하기를 금하지 말라
> 모든 것을 품위 있게 하고 질서 있게 하라
>
> 고전 14: 39-40

우리는 하나님께서 우리를 어떻게 대하시는지와 관련하여 많은 종교적 가정을 만들어 냈습니다. 하나님은 젠틀맨이셔서 무례하게 들어오지 않으시고 문 밖에 정중하게 서서 조용히 그리고 인내하심으로 문을 두드리신다고 말합니다. 그리고 성령님은 종종 굉장히 수줍어하시고 조심스러워 하시는 분이라고 말합니다. 또한 우리가 성령님을 움직이게 하려면 굉장히 조용히 잠잠하게 있어야 하며, 혹여나 아기가 울면 성령님이 소멸되거나 놀란다고 생각합니다. 다 틀린 말은 아니지만 이 중 상당 부분은 말도 되지 않습니다. 하지만 몇몇 오순절파나 보수적 복음주의파에 속한 곳에서는 실제로 위의 개념과 비슷하게 모든 것이 돌아가기도 합니다. 바울은 고린도 사람들에게 방언이나 예언하는 것을 금하지 말되 "모든 것을 품위 있게 하고 질서 있게 하라"고 지시했습니다.

나의 기도

성령님, 실제로 당신은 온유하시니 감사합니다. 제게 주시기 원하시는 계시를 향해 제가 마음 문을 열 때까지 인내하며 기다려 주시니 감사합니다. 성령님께서 지시하시고 결정하신 대로만 제가 항상 움직일 수 있게 하여 주시옵소서.

> **성령님은 젠틀맨이셔서 무턱대고 들어오지 않으신다.**
> **문 밖에서 조용히 두드리시며 인내하며 기다리신다.**

Day 313

베드로가 열한 사도와 함께 서서 소리를 높여 이르되
유대인들과 예루살렘에 사는 모든 사람들아 이 일을 너희로 알게 할 것이니
내 말에 귀를 기울이라 때가 제 삼시니 너희 생각과 같이 이 사람들이 취한 것이 아니라
이는 곧 선지자 요엘을 통하여 말씀하신 것이니

행 2:14-16

성경에서 성령님의 움직임을 살펴보면 우리에게 주시는 가르침이 있습니다. 성령님은 우리의 명성을 크게 신경 쓰시지 않는 것 같습니다. 성령의 부어짐과 다락방에 있었던 자들의 지위와는 관련이 없었습니다. "너희 생각과 같이 이 사람들은 취한 것이 아니라." 베드로의 말을 보면 몇몇은 성령에 취하기까지 한 듯합니다. 저는 베드로가 여전히 천국의 거룩한 환희를 느끼며 사도행전 2장에 기록된 말씀을 가르치는 장면을 상상해 봅니다. 베드로의 첫 설교 대상자는 오순절을 지키기 위해 각국에서 몰려온 유대인들이었습니다. 많은 이들이 각 사람이 난 곳의 방언을 듣자 놀라며 신기해 했습니다(행 2:8-12). 베드로는 동시에 가장 종교적인 히브리계 바리새인들에게도 설교했지만 그들은 비웃으며 말했습니다. "그들이 새 술에 취했도다"(13절). 종교 지도자들에게 제자들의 행동은 질서에서 벗어난 것처럼 보였겠지만 이는 분명 성령님이 행하신 일이었습니다.

나의 기도

성령님, 당신이 기름 부으실 때 겉으로 드러나는 반응에 신경 쓴 저를 용서하여 주시옵소서. 다른 이들을 판단한 것도 용서해 주시옵소서. 성령님께서 원하시는 방법으로 역사하시도록 허락하겠습니다.

성령님은 우리의 명성을 크게 신경 쓰시는 것 같지는 않으시다.

Day 314

하나님의 지혜에 있어서는 이 세상이 자기 지혜로 하나님을 알지 못하므로
하나님께서 전도의 미련한 것으로 믿는 자들을 구원하시기를 기뻐하셨도다
유대인은 표적을 구하고 헬라인은 지혜를 찾으나 우리는
십자가에 못 박힌 그리스도를 전하니 유대인들에게는 거리끼는 것이요
이방인에게는 미련한 것이로되 오직 부르심을 받은 자들에게는
유대인이나 헬라인이나 그리스도는 하나님의 능력이요 하나님의 지혜니라

고전 1:21-24

우리는 성령님의 이미지를 예의 바르고, 내성적이고, 유하게 떠올리지만 실제로는 이와는 반대로 사람들에게 의도적으로 불편한 감정을 일으키시기도 하십니다. 이방인들이 복음을 미련하게 여긴 것과 유대인들이 십자가에 못 박힌 그리스도를 거리낀 것도 여기에 포함될 수 있습니다. 바울은 갈라디아 사람들에게 경고했습니다. 유대인에게 요구되는 것처럼 이방인에게 할례를 요구한다면, "십자가를 전하는 어려움도 사라졌을 것"(갈 5:11)이라고 경고했습니다. 우리가 얻을 수 있는 교훈은 복음은 때로는 하나님에 의해 거리낌을 유발하도록 고안되었다는 것입니다. 하나님께서는 그의 방법으로 사람들의 마음을 불편하게 하신 후에 사람들의 마음속에 숨겨진 자만과 자기충족 그리고 거짓된 순종을 드러내십니다.

나의 기도

아버지, 성령님을 통해 저와 다른 이들의 마음에 거리낌을 유발하실 때를 위해 저를 준비시켜 주시옵소서. 저의 자만과 자기충족 그리고 거짓된 순종을 드러내시기 위해 이러한 방법을 선택하셨다는 것을 그때가 되었을 때 기억하게 하여 주시옵소서.

성령님은 고의적으로 사람들 안에 불쾌감을 일으키시기도 하신다.

Day 315

나는 하늘에서 내려온 살아 있는 떡이니…내가 진실로 진실로 너희에게 이르노니
인자의 살을 먹지 아니하고 인자의 피를 마시지 아니하면
너희 속에 생명이 없느니라 내 살을 먹고 피를 마시는 자는 영생을 가졌고
마지막 날에 내가 그를 다시 살리리니

요 6:51, 53-54

하나님께서 고의적으로 사람들을 불쾌하게 하시는 좋은 예로 요한복음 6장을 들 수 있습니다. 예수님께서는 기적을 베푸셔서 적은 고기와 빵으로 5천 명을 먹이셨습니다. 그들은 이제 메시아가 빵을 불리고 사람을 치유하는 것 말고, 더 큰 기적을 보여줌으로써 자신이 메시아인 것을 확증하기를 바랐습니다. 그들은 예수님께 하늘에서 만나가 떨어진 것과 같은 표적을 구했습니다. 예수님께서는 스스로를 하늘에서 내려온 빵이라고 이야기하심으로 신학적으로 그들의 불쾌감을 자극하셨습니다. 그들이 요구한 표적을 거절하심으로 그들의 기대를 거스르셨습니다. 그리고 자신의 몸을 먹고 피를 마시라고 말씀하시며 그들의 감각과 품위를 건드리셨습니다. 이는 다 하나님보다 자신의 전통을 더 사랑한 그들의 마음을 꿰뚫고 계셨기 때문에 하신 말씀이셨습니다. 요한복음 6장에 기록된 대로 자신을 따른 자들의 불순한 동기도 아셨습니다. 그들의 마음을 불쾌하게 하심으로 의도적으로 그들의 마음을 드러내신 것입니다.

나의 기도

성령님, 제 안에 어떤 불쾌감을 일으키실 때 제가 바로 깨닫고 그 자리에서 회개할 수 있게 하여 주시고, 이 모든 것이 우리를 구속하시기 위해서임을 기억하게 하여 주시옵소서. 저를 거스르심으로 제 마음을 드러내시고, 저를 회개와 회복의 자리로 이끌어 주시옵소서.

**하나님께서 우리의 불쾌감을 자극하시는 것은 우리를 구속하시고
우리들의 마음을 드러내 보이기 위해서이다.**

Day 316

각 사람에게 성령을 나타내심은 유익하게 하려 하심이라
어떤 사람에게는 성령으로 말미암아 지혜의 말씀을 어떤 사람에게는 같은 성령을 따라
지식의 말씀을 다른 사람에게는 같은 성령으로 믿음을 어떤 사람에게는
한 성령으로 병 고치는 은사를 어떤 사람에게는 능력 행함을 어떤 사람에게는 예언함을
어떤 사람들에게는 영들 분별함을 다른 사람에게는 각종 방언을 말함을
어떤 사람에게는 방언들 통역함을 주시나니
이 모든 일은 같은 한 성령이 행하사 그의 뜻대로 각 사람에게 나누어 주시는 것이니라

고전 12:7-11

예언사역은 사역에서 그치지 않습니다. 예언사역의 목적은 항상 예언보다 더 크고 가치 있는 무언가에 힘을 더하고 이를 증진시키는 데 있습니다. 사람들은 메시지 안에 담겨 있는 하나님의 목적보다 메시지를 전달하는 사람이나 방법에 더 집중함으로 본론에서 벗어나기도 합니다. 별 다섯 개짜리 선지자가 산을 옮길 만한 확신을 가지고 메시지를 전달한다고 해도 그것이 중요한 것이 아닙니다. 단지 모두에게 유익이 될 것 같아 보인다고 해서 중요한 것이 아닙니다. 메시지 그 자체는 항상 메시지를 전달하는 수단보다 더 중요합니다. 우리의 주관적인 믿음은 항상 객관적인 측면에서 철저히 검토되어야 합니다. 그렇다고 해서 주관적인 믿음이 중요하지 않다는 것이 아닙니다. 둘 다 중요합니다. 하나님께서는 말씀과 성령이 항상 균형 있게 다뤄지기 위해 일하고 계십니다. 만약 우리에게 말씀도 있고 성령도 있다면 우리는 성장할 것입니다.

나의 기도

성령님, 단순히 당신에 대해 알기를 구하는 것이 아니라 당신과 당신의 성품을 열정적으로 알기를 구하게 하여 주시옵소서.

우리는 하나님을 갈망해야 한다. 단지 하나님에 대한 지식을 갈망해서는 안 된다.

Day 317

> 만군의 여호와 그를 너희가 거룩하다 하고 그를 너희가 두려워하며 무서워할 자로 삼으라 그가 성소가 되시리라 그러나 이스라엘의 두 집에는 걸림돌과 걸려 넘어지는 반석이 되실 것이며 예루살렘 주민에게는 함정과 올무가 되시리니
>
> 사 8:13-14

바리새인들도 제자들도 예수님을 오해했고, 그분의 말씀에 지속적으로 불편함을 느꼈습니다. 예수님께서 "나는 하늘에서 내려온 살아 있는 떡이니"(요 6:51)라고 하셨을 때, 불쾌감에 등을 돌려버린 사람들은 바리새인이 아니라 열두 제자를 제외한 예수님을 따르던 다른 제자들이었습니다. 주님께서 큰 지혜로 가르치시고 고향에서 몇 가지 놀라운 일들을 행하셨지만, 예수님의 친구들은 "예수님을 배척했습니다"(마 13:57). 신약에 많이 사용된 헬라어 '성나게 하다, 감정을 상하게 하다(offend)'는 일반적으로 '넘어지다(to stumble)'라는 뜻으로도 쓰입니다. 헬라어로 offend는 skandalizo인데, 영어의 스캔들(scandal)이 여기서 유래되었습니다. 하나님께서는 사람들의 감정을 건드리심으로 그들의 마음 가운데 그들을 넘어지게 하는 것들을 드러내십니다. 성경에 기록된 대로 예수님은 진리이고 생명의 떡이고 또한 문이십니다. 성경은 또한 예수님을 가리켜 "거치는 돌과 걸려 넘어질 바위가 되신다"라고 기록하고 있습니다(사 8:14). 상한 감정이 우리에게 진짜 말해주는 것은 하나님을 향한 우리의 굶주림이 부족하다는 것과 우리가 겸손하지 못하다는 것입니다. 하나님의 시각에서 그를 향한 굶주림과 겸손은 중요한 마음의 성격입니다.

나의 기도

아버지, 제 마음 가운데 감춰져 있어서 저로 하여금 넘어지게 만드는 것들이 있다면 성령님을 통해 제게 나타내 주시고, 제가 그것들을 당신 앞에 내려놓고 저를 향한 당신의 온전하신 뜻을 구하게 하여 주시옵소서.

하나님께서는 자신의 백성들의 마음을 성나게 하기도 하시고 불쾌하게 하기도 하신다.

Day 318

우리 주 예수 그리스도의 하나님
영광의 아버지께서 지혜와 계시의 영을 너희에게 주사 하나님을 알게 하시고
너희 마음의 눈을 밝히사 그의 부르심의 소망이 무엇이며
성도 안에서 그 기업의 영광의 풍성함이 무엇이며
그의 힘의 위력으로 역사하심을 따라 믿는 우리에게 베푸신 능력의 지극히 크심이
어떠한 것을 너희로 알게 하시기를 구하노라

엡 1:17-19

신약 시대에 일어난 예언사역과 성령님의 초자연적인 사역은 우리가 가늠할 수 있는 것들이 아닙니다. 이는 상황을 제어하고 싶어 하는 우리의 문제와 종교적 관례에 도전장을 내밉니다. 우리는 신비로운 하나님을 받아들이기 위해 부름 받았지, 우리가 마주하는 모든 교리나 철학을 가지고 미스테리를 풀라고 부름 받지 않았습니다. 하나님과 개인적으로 관계를 가지고 싶어 하는 굶주림이 모든 것을 완벽하게 이해하고 싶어 하는 충동보다 앞서야 합니다. 하나님 앞에서 겸손하게 우리의 존재에 대해 생각해 보면, 적어도 이 땅에서는 크신 하나님의 미스테리를 다 풀 수 없음을 깨닫게 됩니다. 우리는 있는 그대로를 받아들이며 살아가는 것을 힘들어 합니다. 우리가 육체를 입고 사는 동안에는 더 많이 안다고 해서 결코 삶이 쉬워지는 것이 아닙니다.

나의 기도

아버지, 제가 당신을 더욱 알기 원하는 것 만큼이나 제 마음에 소원하는 것은, 당신과 친밀한 관계를 가지는 것입니다.

**진정한 기독교는 살아계신 하나님과 역동적인 관계를 가지는 것이다.
이는 특정 공식이나 딱딱한 전통적 신념에 의해 이루어지지 않는다.**

Day 319

너희가 성경에서 영생을 얻는 줄 생각하고 성경을 연구하거니와
이 성경이 곧 내게 대하여 증언하는 것이니라
그러나 너희가 영생을 얻기 위하여 내게 오기를 원하지 아니하는도다
나는 사람에게서 영광을 취하지 아니하노라
다만 하나님을 사랑하는 것이 너희 속에 없음을 알았노라…
너희가 서로 영광을 취하고 유일하신 하나님께로부터 오는 영광은 구하지 아니하니
어찌 나를 믿을 수 있느냐

요 5:39-42, 44

예수님께서는 자기만족과 교만이 일으키는 근본적인 문제를 직접 지적하셨습니다. 종교적인 유대인들은 자신들의 성경지식과 종교적 공동체에 속해 있는 것 자체를 하나님을 아는 지식과 동등하게 여겼습니다. 하지만 그들은 하나님이신 예수님을 부인했고 그분과의 개인적인 교제를 완강하게 거부했습니다. 성경을 기록하신 분을 거부하면서 자신들이 알고 있는 성경 지식은 자랑했습니다. 하나님께서는 성령님과 함께 우리의 마음과 걸음을 시험하시기 위해 전략적으로 우리 앞에 걸림돌을 놓기도 하십니다. 만약 우리가 하나님께 굶주리고 겸손한 마음으로 반응한다면, 이 걸림돌은 우리를 향한 하나님의 목적으로 우리를 이끌어 줄 받침돌로 변할 것입니다.

나의 기도

아버지, 제 안에 있는 자기만족과 교만함을 제거하여 주시옵소서. 제 마음을 시험하시고 겸손함으로 나를 강건하게 하시고, 제 삶의 목적이 성취될 수 있도록 저를 준비시켜 주시옵소서.

아버지와 아들 그리고 성령님과 더 친밀한 관계 안에 들어서기 위해서는 어떤 대가라도 치를 마음의 자세가 되어 있어야 한다.

Day 320

여호와께서 내게 이르시되 이스라엘 자손이 다른 신을 섬기고
건포도 과자를 즐길지라도 여호와가 그들을 사랑하나니
너는 또 가서 타인의 사랑을 받아 음녀가 된 그 여자를 사랑하라 하시기로…
그 후에 이스라엘 자손이 돌아와서
그들의 하나님 여호와와 그들의 왕 다윗을 찾고
마지막 날에는 여호와를 경외하므로 여호와와 그의 은총으로 나아가리라

호 3:1-5

하나님께서는 종종 선지자로 부르신 이들로 하여금 그들이 선포하게 될 예언의 메시지와 동일한 삶을 살게 하십니다. 하나님께서는 종종 우리가 이해하기 어려운 방식으로 그의 종들을 대하십니다. 이는 선지자로 부름 받은 이들이 짊어져야 할 짐입니다. 사람들의 삶이 하나님께서 전하고자 하는 메시지를 나타내는 데 사용될 때, 이 메시지를 품은 자는 그 문제에 대한 하나님의 마음을 느낍니다. 하나님께서는 호세아 선지자에게 매춘부를 받아들여 결혼하라고 지시하셨습니다. 그렇게 하면서 호세아는 음란한 이스라엘에게 하나님의 사랑과 인내를 나타내었습니다. 말할 것도 없이 이는 굉장히 고통스러운 일이었겠지만 그로 하여금 하나님의 마음을 느끼게 해 주었습니다. 하나님께서는 그의 종이 하나님께서 어떤 분이시라는 것을 말하는 자로만 남지 아니하고 하나님을 닮기를 원하십니다. 또한 하나님께서 원하시는 것을 말할 뿐만 아니라 하나님의 뜻을 행하고 나타내기를 원하시며, 그분의 마음을 선포할 뿐만 아니라 느끼기를 원하십니다.

나의 기도

성령님, 제 영혼을 아버지께서 다루고 싶어 하시는 대로 다루어 주시옵소서. 성령님만을 닮고 싶고 당신의 뜻만을 좇고 싶습니다.

하나님께서는 종종 우리가 이해하기 어려운 방식으로 그의 종을 대하신다.

Day 321

여러 계시를 받은 것이 지극히 크므로 너무 자만하지 않게 하시려고
내 육체에 가시 곧 사탄의 사자를 주셨으니…
이것이 내게서 떠나가게 하기 위하여 내가 세 번 주께 간구하였더니
나에게 이르시기를 내 은혜가 네게 족하도다
이는 내 능력이 약한 데서 온전하여짐이라 하신지라

고후 12:7-9

하나님께서는 풍성한 계시를 위해 우리 육체에 가시를 주사 교만이 우리의 마음을 망가트리지 않도록 보호해 주십니다. 사도 바울은 자신에게 "육체의 가시"가 주어졌는데 이는 스스로 자만하지 않게 하려 하신 것이라고 말합니다. 이는 그의 사역이 "지극히 큰 계시"로 가득했기 때문입니다(고후 12:7). 하나님께서는 어떤 이들 안에 행하신 아름다운 일들을 공개적으로 드러내지 않으시기도 합니다. 주변 사람들이나 소수의 사람들을 제외한 다른 사람들에게는 그 사람의 아름다움을 감추십니다. 이런 경우는 하나님께서 그들의 삶을 온전하게 하시되 스스로를 즐겁게 하시기 위해서이기도 하고, 그 아름다움으로 오직 주변 사람들에게만 영향을 주도록 작정하셨기 때문이기도 합니다. 때때로 성령님은 개인이 강단에 서서 어떠한 메시지를 전하기까지 평생 동안을 그 개인의 안에서만 드러나지 않게 역사하시기도 합니다. 반면에 메시지를 선포하기 위해 부름 받은 자들도 있는데, 성령님은 이들의 삶을 성숙하게 하시기 이전에도 이들에게 강단에 서서 말씀을 전할 수 있는 자리를 주십니다.

나의 기도

아버지, 제 평생 전해야 할 메시지를 보여주시옵소서. 저를 통해 하기 원하시는 일을 보여주시옵소서. 무슨 일이든지 당신의 일에 합당한 그릇으로 빚어주시옵소서.

하나님께서는 우리 개개인의 삶을 메시지로 삼기로 작정하셨다.

Day 322

주의 약속은 어떤 이들이 더디다고 생각하는 것 같이
더딘 것이 아니라 오직 주께서는 너희를 대하여 오래 참으사
아무도 멸망하지 아니하고
다 회개하기에 이르기를 원하시느니라

벧후 3:9

성경은 하나님께서 은혜를 베푸시어 우리가 변화하기를 오래 참으신다고 말하고 있습니다. 하나님께서는 우리가 말씀에 비추어 스스로를 조심스럽게 살피고, 변화되어야 할 부분에 있어 성령님이 주시는 마음에 민감하게 반응하기를 원하십니다. 하지만 결국 우리 스스로가 문제를 인식하고 처리하지 않으면, 온갖 종류의 외부 환경을 통해 우리 삶 가운데 풀리지 않은 문제와 육욕을 드러내십니다. 우리가 정말 하나님을 사랑하면 하나님께서는 우리가 성령님에게 자발적으로 반응할 기회를 주십니다. 만약 이때 반응하지 않는다면, 하나님께서는 우리의 복종을 받아 내실 것입니다.

나의 기도

아버지, 제 영을 찔리게 하는 가시를 제가 느낄 때에 저로 하여금 그것이 당신의 뜻에 순종할 수 있는 기회를 주셨다는 것을 기억하게 하여 주시옵소서.

예수 그리스도를 따르는 신실하지만 미성숙한 자에게
육체의 가시는 평생 동안 겸손함을 이끌어 낸다.

Day 323

그들은 잠시 자기의 뜻대로 우리를 징계하였거니와
오직 하나님은 우리의 유익을 위하여 그의 거룩하심에 참여하게 하시느니라
무릇 징계가 당시에는 즐거워 보이지 않고 슬퍼 보이나
후에 그로 말미암아 연단 받은 자들은 의와 평강의 열매를 맺느니라

히 12:10-11

하나님께서 우리를 훈련시키시는 목적은 우리의 마음으로 예수님을 닮도록 준비시키시기 위해서입니다. 우리에게 예언의 말씀을 주시는 것도 여러 측면에서 예수님을 닮아가는 것을 받아들이게 하시기 위해서입니다. 모든 그리스도인을 향해 하나님께서 미리 정하신 목적은 "그 아들의 형상을 본받는 것"입니다(롬 8:29). 하나님께서는 우리에게 맡기신 이 예언적 메시지를 우리가 구체화시키기를 원하십니다. 메시지를 선포하는 것만으로는 부족합니다. 어떤 의미에서는 하나님께서는 그의 말씀이 우리 삶에 살이 되는 것을 원하시는 것입니다. 그러므로 하나님께서는 다양한 형태로 우리를 훈련시키심으로, 표면 아래에 감추어진, 우리가 인지하지 못하고 있는 연약함들을 볼 수 있도록 도와주십니다. 우리는 이러한 하나님을 받아들이는 것이 어렵거나 하나님의 훈련의 손길을 경멸하여 다 그만두고 이전과 같이 돌아갈 수도 있고, 반대로 우리를 위해 그분의 거룩함에 참여하기 원하시는 하나님의 마음에 마음의 문을 열고 그분의 훈련의 손길을 견뎌내는 옳은 길을 선택할 수도 있습니다.

나의 기도

주님, 저를 당신과 더 닮아갈 수 있도록 준비시키시는 당신의 훈련의 손길을 기쁘게 받아들이겠습니다. 훈련시키시는 주님의 목적을 제가 잘 받아들이지 못하거나 거절하지 않게 하여 주시옵소서.

우리는 메시지를 전하기 전에 먼저 삶으로 메시지를 전해야 한다.

Day 324

여호와께서 그에게 이르시되 누가 사람의 입을 지었느냐
누가 말 못 하는 자나 못 듣는 자나 눈 밝은 자나 맹인이 되게 하였느냐
나 여호와가 아니냐 이제 가라
내가 네 입과 함께 있어서 할 말을 가르치리라

출 4:11-12

구약시대에는 보통 한 시대에 많은 선지자들이 존재하지 않았습니다. 학개와 스가랴, 이사야와 예레미야처럼 동시대에 존재하기도 했지만, 대부분의 선지자들은 분리되어 혼자 하나님의 말씀을 대신하였습니다. 종종 매일의 종교적 삶과 전통에서 떨어져 나와, 하나님에게만 속했습니다. 이에 관해 아합 왕과 바알 선지자들과 불순종하는 백성들의 죄에 홀로 맞선 엘리야 선지자보다 더 좋은 예는 없을 것입니다. 세례 요한 또한 이 예에 잘 맞아떨어집니다. 그는 광야에서 나와 천국이 가까웠으니 회개하라고 선포한 하나님의 사람이었습니다. 이런 선지자들은 실수 없이 분명하게 하나님의 말씀을 전달했습니다. "나 여호와가 말하노니!" 하나님의 선지자들의 권위는 메시지의 전반적인 내용이나 핵심에 제한 받지 않았습니다. 오히려 그들은 자신들의 말이 하나님께로부터 온 것임을 반복적으로 이야기했습니다.

나의 기도

만약 주님께서 저를 예언사역으로 부르신다면, 당신의 영이 제게 주시는 말씀만을 제가 말해야 함을 깨닫습니다. 저의 말이 아닌 당신의 말씀만을 선포할 수 있는 용기를 주시옵소서.

**선지자들에겐 그 말씀을 선포할 용기가 있느냐 없느냐의 문제였지,
말씀이 하나님께로부터 온 것인지 아닌지 분별하는 문제가 아니었다.**

Day 325

오직 사랑 안에서 참된 것을 하여 범사에 그에게까지 자랄지라
그는 머리니 곧 그리스도라 그에게서 온 몸이 각 마디를 통하여
도움을 받음으로 연결되고 결합되어 각 지체의 분량대로 역사하여
그 몸을 자라게 하며 사랑 안에서 스스로 세우느니라

엡 4:15-16

일반적으로 새 계명 아래에서는 혼자서 광야에서 분리되어 사는 예언자를 찾아보기 힘듭니다. 예언사역은 그리스도의 몸에 없어서는 안 되는 부분입니다. 예언사역은 예언자들이 동떨어져 있을 때가 아니라, 지역 교회와 함께 연관되어 있을 때 그 정당성이 입증됩니다. 교회는 복음 전도자를 통해 복음이 전달되며, 목사님을 통해 돌보아지고, 집사님을 통해 섬김 받으며, 예언자들을 통해 예언적이게 됩니다. 예언사역자는 교회 안에서 교회가 그 기능을 다 하도록 도와주는 역할을 합니다. 또한 교회가 이 땅에 예언적인 목소리를 낼 수 있게 도와줍니다. 하지만 단지 우리가 복음 전하는 자, 목사 그리고 집사를 불러 임명했다고 해서 다른 믿는 자들이 복음을 나누거나 서로를 돌아보거나 교회와 세계를 섬기지 못한다는 말은 아닙니다. 이와 마찬가지로 예언의 말씀 또한 하나님께서 선지자로 부르신 사람만이 할 수 있는 것이 아니라 믿는 성도라면 누구를 통해서든 나타날 수 있습니다.

나의 기도

주님, 저를 당신의 몸의 일부가 되게 허락해 주시고, 허락하신 지역 교회 안에서 교제할 수 있게 하시니 감사합니다. 그곳에서 제가 해야 할 일들을 보여주시옵소서.

**예언사역은 고립이 아닌,
지역 교회와의 참여를 통해 그 정당성이 입증된다.**

Day 326

여호와여 주의 인자하심이 선하시오니 내게 응답하시며
주의 많은 긍휼에 따라 내게로 돌이키소서 주의 얼굴을 주의 종에게서 숨기지 마소서
내가 환난 중에 있사오니 속히 내게 응답하소서
내 영혼에게 가까이하사 구원하시며 내 원수로 말미암아 나를 속량하소서

시 69:16-18

예언사역자에게 있어서 가장 어려운 일 중 하나는 하나님의 말씀이 절실히 필요한 사람과 마주하고 앉아 있는데 정작 하나님께서 아무 말씀도 없으실 때입니다. 때때로 이렇게 피해갈 수 없는 곤란한 상황은 생기기 마련인데, 이는 예언자의 진짜 성품과 성숙함을 시험해 볼 수 있는 기회가 됩니다. 사람들의 기대와 억측으로 인해 넘지 말아야 할 선을 넘은 예언사역자는 그의 정직함을 잃으며, 결국 시역도 무너지게 됩니다. 사람들의 기대가 압박으로 다가와도 또는 스스로 돕고자 하는 마음이 생겨도, 하나님께서 침묵하시면 본인도 침묵할 줄 아는 훈련을 해야 합니다. 기도 받으러 온 사람을 긍휼히 여기는 마음에서 그랬든, 사역의 신뢰도에 대한 중압감에서 그랬든, 스스로 머릿속에서 단어를 만들어 내는 것은 교회와 개인을 향한 하나님의 목적과 정반대로 그들을 이끌게 되기도 합니다. 사람이 지어낸 예언에 사람들이 한순간 기뻐할 수 있을지는 모르지만, 장기적으로 봤을 때 그들의 믿음에는 결코 덕이 되지 않습니다.

나의 기도

아버지, 당신의 말씀을 제 입술에 두시기 전에는 제가 그 어떤 말도 하지 않게 하여 주시옵소서. 당신의 종으로서 제 영혼을 훈련시켜 주시옵소서. 말씀을 주시지 않을 때에는 입을 닫을 수 있는 정직함을 가르쳐 주시옵소서.

가장 위험한 유혹은, 순간의 압박에서 벗어나기 위해
받지도 않은 말씀을 하는 것이다.

Day 327

내 하나님이여 내 하나님이여 어찌 나를 버리셨나이까
어찌 나를 멀리하여 돕지 아니하시오며 내 신음 소리를 듣지 아니하시나이까
내 하나님이여 내가 낮에도 부르짖고 밤에도 잠잠하지 아니하오나
응답하지 아니하시나이다

시 22:1-2

우리가 절실하게 하나님의 말씀이나 역사를 갈망할 때, 하나님의 침묵 또는 잠잠하심은 사람들과 예언사역자 모두의 영적 성숙도를 알 수 있는 기회로 작용합니다. 힘들긴 하지만 믿는 사람이라면 누구나 다 침묵하시는 하나님과 함께 동행하는 법을 배우는 과정을 거치기 마련입니다. 영적 성장을 위해서는 건너뛸 수 없는 과정이기에 예언사역자는 침묵 또한 하나님의 전략임을 반드시 이해해야 합니다. 하나님의 말씀을 대언하는 사람이라면 누구나 다 아무리 상황이 급박하다 해도 하나님께서 '항상' 말씀하지는 않으신다는 것을 이해해야 합니다. 만약 이것을 이해하지 못한다면 스스로 사람을 위하여 말을 지어낼 수밖에 없게 됩니다. 하나님을 좋으신 하나님으로 보이고 싶어 한 예언사역자의 선의에도 불구하고, 결국은 스스로 도와주려 했던 사람에게 걸림돌이 되고 맙니다.

나의 기도

제가 당신의 음성을 듣지 못할 때에, 그 침묵이 의미하는 바를 이해할 수 있도록 가르쳐 주시옵소서. 절대 당신을 위해 말을 지어내지 않게 하여 주시옵소서. 다른 이들을 넘어지게 하는 걸림돌이 되느니 침묵할 수 있게 하여 주시옵소서.

**믿는 사람이라면 누구나 다 침묵하시는 하나님과 함께
동행하는 법을 배우는 과정을 거치게 된다.**

Day 328

너희 중에 여호와를 경외하며
그의 종의 목소리를 청종하는 자가 누구냐
흑암 중에 행하여 빛이 없는 자라도 여호와의 이름을 의뢰하며
자기 하나님께 의지할지어다

사 50:10

이사야 50장은 여호와를 경외하는 사람의 모습을 기술하고 있습니다. 영적 성숙함으로 이끄는 여정 중에 거치게 되는 한 코스는 다음에 무슨 일이 일어날지 모르는 채 걸어 나가는 것입니다. 하나님께서 물 위를 걸으라고 베드로를 부르신 것처럼 때때로 그렇게 부르시기도 합니다. 그러면 우리도 베드로와 마찬가지로 일단 믿음으로 발은 내딛지만 마음으로는 불안해 합니다. 오늘 말씀에서 흑암은 죄나 악한 세력의 공격에서 오는 흑암이 아닙니다. 여기서 흑암은 확신 가는 방향도 없고 불빛도 없는 알지 못하는 영역을 걸어가는 것을 의미합니다. 어둠 가운데 방향 감각을 잃고 걸어가는 동안, 하나님의 침묵은 우리로 하여금 침묵 가운데서도 하나님을 신뢰하며 나아갈 수 있도록 우리를 성장시킵니다. 이 시간들이 지나고 나면 하나님께서 항상 옆에 계셨다는 것을 깨닫는 날이 옵니다. 우리는 이렇게 하나님과 함께 우리 각자의 역사를 써 내려갑니다.

나의 기도

아버지, 저를 향한 당신의 계획과 목표를 제가 이해하지 못할 때에도 믿음을 가지고 걸을 수 있는 용기를 주시옵소서. 흑암 가운데서도 함께하심을 느끼는 한 저의 믿음을 아버지 안에서 잃지 않겠습니다.

흑암 가운데 좌절하여 스스로 가짜 불빛을 만들어내지 마십시오.

Day 329

내가 산 자들의 땅에서 여호와의 선하심을
보게 될 줄 확실히 믿었도다 너는 여호와를 기다릴지어다
강하고 담대하며 여호와를 기다릴지어다

시 27:13-14

하나님께서는 우리가 이해하기에는 너무 크신 존재이며 무한한 창의성을 가지고 계시는 존재입니다. 우리는 모든 부분에 있어 완벽하신 하나님을 떠올립니다. 하나님께서는 온전하시고 그 지혜와 사랑이 무궁하시며 선하시기가 완벽하십니다. 이런 하나님께서 우리와 사랑의 관계를 세워 나가기를 원하십니다. 하지만 대개 주어진 특정 상황에서 하나님께서 이렇게 행동하셔야 한다는 식의 우리의 편견은 그분의 행동이 우리의 생각과 어긋나 보이게 만듭니다. 복음을 통해 한 가지 깨달아야 할 사실이 있습니다. 많은 사람들이 질문을 하였을 때 예수님께서는 단 한 번도 우리의 생각대로 답변하신 적이 없습니다. 때로는 입을 열어 열변을 쏟으셔야 할 때 오히려 침묵하셨습니다. 이와 같이 우리 삶에서도 개입하셔야 한다고 우리가 생각할 때 잠잠하실 수 있습니다. 예언사역자들은 특정 상황에서 하나님께서 하실 말씀 또는 역사하실 것을 단정 짓지 않도록 특별히 주의해야 합니다.

나의 기도

성령님, 당신이 행하시는 일에 대해 제멋대로 결론을 내리지 않도록 도와주시옵소서. 당신의 지혜는 무궁하시며, 당신은 제가 평생 이해하지 못할 일도 다 알고 계십니다. 저와 당신의 백성들을 위해 어떤 일들을 계획하셨는지 기다리며 보겠습니다.

**우리는 때때로 하나님의 침묵 또는
불충분하신 개입에 대해 섣부른 결론을 내린다.**

Day 330

예수께서 본래 마르다와 그 동생과 나사로를 사랑하시더니
나사로가 병들었다 함을 들으시고 그 계시던 곳에 이틀을 더 유하시고

요 11:5-6

때때로 우리는 우리의 선입견 때문에 하나님의 침묵 또는 충분히 개입하지 않으심을 놓고 섣부른 결론을 내립니다. "하나님의 사랑이 식었어", "하나님이 신경 쓰실 만큼 난 중요하지 않아", "내가 뭔가 잘못해서 벌 받고 있는 거야." 하지만 나사로의 이야기는 종종 우리의 생각이 선입견임을 잘 보여줍니다. 성경은 여러 차례 예수님께서 나사로와 그의 두 자매, 마리아와 마르다를 사랑하셨다고 기록하고 있습니다. 그런 그들이 예수님을 가장 필요로 할 때에 예수님께서 당장 달려가지 않으신 것은 다 이유가 있었습니다. 이미 우리가 너무 잘 알고 있듯이 예수님께서 지체하신 것은 그들을 사랑하지 않으셔서가 아니라 하나님의 목적을 이루시기 위해서였습니다. 뒤이어 일어난 기적으로 예수님께서는 많은 이들에게 자신의 부활에 대해 암시하셨습니다. 나사로와 마르다와 마리아에게 이 사건은 예수님의 부활을 넘어서서 한 가지 교훈을 얻게 되는 사건이었습니다. 자신들이 이해하지 못하는 어둠 속을 걸어갈 때에도 항상 하나님을 신뢰해야 한다는 것을 배운 중요한 사건이었습니다.

나의 기도

아버지, 마르다처럼 저 또한 종종 울부짖습니다. "왜 제가 부를 때 오시지 않으셨나요!" 제가 당신의 계획과 목적을 알지 못할 때에도, 오직 당신을 신뢰함으로 나아갈 수 있게 하여 주시옵소서.

> 우리는 종종 하나님의 사랑이 식었다고, 하나님의 관심을 받을 가치가 없다고, 무언가 잘못해서 벌 받고 있다고 섣부른 결론을 내린다.

Day 331

여호와여 내가 주의 구원을 바라며 주의 계명들을 행하였나이다
내 영혼이 주의 증거들을 지켰사오며 내가 이를 지극히 사랑하나이다
내가 주의 법도들과 증거들을 지켰사오니 나의 모든 행위가 주 앞에 있음이니이다
여호와여 나의 부르짖음이 주의 앞에 이르게 하시고 주의 말씀대로 나를 깨닫게 하소서

시 119:166-169

우리는 하나님께서 우리 생각대로 말씀해 주지 않으시고 역사해 주지 않으신다고 넘어지곤 합니다. 이사야로부터 우리는 어둠 속을 걸을 때 스스로 빛을 만들어 내지 말라는 교훈을 얻었고, 사울에게서는 하나님께서 응답을 미루실 때 하나님보다 먼저 나서서는 안 된다는 교훈을 얻을 수 있었습니다. 또한 복음으로부터는 하나님의 침묵이 거절이나 사랑이 부족함이 아니라 목적이 있으셔서임을 배울 수 있었습니다. 성령님이 자신들의 삶을 주장하실 수 있도록 내어드린 사람들은 "하나님 왜요?"라는 질문을 하지만, 이는 환멸하고 불신해서가 아니라 평안과 신뢰를 바탕으로 성장해가며 던지는 질문입니다. 하나님께서는 우리가 처한 상황이 주는 정보에 불안해하지 않고 하나님과의 관계 안에서 우리 영혼이 평안히 거하는 법을 배우길 원하십니다. 하나님의 평안과 위안을 찾는 사람들은 대개 그들의 미래에 대한 정보를 구합니다. 하지만 하나님께서는 우리가 어떤 문제에 처하더라도 먼저 하나님과의 개인적인 관계에서 오는 평안함을 누리기를 원하십니다.

나의 기도

아버지, 얼마나 자주 당신보다 먼저 나아가 "주님, 도대체 왜요?"라고 울부짖었는지요. 아버지, 당신을 신뢰함으로 어떠한 상황에 처하든지 평안할 수 있도록 가르쳐 주시옵소서.

"하나님 왜요?"라고 묻는 것은 우리가 죽을 때까지
걸어가야 하는 믿음의 여정의 일부분이다.

Day 332

악인에게는 화가 있으리니 이는 그의 손으로 행한 대로
그가 보응을 받을 것임이니라

사 3:11

선지자가 반드시 치러야 하는 시험이 있습니다. 첫째는 하나님께서 하기 힘든 말씀을 주시더라도 기꺼이 그 말씀을 전하고 그것으로 인한 비난이나 박해를 받아들이는 시험입니다. 이는 예언사역이 일반적으로 감당해야 하는 짐으로서 하나님을 향한 순종과 헌신을 시험합니다. 또 다른 중요한 시험 하나는 무슨 말이라도 해야 하는 상황에서 하나님께서 아무 말씀도 하지 않으실 때, 선지자 역시 침묵하는 시험입니다. 이는 하나님 앞에서 정직과 성실함을 시험 받는 시험입니다. 세 번째로 치러야 하는 시험은 하나님께서 분명하게 말씀은 주셨지만 아직 전달하지 말라고 하실 때 입을 열지 않는 시험입니다. 이는 하나님 안에서 성숙함과 안전함을 시험 받는 시험입니다. 어떤 선지자들은 항상 하나님으로부터 계시를 받는다는 신용을 받고 싶어 하며, 또 어떤 이들은 비밀을 알고 있는 어린아이처럼 참지 못하고 다른 이들에게 꼭 이야기해야 하는 사람도 있습니다.

나의 기도

하나님, 저의 순종과 헌신을 시험하시옵소서. 당신 앞에서 저를 정직함과 성실함으로 세워 주시옵소서. 아버지 안에서 성숙하고 안전하게 성장할 수 있게 하여 주시옵소서. 그리하시면 제가 아버지의 대변인으로서 준비가 될 것입니다.

하나님께서 당신에게 계시를 주셨다고 해도
항상 나누라고 주신 것은 아니다.

Day 333

이 모든 일은 같은 한 성령이 행하사
그의 뜻대로 각 사람에게 나누어 주시는 것이니라

고전 12:11

어떤 종류의 예언사역이든지 예언사역으로 부르심을 받았다고 해서 그것이 반드시 당신이 열심히 예언하기를 구했기 때문은 아닙니다. 예언사역은 지혜 안에서 자라고 성품을 다듬고자 하는 열정이 얼마나 있는가에 의해 결정되지 않습니다. 이는 온전히 하나님의 부르심으로 그분의 주권 안에 있는 일입니다. 다른 모든 사역에 있어서도 마찬가지입니다. 우리가 섬기는 하나님께서는 우리 각 사람을 위해 목적을 가지고 계시는 인격적인 분이십니다. 하나님께서는 기(氣)가 아닙니다. 티베트에서 수련하는 수도사는 이 수련과 저 수련을 하면 높은 경지에 이를 수 있을 것이라고 생각하며 수련을 거듭하지만, 하나님의 은사와 부르심은 우선적으로 우리의 노력과 구함에 있지 않습니다. 온전히 하나님의 선택과 그분의 은혜 안에서 주어집니다. 은사를 받고 발전시키는 것은 우리의 노력과는 무관합니다. 다 하나님의 주권과 은혜 안에서만 주어집니다.

나의 기도

아버지께서 제게 주신 은사들의 목적을 잘 이해할 수 있도록 도와주시옵소서. 왜 특정 은사로 저를 부르셨는지 알게 하시고, 당신의 은혜로 힘 주실 때 제가 반응할 수 있게 하여 주시옵소서.

우리는 은사 개발이나 성품 또는 성숙함을 위해 열심을 낼 수는 있다.
이 열심은 우리를 성장할 수 있게 할지는 몰라도,
우리의 부르심을 결정짓지는 못한다.

Day 334

> 여호와의 소리가 물 위에 있도다 영광의 하나님이 우렛소리를 내시니
> 여호와는 많은 물 위에 계시도다 여호와의 소리가 힘 있음이여
> 여호와의 소리가 위엄차도다 여호와의 소리가 백향목을 꺾으심이여
> 여호와께서 레바논 백향목을 꺾어 부수시도다…
> 여호와의 소리가 암사슴을 낙태하게 하시고 삼림을 말갛게 벗기시니
> 그의 성전에서 그의 모든 것들을 말하기를 영광이라 하도다
>
> 시 29:3-5, 9

음악은 본질적으로 하늘에 속한 것으로 하나님의 마음과 성품을 반영하도록 지어진 창조물입니다. 이러한 음악의 본질은 음악으로 하여금 타고나게 예언적일 수밖에 없게 만듭니다. 우리 아버지께서는 음악을 사랑하십니다. 노래하시는 하나님이십니다(습 3:17). 하나님께서는 힘 있고 위엄찬 목소리를 가지고 계십니다(시 29). 아들이신 예수 그리스도는 모든 노래 중에 으뜸인 '어린 양의 노래'를 작곡하셨습니다(계 15:3-4). 성령님께서는 노래와 멜로디에 영감을 불어넣으십니다. 성경에는 그 노래들로 가득한 시편이 있습니다. 음악은 항상 하나님과 위와 아래에 있는 창조물을 연결하고 교감시키는 수단으로 쓰여 왔습니다. 하나님의 영이 충만한 그리스도인은 시편을 노래하게 되고 찬송과 영의 찬양을 부르게 되며, 마음에서부터 노래와 멜로디가 흘러나오게 되어 있습니다(엡 5:19). 음악에는 본래 사람의 마음을 움직이고 사람들의 행동을 변화시키는 힘이 있습니다.

나의 기도

성령님, 제가 시편을 노래하고 찬양하며 영의 노래로 당신에게 노래할 수 있도록 영감을 불어넣어 주시옵소서. 제 삶이 선하신 당신을 찬양하는 아름다운 교향곡이 되게 하여 주시옵소서.

성령님은 노래와 멜로디로 영감을 불어넣으신다.

Day 335

이르시되 내가 주의 이름을 내 형제들에게 선포하고
내가 주를 교회 중에서 찬송하리라 하셨으며

히 2:22

예수님의 마음속 가장 깊은 갈망 중 하나는 회중들과 함께 그 안에서 아버지를 높이는 노래를 드리는 것입니다. 오늘 성경 말씀은 이런 예수님의 마음의 갈망을 잘 나타내고 있습니다. 음악의 본질과 중요성을 비춰볼 때 하나님께서 악기 다루는 자로 하여금 연주하게 하여 예언을 임하게 하신 것은 그리 놀랍지 않습니다(왕하 3:15). 반대로 예언의 영이 충만한 사람이 영의 노래를 부르며 하나님의 마음을 사람들에게 소통시키고 또 사람들의 마음을 하나님께 소통시키는 것도 놀랍지 않습니다. 이것이 바로 사람들이 이름 붙인 '여호와의 노래(song of the Lord)'의 실체입니다. 이 표현은 몇 십 년 전부터 여호와의 노래(시 137:4)와 영의 노래(엡 5:19) 그리고 새로운 노래로 주께 드리자는 시편의 여러 구절(33:3, 96:1, 98:1, 149:1, 사 42:10)에 근거해 은사쇄신운동(charismatic renewal)에 의해 퍼지게 되었습니다.

나의 기도

당신의 영의 노래를 제가 표현할 수 있도록 제 영혼을 자유롭게 하여 주시옵소서. 자유로운 제 영혼의 표현을 통해 하나님의 마음을 당신의 백성들에게 소통시킬 수 있도록 도와주시옵소서.

**부활하신 그리스도는 아버지를 향한 그의 열정을
우리에게 영의 노래를 통해 나누어 주기를 즐기신다.**

Day 336

오직 하나님이 성령으로 이것을 우리에게 보이셨으니
성령은 모든 것 곧 하나님의 깊은 것까지도 통달하시느니라
사람의 일을 사람의 속에 있는 영 외에 누가 알리요
이와 같이 하나님의 일도 하나님의 영 외에는 아무도 알지 못하느니라

고전 2:10-11

예수님께서는 아버지의 이름을 회중들에게 선포하고 찬양하겠다고 약속하셨습니다(히 2:12). 이 말씀은 성령께서 교회에게 하나님의 본질과 성품에 대한 계시를 노래를 통한 예언적 메시지로 주시겠다는 것을 함축하고 있습니다. 또한 하나님의 위엄과 아름다움 그리고 그분의 방법들을 크게 찬양하고 선포하기를 격려하시고 있습니다. 로마서 8장 26절은 성령께서 믿는 자들 안에 거하시면서 그들이 알지 못하는 것들을 친히 그의 영을 따라 기도하신다고 말하고 있습니다. 예수님의 재림 전에 성령께서는 우리에게 그의 노래를 부어 주시는 일을 더 활발하게 하실 거라고 저는 생각합니다. 하나님의 깊이의 한 면은 아마도 보물과도 같은 하늘의 음악일 것입니다. 성령님께서는 그리스도의 몸 안에서 예언적인 노래하는 자들에게 하늘의 보물을 부어 주심으로 우리를 축복하시고 또 그의 나라를 확장시키실 것입니다. 이 음악은 놀라우신 하나님의 모든 측면, 자비하심부터 무시무시한 심판까지, 다 반영할 것입니다.

나의 기도

성령님, 노래가 아름다운 다리가 되어 우리에게 아버지의 놀라운 계시들을 전해 주는 사실을 깨닫게 하여 주시옵소서. 제 노래를 통해서도 아버지의 아름다움을 나타내시옵소서.

성령님은 하나님과 그의 백성의 소통을 담당하고 계신다.

Day 337

히스기야가 명령하여 번제를 제단에 드릴새
번제 드리기를 시작하는 동시에
여호와의 시로 노래하고 나팔을 불며
이스라엘 왕 다윗의 악기를 울리고

대하 29:27

하나님께서는 그분의 노래를 여러 세기에 걸쳐 우리에게 주셨습니다. 요한계시록은 말세에 하나님의 일과 사탄의 일이 모두 다 새로운 차원에서 더 강력하게 이뤄질 것이라고 말하고 있습니다. 저는 이것을 우주와 지구의 거룩한 열정과 거룩하지 못한 열정의 충돌로 봅니다. 예언의 증가는 영감을 받은 예언적 음악의 증가로 나타날 것이고, 이 예언적인 노래들은 예수님과 하나님의 열정을 우리의 마음 가운데 부어줄 것입니다. 의심의 여지없이 적들 또한 그들의 가짜 기름으로 음악가들과 그들의 노래에 기름 부을 것이며, 이는 사람들을 그들과 그들의 악한 영에게 충성하게 만들 것입니다. 성경은 우리에게 새로운 노래로 주님께 노래할 것을 권고합니다. 성령님께서는 하나님과 극도로 친밀해지는 위험을 감수한 예언적 음악가들과 노래하는 자들에게 기름 부으시고 영감을 주실 모든 준비를 마치고 서 계십니다. 그들은 우리의 기쁨과 새로움과 교훈과 훈계를 위하여 하늘의 새로운 음악을 분별하여 우리에게 풀어줄 것입니다.

나의 기도

성령님, 제 영이 하늘의 새로운 노래로 가득하게 하여 주시옵소서. 예언적 음악가들과 노래하는 자들을 일으키시어 사탄의 음악으로 포화상태인 세상에 하늘의 노래를 풀어 주시옵소서.

성경은 우리에게 새로운 노래로 주님께 노래할 것을 권고하고 있다.

Day 338

그러나 예언하는 자는 사람에게 말하여
덕을 세우며 권면하며 위로하는 것이요

고전 14:3

사실상 하나님의 영이 충만한 사람이라면 누구나 다 영감적인 차원(저는 이를 레벨 1 예언이라 부릅니다)에서 예언을 할 수 있는데, 특히 하나님의 임재가 강한 예배 안에서는 더 쉽게 예언할 수 있습니다. 우리가 '영감적인 예언'이라 부르는 이 예언의 역할을 바울이 오늘의 묵상 구절을 통해 잘 설명하고 있습니다. 이러한 종류의 예언의 목적은 어떠한 수정을 거치거나 새로운 방향을 제시하지 않으면서 우리 마음에 영감과 새로움을 주는 것입니다. 또한 이러한 예언은 마음에서부터 우러나오는 것으로 하나님께서 우리를 돌보고 계시며 우리를 향한 목적이 있으시다는 것을 다시금 우리에게 일깨워 주는 역할을 합니다. 보통 이미 우리가 성경을 통해 알고 있는 진실을 우리에게 강조를 해 줍니다. 또는(일반적으로 그런 것처럼) 굉장히 간단한 것일 수도 있습니다. "주님께서 우리를 정말 사랑하신다고 말씀하시는 것처럼 느껴져요." 이러한 메시지는 온전하게 예정된 때에 선포된다면 강력하고 효과적일 수 있습니다.

나의 기도

성령님, 제 영이 당신의 자녀를 향한 당신의 놀라우신 사랑과 돌보심에 대한 영감으로 충만하게 하여 주옵소서. 제게 주신 넘치는 계시로 다른 이들에게 영감을 불어넣을 수 있게 도와주시옵소서.

영감적인 예언이 너무 자주 일어나게 되면
사람들은 감흥이 없어져서 더 이상 집중하지 않을 것이다.

Day 339

형제들아 내가 너희에게 알게 하노니 내가 전한 복음은 사람의 뜻을 따라
된 것이 아니니라 이는 내가 사람에게서 받은 것도 아니요 배운 것도 아니요
오직 예수 그리스도의 계시로 말미암은 것이라

갈 1:11-12

예언적 계시의 특징 중 하나는 때때로 우화적이고 상징적이라는 것입니다. 이 계시들은 상징했던 일들이 일어난 후에만 온전히 이해할 수 있습니다. 구약시대의 관점에서 메시아가 어떤 모습일지는 전체적으로 불분명했습니다. 선지자들은 왕으로 오실 메시아와 고난 받으실 종으로 오실 메시아에 대해 예언했지만, 아무도 이 둘이 같은 사람이라고는 막연하게나마도 생각하지 못했습니다. 분명 왕으로 오실 메시아는 종일 수 없고, 왕들은 고난을 받지 않습니다. 제자들조차 이 문제를 가지고 어려워했습니다. 특히 공관 복음서(마태, 마가, 누가)는 제자들이 이 문제를 가지고 얼마나 고군분투했는가를 잘 보여줍니다. 메시아의 비밀은 공관 복음서 전체에 흐르고 있는 주제입니다. 제자들은 예수님과 그의 영원한 나라에 대해 이해하기 위해서 힘든 시간을 보냈습니다. 우리는 하나님께서 우리를 통하여 하기 원하시는 것과 말씀하기 원하시는 것을 행여나 놓치지는 않을까 걱정하는 마음 때문에 스스로 예언적 계시를 해석하여 제약을 두지 않도록 조심해야 합니다.

나의 기도

아버지, 당신의 영을 통해 제게 계시로 말씀하시고 당신의 말 속에 심어 놓으신 우화와 상징들을 이해시켜 주심으로, 스스로를 당신의 백성들에게 나타내시는 방법을 저는 너무도 좋아합니다. 우화와 상징들을 통한 당신의 계시를 제가 분명하게 이해할 수 있도록 도와주시옵소서.

부주의하게 해석된 예언적 계시는 누군가의 삶을 혼란으로 몰고 갈 수 있다.

Day 340

제자들이 나가 두루 전파할새 주께서 함께 역사하사
그 따르는 표적으로 말씀을 확실히 증언하시니라

막 16:20

누군가에게 예언을 받은 후에는 바로 취하지 말고 팔을 뻗으면 닿을 정도로 어느 정도의 거리를 두고 하나님께서 직접 당신의 마음에 확신을 주시기 전까지 기다려야 합니다. 예를 들어 거리사역을 하게 될 것이라는 예언을 받았을 때, 그 예언이 하나님께로부터 온 정확하고 참된 예언인 경우, 예언의 역할은 앞으로 하나님께서 거리사역에 대해서 당신에게 직접 말씀하실 것이니 염두에 두고 기도하라는 것입니다. 하나님께서 예언을 통해 우리에게 말씀하시는 이유는 나중에 하나님께서 말씀하실 때 우리에게 확신을 주시기 위한 하나님의 방법입니다. 특수한 경우 예언은 이미 당신이 직접 하나님께로부터 분명하게 들은 것에 대한 확인이 되기도 합니다. 어떠한 경우든 하나님께로부터 직접 확인을 받지 않았다면 스스로 예언을 따라나서서는 안 됩니다.

나의 기도

아버지, 거짓되거나 잘못된 예언과 해석에서부터 제 영을 보호하여 주시옵소서. 당신의 말씀을 다른 사람들을 통해 제게 확인시켜 주시고, 당신의 온전한 계시를 통해서만 제가 들을 수 있게 도와주시옵소서.

확인이 된 진정한 계시에서 나온 것인지 아니면
가정된 해석일 뿐인지 그 차이를 아는 것은 중요하다.

Day 341

두 사도가 오래 있어 주를 힘입어 담대히 말하니
주께서 그들의 손으로 표적과 기사를 행하게 하여 주사
자기 은혜의 말씀을 증언하시니

행 14:3

해석과 적용의 과정을 거치지 않은 계시는 사람을 도울 수 없습니다. 또한 해석이 정확하더라도 적용에 있어서 성급하게 하나님보다 앞서 나간다면, 상당한 상처와 혼란을 초래할 수 있습니다. 결과적으로 계시도 그렇지만 해석과 적용에 있어서도 온전한 지혜가 상당히 필요합니다. 하나님께서는 사람들이 하나님이 빨리 움직이셔야 한다고 생각하는 것만큼 결코 빨리 일하시지 않습니다. 만약 예언을 받고 하나님께서 움직이시기를 기다리지 못할 것 같다면 예언을 받지 마십시오. 하나님께서는 예언적 은사를 통해 그분의 의도를 드러내시지만, 그 예언의 적용의 때가 하나님 안에 있지 않으면, 열려 있지도 않은 문을 통과하려는 것과 똑같습니다. 아직 길이 준비되지 않았고, 아직 그 길을 걸어가기에 은혜가 충분하지 않은 것입니다.

나의 기도

아버지, 당신의 영이 당신의 선지자를 통해 당신의 백성에게 말씀하실 때 아버지께서도 그 말씀이 우리 삶에 적용되기를 얼마나 갈망하시는지 우리가 깨달을 수 있도록 도와주시옵소서. 제가 당신보다 앞서 나가지 않게 하시고, 제게 말씀하실 때 제가 들을 수 있도록 도와주시옵소서.

**하나님께서는 사람들이 하나님이 빨리 움직이셔야 한다고
생각하는 것만큼 결코 빨리 일하시지 않는다.**

Day 342

예수의 증언은 예언의 영이라 하더라

계 19:10

오늘 성경 말씀의 의미는 예수님의 마음에 대한 새로운 계시는 그의 증거에 있어 빠질 수 없다는 말입니다. 이는 그분이 누구신지 드러내는 것과 함께 무엇을 하시며 무엇을 느끼는지 드러내는 것을 포함하고 있습니다. 예언의 영(목적)은 예수님의 증거의 여러 측면을 드러냅니다. 예수님을 향한 열정의 결과가 예언적 계시입니다. 이러한 거룩한 열정은 예언적 교회의 핵심이기도 합니다. 이는 교회와 세상에 예수님의 마음을 열정적으로 느끼게 하고 드러내는 사역입니다. 예언사역은 정보와 관련된 것뿐만 아니라, 어느 정도는 긍휼한 마음을 가지는 것과 하나님의 기쁨을 경험하는 것 그리고 하나님을 향한 열정을 가지는 것에도 그 목적이 있습니다. 하나님을 경험함으로 하나님의 계획과 목적과 그에 관련된 계시가 올 것입니다. 만약 하나님의 머릿속에서 단지 정보를 얻어내기 위해 "예언하기를 사모"한다면(고전 14:39), 우리는 예언사역의 본질인 하나님의 마음에 대한 계시를 무시하는 것입니다.

나의 기도

아버지, 제 영에 부어 주시는 계시의 목적이, 우리를 열정적으로 사랑하는 당신의 마음과 다른 이들을 긍휼히 여기시고 사랑하시는 당신의 마음을 드러내는 데 있어야 함을 절대 잊지 않게 하여 주시옵소서.

**예언사역은 하나님을 사랑하는 마음과
하나님의 마음에 민감할 수 있는 민감성으로 새기고 봉해야 한다.**

Day 343

겨자씨 한 알과 같으니 땅에 심길 때에는 땅 위의 모든 씨보다 작은 것이로되
심긴 후에는 자라서 모든 풀보다 커지며 큰 가지를 내나니
공중의 새들이 그 그늘에 깃들일 만큼 되느니라

막 4:31-32

지난 2천 년간 모든 어둠의 권세는 복음과 교회를 제거하는 데 성공하지 못했습니다. 복음도 교회도 오히려 성장하기만 했습니다. 교회의 생존과 성장은 예언을 이루어가고 있습니다. 복음과 교회의 현존은 예언이 성취되고 있는 것을 끊임없이 목격하는 것과 같습니다. 교회 또한 그 일에 있어서 예언적인 증인입니다. 초기 사도들과 마찬가지로 오늘날 교회는 예수 그리스도의 죽음과 부활의 '증인'입니다. 교회가 하는 모든 일, 함께 모이고, 예배드리고, 성찬을 함께 하고, 복음을 전하고 증거하고, 마귀들을 쫓아내고, 병든 이들을 고치고, 화목한 자로 서는 일은 그리스도의 신부로서 교회가 준비되기 위해 하는 일들입니다. 또한 이는 그리스도와 교회의 관계를 알려주는 일이기도 하며, 예수님께서 다시 오실 것을 세상에 예언적으로 알려주는 일이기도 합니다. 지금 우리는 1세기 초기교회로부터 거의 2천 년이나 멀리 와 있지만 다른 이들과 함께 주님의 이름으로 모인 것이 예언을 성취하는 것은 물론 세상에게 예언적 선언을 하는 행위임을 기억하시면서 예배에 참석하십시오.

나의 기도

예수님, 당신의 백성들과 함께 모여 당신의 신부가 되기를 준비하는 것이 얼마나 큰 특권인지요. 우리의 예배와 설교와 증거와 영의 섬김이 구원받지 못한 세상에게 당신의 사랑을 보여주는 것이 되게 하시고, 그들을 주님에게 끌리게 하는 수단이 되게 하여 주시옵소서.

교회의 주된 임무는 예수님의 죽음과 부활 그리고
재림과 심판을 보존하고 세상에 전파하는 것이다.

Day 344

> 너는 말씀을 전파하라
> 때를 얻든지 못 얻든지 항상 힘쓰라
> 범사에 오래 참음과 가르침으로 경책하며 경계하며 권하라
>
> 딤후 4:2

신약의 편지들은 주일학교 시간에 교훈처럼 사용되라고 쓰여진 것이 아닙니다. 이는 어려운 때를 살아가고 있는 우리 같은 사람들을 위해 쓰여졌습니다. 하나의 교회로서 우리가 고린도전서에 이어 후서가 쓰여지게 된 갈등에 대해 알고, 히브리인들에게 왜 편지를 쓰게 됐는지 그 배경을 안다면, 고린도전후서에 쓰여진 내용이 신약시대의 사람들만을 향한 경고가 아니라 우리를 향한 경고임을 깨닫는 동시에 그들에게서 동질감을 느끼게 될 것입니다. 이 사실은 신약을 살아나게 만들 뿐 아니라 오늘날 막 경주를 시작한 교회들에게 연대감을 줄 것입니다. 우리는 그 연대감을 느껴야만 합니다. 횃불이 많은 사람들의 손에 넘겨졌기 때문에 우리는 오래 전에 시작된 그 같은 경주를 우리가 뛰고 있다는 사실을 쉽게 잊어버리게 됩니다. 우리를 앞서 갔던 이들은 이미 경주를 마치고 결승선에서 우리를 기다리며 환호하고 있습니다. 역사 속에서 교회는 하나님을 증거하는 살아 있는 증거입니다.

나의 기도

성령님, 당신의 종이었던 초기교회 사람들의 마음과 감정을 이해할 수 있도록 도와주시옵소서. 제가 그들과 연대감을 가질 수 있게 하시고, 그들이 그랬던 것처럼 당신을 위해 제 마음을 지킬 수 있는 열정을 주시옵소서.

**교회는 하나님의 말씀을 보존하고
정확하게 선포하는 예언적 공동체이다.**

Day 345

이 일에 너희가 너희의 하나님 여호와를 믿지 아니하였도다
그는 너희보다 먼저 그 길을 가시며 장막 칠 곳을 찾으시고
밤에는 불로 낮에는 구름으로 너희가 갈 길을 지시하신 자이시니라

신 1:32-33

교회는 성령님의 흐름을 읽을 줄 알아야 합니다. 이스라엘 자녀들이 광야에서 구름을 따라 움직인 것처럼 교회도 성령님이 움직이시는 곳으로 따라가야 합니다. 교회와 성령님의 관계는 움직임 없는 정지된 관계가 아닙니다. 성령님은 교회 안에서 각 개인에게 그리고 회중에게 항상 새로운 일을 행하십니다. 시내산에서 주어진 십계명은 영원히 변하지 않는 진실이지만, 이스라엘 백성들은 광야를 돌아다녀야 했기 때문에 늘 다른 장소에 머물러야 했습니다. 여기서 제가 말하는 움직임은 어떤 진실이나 구조 또는 어떤 전략에 맞춰져 있는 중점을 때에 맞게 바꾸기도 하자는 것입니다. 교회를 예언적 공동체로 가장 잘 표현한 것은, 회중 또는 교파들이 하나님의 구름을 따라 움직이지만 시간이 지나면서 쌓이는 지혜와 경험 그리고 성숙함을 잃지 않고 함께 구름을 따르는 것입니다.

나의 기도

성령님, 저의 영적 삶에 스스로 만족하여, 매일 매 순간 저에게 당신을 나타내시는 것과 저를 이끄시는 것을 보지 못하는 자가 되지 않게 하여 주옵소서. 제 마음과 교회와 제가 속한 세상에 새로운 일들을 행하시옵소서.

**우리는 변하지 않는 하나님의 말씀의
울타리 경계선 안에서 움직인다.**

Day 346

우리가 이같이 큰 구원을 등한히 여기면 어찌 그 보응을 피하리요
이 구원은 처음에 주로 말씀하신 바요 들은 자들이 우리에게 확증한 바니
하나님도 표적들과 기사들과 여러 가지 능력과 및 자기의 뜻을 따라
성령이 나누어 주신 것으로써 그들과 함께 증거하셨느니라

히 2:3-4

교회 안팎에서 행하시는 하나님의 초자연적인 능력을 통해 생기는 증거는 예언사역의 범주에 들어갑니다. 엘리야 때처럼, 기적은 하나님의 말씀이 참되다는 것을 증거합니다. 기록된 말씀은 사도들의 증언을 담고 있습니다. 예수님의 부활이 이루어진 지 얼마 되지 않은 상황에서도, 사도들이 그 일을 증명하기 위해서는 많은 기적이 필요했습니다. 오랜 시간이 지난 지금, 사도들의 증언이 참됨을 증명하기 위해서는 또 얼마나 많은 기적이 필요할까요? 사도들의 기록이 진실됨을 증명할 수 있는 것은 기적인데, 이는 예언 공동체에 있어서도 굉장히 중요합니다. 기적은 무엇보다 하나님께서 함께 하신다는 것을 우리에게 인식시켜 주기 때문입니다. 기적은 우리의 감각을 흔들어 깨워 우리로 하여금 기쁘게 (또는 두려움으로) 하나님께서 성령님의 임재를 통해 우리와 함께 계시며, 가까이 계시다는 것을 인식시켜 줍니다. 기적을 통해 교회가 예언하고 선포해야 할 증거가 있습니다. "하나님은 살아계십니다!"

나의 기도

주님, 당신의 위대하신 능력을 기적과 이사와 표적을 통해 보기를 갈망합니다. 능력으로 당신의 백성들에게 임하여 주시고, 우리 중에 임하신 당신을 나타낼 수 있도록 우리에게도 능력 있는 기적을 허락하여 주시옵소서.

> 기적은 우리로 하여금 살아계신 하나님을 가까이에서
> 두 눈으로 확인할 수 있게 해 준다.

Day 347

그러므로 너희는 가서 모든 민족을
제자로 삼아 아버지와 아들과 성령의 이름으로 세례를 베풀고
내가 너희에게 분부한 모든 것을 가르쳐 지키게 하라
볼지어다 내가 세상 끝날까지
너희와 항상 함께 있으리라 하시니라

마 28:19-20

교회는 하나님의 심판을 앞당기는 불의와 억압과 부당한 일에 맞서는 '열방의 선지자' 역할을 해야 할 책임이 있습니다. 선지자들은 하나님 앞에 나온 자들에게만 예언하지 않았습니다. 그들은 종종 세상의 단상에 서서도 예언했습니다. 성경에 나오는 요셉과 다니엘은 세상의 권세 있는 자리에서 하나님을 나타낸 좋은 예들입니다. 아브라함 링컨과 마틴 루터 킹 주니어도 예언적으로 정의로운 사회체제를 위해 맞서 싸웠습니다. 하지만 이들은 전통적인 선지자의 모습을 하고, 교회 지도자의 위치에서 위에 일들을 행하지 않았습니다. 저는 교회가 하나의 선지자의 모습을 한 기관으로서 정당에 연루되지 않고 정의의 실현을 위해 앞장서는 것이 옳다고 믿습니다.

나의 기도

사랑하는 아버지, 당신의 교회와 사람들이 강건하고 담대히 일어서서 세상에 당신의 정의를 선포하는 목소리가 되기를 기도합니다. 우리가 하나 되게 하시고, 우리의 동기와 목적이 항상 순수할 수 있도록 지켜 주시옵소서.

교회를 대변하는 사람과 교회는 어디까지
선을 그어야 하는지 분명히 알고 있어야 한다.

Day 348

또 우리에게는 더 확실한 예언이 있어
어두운 데를 비추는 등불과 같으니
날이 새어 샛별이 너희 마음에 떠오르기까지
너희가 이것을 주의하는 것이 옳으니라

벧후 1:19

하나님께서는 온 세대에 걸쳐 사람들의 죄를 위해 울부짖는, 하나님의 선지자 역할을 하는 지도자들을 교회 안에 세우셨습니다. 예를 들어, 요한 웨슬리는 영국 사람들에게 불의와 무관심이 가져온 사회적 혼란에서 돌아서서 하나님께로 돌아오라고 외친 자입니다. 그의 외침은 사회의 불의에 맞선 예언적인 외침과 흡사하지만, 차이가 있다면 그의 외침은 교회 안의 사람을 향한 것이었습니다. 그의 예언은 요나가 니느웨 백성들에게 외친 예언보다는 이스라엘과 유다를 향해 이사야와 예레미야가 외친 예언을 더 닮았습니다. 빌리 그레이엄, 찰스 콜슨, 존 파이퍼, 데이비드 윌커슨 그리고 에이든 토저는 하나님에 대한 깊이 있는 통찰로 교회 안에서 불의와 맞서기를 부르짖은 예언사역자들로 제 머릿속에 자리 잡고 있습니다. 성령님께서 기름 부으신 그들의 말은 사람들의 마음을 거룩함과 예수님을 향한 열정으로 깨웠습니다.

나의 기도

아버지, 오늘날 세상에 예언사역자로서 쓰시는 사람들에 대한 정확한 이해를 우리에게 허락하여 주시옵소서. 그들에게 기름 부으시고, 그들의 마음을 당신의 아들을 위한 거룩함과 열정으로 깨워 주시옵소서. 저희가 그들의 말에 동참하고 그들이 전하는 당신의 계시를 놓치지 않게 하여 주시옵소서.

하나님께서는 세례 요한처럼 예언적인 목소리를 사용하셔서
믿는 이들이 온전히 부흥할 때까지 그들의 양심을 찌르신다.

Day 349

주 예수를 다시 살리신 이가 예수와 함께 우리도 다시 살리사
너희와 함께 그 앞에 서게 하실 줄을 아노라

고후 4:14

한번은 어떤 사람이 굉장히 성가신 질문을 했습니다. "하나님은 어디에 사시나요?" 유머가 풍부한 사람 한 명이 재치 있게 대답했습니다. "어디든 살고 싶으신 곳에 사시죠!" 정말 훌륭한 답변이지 않나요? 솔로몬이 성전을 봉헌했을 때 했던 말입니다. "하늘과 하늘의 가장 높은 곳이라도 하나님을 모실 수 없을 텐데, 제가 지은 이 집에 주님을 모실 수 있겠습니까"(왕상 8:27). 그렇다면 정말 하나님께서는 어디에 사시는 걸까요? 하나님의 임재는 어디에 거하시는 걸까요? 첫째, 하나님께서는 자신이 거하시는 하늘에 스스로 거하십니다. 둘째, 하나님께서는 어디에나 거하십니다. 하나님께서 거하시지 않는 곳은 없습니다. 셋째, 하나님께서는 자신을 낮추어 그의 '성전' 안에 거하십니다. 구약성경에 처음으로 장막이 생기고, 예루살렘에 성전이 생깁니다. 신약에서는 교회가 생깁니다. 교회는 그리스도의 몸이자, 그리스도 안에서 각 개인이기도 합니다. 넷째, 하나님과 그분의 말씀은 동일함으로 성경 안에 거하십니다. 다섯째, 교회의 성찬식 가운데 계십니다. 마지막으로, 하나님께서는 간헐적으로 특정 사람과, 특정 장소에 그분의 드러나는 임재로 '방문'하십니다. 다른 말로 하면 하늘에서 '내려오셔서' 자연계와 접촉하십니다.

나의 기도

아버지, 많은 다른 방법으로 당신을 우리에게 나타내 주셨습니다. 우리 안에 거하시기를 선택하시고 당신의 말씀과 교회를 통해 당신을 나타내시기로 작정하셨습니다. 제 삶 가운데 당신의 임재가 함께 하기를 소원하며, 특별히 '내려오셔서' 제게 방문하시기를 갈망합니다.

우리는 모든 형태의 하나님의 임재를 값지게 여겨야 한다.

Day 350

우리가 다시 너희에게 자천하는 것이 아니요
오직 우리로 말미암아 자랑할 기회를 너희에게 주어 마음으로 하지 않고
외모로 자랑하는 자들에게 대답하게 하려 하는 것이라 우리가 만일 미쳤어도
하나님을 위한 것이요 정신이 온전하여도 너희를 위한 것이니

고후 5:12-13

바울은 세상적인 것을 바라보고 눈앞에 놓인 특정 문제를 적절하게 분별하지 못하는 누군가를 향해 권고하고 있습니다. 문제가 무엇이었을까요? 다음 구절에서 바울은 그와 다른 믿음의 사람들이 일시적으로 겪고 있는 두 가지 다른 상태를 둘러싼 논쟁이 무엇인지를 말해 줍니다. 그가 처음 말한 상태는 "우리가 미치다"입니다. 이 헬라어가 신약에서 딱 한 번 더 쓰인 곳이 있는데 나사렛 사람들이 예수님을 미쳤다고 비난할 때 쓰였습니다. 영어의 'ecstatic(황홀한)'이라는 단어는 라틴어에서 온 것인데 그 의미는 '자신에게서 벗어나다'입니다. 바울이 일컫는 문제는 황홀한 영적 경험과 그에 따른 현상인 것으로 보입니다. 그는 고린도 교인들에게 성령의 움직임이 위엄 있지 않고 이성적으로 보이지 않는다고 해서 실족하지 말라고 권고하고 있습니다. 오히려 바울은 그들에게 성령님이 방문하시고, 그들의 마음에 하나님을 향한 더 큰 열정을 부어 주시는 것을 영광으로 알고 크게 기뻐하라고 도전하고 있습니다. 믿는 자가 기뻐하는 것은 가장 효과적인 복음 제시 방법일 것입니다.

나의 기도

성령님, 원하시는 대로 우리에게 당신을 나타내시옵소서. 당신의 임재 가운데 기쁨으로 '제정신이 아니기를' 원할 수 있게 하여 주시옵소서. 그리스도를 위한 더 큰 능력과 열정을 제 마음에 심어 주시고, 다른 이들이 제 삶을 통해 당신의 사랑을 볼 수 있게 하여 주시옵소서.

> 우리는 기쁘게 주님을 섬기도록 부름 받았다.

Day 351

예수께서 행하신 일이 이 외에도 많으니
만일 낱낱이 기록된다면
이 세상이라도 이 기록된 책을 두기에 부족할 줄 아노라

요 21:25

성경에는 과거에 일어났던 모든 초자연적인 사건이나 경험들이 다 기록되어 있지 않으며, 앞으로 온 나라와 인류에 일어날 모든 일들이 기록되어 있지 않습니다. 오히려 성경은 넓은 범주에 들어갈 수 있는 하나님의 활동과 초자연적인 경험이 기록된 것으로, 성령께서 전형적으로 어떻게 역사하시는지 보여주는 예들을 많이 담고 있습니다. 이 개념은 요한복음 21장 25절에 잘 나와 있습니다. 요한은 만약 예수님께서 행하신 모든 놀라운 일들이 다 기록된다면 세상의 모든 책으로도 다 기록하기에 부족하다고 말했습니다. 성경 어디에도 하나님께서 이전에 행하신 일 중에서만 다시 행하실 수 있다고 기록되어 있지 않습니다. 사실 성경에는 하나님께서 이전에 행하지 않은 많은 일들을 행하실 것을 예언한 구절들이 많이 있습니다. 제 친구 중 한 명이 이렇게 말한 적이 있습니다. "음, 하나님께는 한 가지 문제가 있어. 자신을 하나님이라고 생각하시는 것이 문제야!" 여러분, 진실로 그분은 하나님이십니다. 그러기에 하고 싶으신 일은 무엇이든 하실 수 있는 분이십니다.

나의 기도

하나님, 당신의 백성에게 당신을 나타내실 때, 저의 인간적인 생각으로 당신을 제한하지 않게 하여 주시옵소서. 당신은 참으로 모든 것을 원하시는 대로 할 수 있는 하나님임을 제가 이해할 수 있게 도와주시고, 제 삶도 아버지께서 원하시는 대로 역사하여 주시옵소서.

전례가 없다 해도 하나님께서는 성경에 기록된 그분의 성품과
일치하는 모든 일들을 자유롭게 행하실 수 있다.

Day 352

내가 또 너희에게 이르노니 구하라 그러면 너희에게 주실 것이요
찾으라 그러면 찾아낼 것이요 문을 두드리라 그러면 너희에게 열릴 것이니
구하는 이마다 받을 것이요 찾는 이는 찾아낼 것이요 두드리는 이에게는 열릴 것이니라

눅 11:9-10

이 구절에서 예수님께서는 구체적으로 어떻게 기도하라고 말씀해 주시면서 제자들에게 기도하라고 초청하시는 동시에 도전하고 계십니다. 번역된 동사인 "구하라", "찾으라", "두드리라"는 원어에 현재 진행형으로 기록되어 있습니다. 이를 통해 우리가 알 수 있는 것은 받고 싶은 축복이 있다면 지속적인 행동과 인내함으로 반복적으로 구해야 한다는 것입니다. 하나님께서는 우리가 원하는 것을 진짜로 가지기를 갈망하기 원하시지, 수동적으로 무관심하게 있기를 원치 않으십니다. 일시적인 부정은 오히려 부정한 것에 대한 더 큰 갈망을 일으킵니다. 예수님께서는 또한 하나님 나라의 좋은 것을 구하는 것은, 성령을 구하는 것이라고 확실하게 말씀해 주고 계십니다. 부유하고 관대하신 우리 하나님 아버지는 우리에게 성령의 사역을 주고 싶어 하시지만, 우리 또한 성령님과 그의 은사, 열매 그리고 지혜를 간절히 원하기를 바라고 계십니다.

나의 기도

아버지, 당신의 임재 속에 담대하게 자신감을 갖고 들어갈 수 있게 해 주시니 감사합니다. 제가 구체적으로 아버지께 나아가 제가 깊이 갈망하는 것을 아버지께 표현할 수 있도록 가르쳐 주옵소서. 성령님을 통해 제게 사역하여 주옵소서.

우리가 희망을 저버리지 않고 의심하지 않는 한
때가 되면 이루어 주실 것을 믿으면서,
우리는 담대하고 자신 있게 그분의 임재와 뜻을 구할 수 있어야 한다.

Day 353

주께서 생명의 길을 내게 보이시리니 주의 앞에는 충만한 기쁨이 있고
주의 오른쪽에는 영원한 즐거움이 있나이다

시 16:11

어떤 이들은 겉으로 드러나는 성령님의 역사를 더 쉽게 받아들이는 한편, 어떤 이들은 그렇지 못합니다. 성령님의 역사를 잘 받아들이지 못하는 사람들은 어떤 식으로든 장벽을 쌓아 성령님의 흐름을 방해함으로, 그들의 삶에 성령님이 온전히 역사하시지 못하게 합니다. 존재할지 모르는 장벽의 부담감을 솔직하게 주님 앞에 가지고 나와 장벽이 있다면 보여 달라고 기도해야 합니다. 이 기도는 하나님께서 정말 응답하시기 쉬운 기도입니다! 한번 이렇게 기도하고 나면, 더 이상 이 문제를 내면화시키지 않게 됩니다. 어쩌면 당신은 밖으로 보여지는 임재나 현상을 많이 경험하지는 않을지도 모르겠습니다. 그렇다고 해서 성령을 받지 않은 것이 아닙니다. 많은 사람들이 성령의 많은 열매와 능력이 자신들의 삶에 부어졌을 때를 돌아보면, 새로운 환경에서 하나님의 임재에 '흠뻑 젖은 후'라고 말합니다. 하지만 그 순간 채워짐을 받고 있다고 인식될 만한 현상이 겉으로는 일어나지 않았다고 합니다. 우리는 겉으로 드러나는 영적인 새로움에 관심을 가지거나 집중하기보다, 우리 영혼이 예수님을 닮아가는 내면의 변화에 관심을 가지고 집중해야 합니다.

나의 기도

사랑하는 성령님, 제 삶에 당신의 임재가 흐르는 것을 방해하는 모든 장벽들을 제거하여 주시옵소서. 저로 하여금 당신의 임재에 젖어 들게 하시고 저를 변화시켜 주셔서 모든 방면에서 예수님을 더욱 닮아 갈 수 있게 하여 주시옵소서.

**존재할지 모르는 장벽에 대한 부담감을 솔직하게 고백하면서
주님 앞에 가지고 나가야 하며 그럴 때에 주님께서 보여주실 것을 믿어야 한다.**

Day 354

오직 성령의 열매는 사랑과 희락과 화평과
오래 참음과 자비와 양선과 충성과 온유와 절제니
이 같은 것을 금지할 법이 없느니라

갈 5:22-23

성령의 열매는 다양합니다. 이는 성령님이 우리 삶에 움직이기 시작하셔서 개인적으로 다른 사람에게 사역하게 하실 것을 고려할 때 굉장히 중요한 측면입니다. 오늘의 묵상과 뒤 이을 여덟 가지 매일 묵상은 성령의 열매가 어떻게 성령 충만한 개인의 기도 사역에 적용될 수 있는지 나누게 될 것입니다.

사랑. 사랑은 성령의 열매 중에서도 가장 중요히게 여겨집니다. 실제로 성령의 열매는 바로 예수 그리스도의 성품이 믿는 자들 안에 그리고 믿는 자들을 통해 나타나는 것입니다. 우리가 다른 이들을 위해 기도할 때, 우리는 스스로를 섬기는 종으로 생각해야지 영웅으로 생각해서는 안 됩니다. 우리가 다른 이들을 위해 기도할 때 우리가 아닌 기도 대상자를 더 많이 의식해야 합니다. 사랑의 영은 우리로 하여금 다른 이들을 지속적으로 이렇게 볼 수 있게 해 줄 것입니다.

나의 기도

아버지, 제 삶의 시작이 사랑이어야 하고, 제 삶을 통해 사랑을 나타내야 하고, 제 삶 전체가 사랑이어야 함을 압니다. 아버지께서 가지고 계시는 그 사랑을 제게 부어 주시옵소서.

> 섬김은 진정한 사랑을 가장 잘 보여준다.

Day 355

느헤미야가 또 그들에게 이르기를 너희는 가서 살진 것을 먹고
단 것을 마시되 준비하지 못한 자에게는 나누어 주라
이 날은 우리 주의 성일이니 근심하지 말라
여호와로 인하여 기뻐하는 것이 너희의 힘이니라 하고

느 8:10

희락. 우리는 다른 이들을 위해 기도할 수 있는 것이 얼마나 큰 특권인지를 깨닫고 기쁨으로 해야 합니다. 감정적으로는 기분이 좋지 않을지라도, 기쁨의 샘에서 물을 길어 당신 안에 기쁨을 공급할 줄 알아야 합니다. 당신이 그리스도인이라는 것, 성령님이 거하시는 성전이라는 것, 죄를 사함 받았다는 것, 천국에 갈 것이라는 것, 하나님에 의해 쓰임 받고 있다는 것, 많은 축복을 받은 사람이라는 것 등에 초점을 맞추고, 묵상함으로 기쁨의 샘에서 물을 길을 수 있습니다. 다른 말로 하면 거꾸로 올라가서 당신이 그리스도 안에서 누구이고, 하나님이 누구신지 큰 그림을 그려 보라는 것입니다. 그렇게 할 때에 일시적으로 우리를 압박하고 있는 것들을 내려놓고 우리 앞에 놓여진 다른 이의 필요에 집중할 수 있습니다. 만약 여전히 기쁨의 샘에서 물을 퍼 나를 수 없다면 당신의 연약함을 아버지께 고백하고 하나님의 때에 그 연약함을 만져주실 것을 기도하십시오.

나의 기도

사랑하는 성령님, 당신의 기쁨이 필요합니다. 말할 수 없는 기쁨으로 제 영혼을 넘치게 채워 주셔서 다른 이들에게 당신의 기쁨의 빛을 발산할 수 있게 하여 주시옵소서.

그분의 기쁨이 당신의 눈과 얼굴에서 나타나기를 구하십시오.

Day 356

평안을 너희에게 끼치노니 곧 나의 평안을 너희에게 주노라
내가 너희에게 주는 것은 세상이 주는 것과 같지 아니하니라
너희는 마음에 근심하지도 말고 두려워하지도 말라

요 14:27

화평. 우리는 예수님의 이름으로 평안의 축복을 다른 사람들에게 줄 수 있는 권위를 부여 받았습니다. 우리는 다른 사람들이 하나님과 화평하고 스스로 화평하고 다른 사람들과 화평할 수 있도록 이끌어 주어야 합니다. 우리는 그들에게 평안의 영으로 다가가야 합니다. 평안의 영이란 우리는 약하지만 우리를 통해 역사하시는 하나님의 능력을 믿음으로 쉴 수 있는 마음입니다.

나의 기도

사랑하는 성령님, 당신이 주시는 평안 안에서 쉴 수 있게 하시고, 제 삶을 맡겨 드리고 신뢰할 수 있게 하여 주시옵소서. 길을 잃은 어지러운 이 세상 속에 당신의 평안함을 가져올 수 있는 삶이 되게 하여 주시옵소서.

> 우리는 다른 사람들이 하나님과 화평하고
> 스스로 화평하고 다른 사람들과 화평할 수 있도록 이끌어 주어야 한다.

Day 357

공의의 열매는 화평이요
공의의 결과는 영원한 평안과 안전이라

사 32:17

오래 참음. 우리는 속도를 낮추고, 다른 이들을 위하여 기도하는 시간을 가질 필요가 있습니다. 성령님은 쫓기는 것을 싫어하십니다. 성령님은 우리를 이끄시기를 원하십니다. 보통, 성령님은 시간을 가지고 자신의 능력을 나타내십니다. 우리 영혼이 잠잠할 때, 우리 영과 마음과 생각과 몸은 성령님이 전달하고자 하시는 것을 더 잘 받을 수 있습니다. '젖어 드는' 기도는 종종 완강한 적의 기지를 제거하는 데 반드시 필요한 기도입니다.

나의 기도

성령님, 당신의 인내가 제게 얼마나 필요한지요. 제가 확신을 가지고 잠잠히 성령님께서 제 삶에 역사하시기를 기다릴 때, 저를 변화시키실 것과 당신의 임재로부터 오는 힘을 주실 것을 알게 하여 주시옵소서.

우리 영혼이 잠잠할 때, 우리 영과 마음과 생각과 몸은
성령님이 전달하고자 하시는 것을 더 잘 받을 수 있다.

Day 358

또 함께 일으키사 그리스도 예수 안에서 함께 하늘에 앉히시니
이는 그리스도 예수 안에서 우리에게 자비하심으로써
그 은혜의 지극히 풍성함을 오는 여러 세대에 나타내려 하심이라

엡 2:6-7

자비. 우리는 죄 때문에 삶이 무너진 사람들을 위해 종종 기도하게 될 기회가 있을 것입니다. 그들 중 대다수는 사회성도 별로 없고, 분명 우리가 싫어하는 성격도 가지고 있을 것입니다. 또한 그들은 잘못된 가르침을 받아들였거나 심지어는 악한 영에 사로잡혀 있을 수도 있습니다. 우리는 부드럽게 그들을 받쳐 주면서 그들의 미성숙한 부분들을 완화시키고 그들이 우리를 속일지라도 자비롭게 대처해야 합니다. 우리는 악을 선으로 이겨야 하며, 우리에게 자비롭지 못한 자들에게 자비로워야 합니다. 우리가 그렇게 할 때에 주님께서 높임을 받으실 수 있으며, 죄에 빠진 자들에게는 하나님의 도움의 손길을 받을 수 있는 가장 좋은 기회를 제공할 수 있습니다.

나의 기도

성령님, 제가 자비로운 사람이 될 수 있게 해 주시옵소서. 사랑이 많으신 하나님 아버지의 자비로움을 나타낼 수 있게 하여 주시옵소서. 저와 제 주변에 있는 악을 선과 자비로 이겨낼 수 있게 도와주시옵소서.

> 우리는 악을 선으로 이겨야 하며,
> 우리에게 자비롭지 못한 자들에게 자비로워야 한다.

Day 359

그러므로 너희가 더욱 힘써 너희 믿음에 덕을 덕에 지식을 지식에 절제를
절제에 인내를 인내에 경건을 경건에 형제 우애를 형제 우애에 사랑을 더하라

벧후 1:5-7

양선. 우리는 진심으로 다른 이들의 필요를 돌볼 줄 알아야 합니다. 그러므로 그들을 위해 기도하고자 하고 실질적으로 도와줄 방법을 모색하고자 하는 자원하는 마음을 구해야 합니다. 우리 안에는 그들을 돌봐줄 수 있는 자원이 없을 수도 있지만, 그들을 도와줄 수 있는 다른 사람을 연결시켜 줄 수 있을지도 모릅니다. 특히 예수님의 이름으로 사역하고 있는 사람이라면 다른 사람의 삶에 반복되는 죄악을 모른 척하지 아니하고 그들의 삶에서 죄의 악순환이 끊어지기를 구해야 합니다. 또한 상대방이 우리에게 마음 문을 열어 기도를 부탁할 때 그들의 신뢰를 이용해서는 결단코 안 됩니다. 기독교 역사에 있어서 사역이라는 이름으로 변장한 죄악 때문에 많은 사람들이 상처받아 왔습니다. 우리가 그 리스트에 또 다른 이름을 올리지 않도록 조심하고 또 조심해야 합니다.

나의 기도

아버지, 오늘날 이 세상에는 많은 죄악들이 들끓고 있습니다. 아버지께서 사랑하시는 자들을 위하여 그들을 선한 길로 이끌라고 제게 주신 당신의 덕을, 저를 신뢰하는 그들에게 조심스럽게 사용할 수 있게 하여 주시옵소서.

> 특히 예수님의 이름으로 사역하고 있는 사람이라면
> 다른 사람의 삶에 반복되는 죄악을 모른 척하지 아니하고
> 그들의 삶에서 죄의 악순환이 끊어지기를 구해야 한다.

Day 360

부지런하여 게으르지 말고 열심을 품고 주를 섬기라
소망 중에 즐거워하며
환난 중에 참으며 기도에 항상 힘쓰며
성도들의 쓸 것을 공급하며 손 대접하기를 힘쓰라

롬 12:11-13

충성. 우리는 개인 중보 사역에 동참해야 하는데, 개인을 위한 중보는 많은 인내가 필요하다는 것을 알고 시작해야 합니다. 한 사람의 동일한 필요를 놓고 한 번 이상 기도해야 할 때가 많을 것입니다. 기도 대상자가 실패할지라도 거기에 영향을 받아서는 안 됩니다. 또한 우리는 작은 것에 충성했을 때 하나님께서 더 큰 일도 맡기신다는 것을 기억해야 합니다. 우리가 배운 것을 실행에 옮길 때 성령님은 더 강력하게 우리를 기름 부어 주십니다. 앞으로 남은 날 동안 수백 명의 사람들을 위해 기도하는 일에 헌신할 때, 하나님께서 그들의 삶을 어떻게 이끌어 가시는지 보십시오.

나의 기도

사랑하는 아버지, 다른 무엇보다도 아버지께 충성된 자로 여김 받고 싶습니다. 중보자로서 다른 영혼들을 위해 아버지께 신실하게 기도하는 자로 세워 주시옵소서.

> 앞으로 남은 날 동안 수백 명의 사람들을 위해 기도하는 데 헌신할 때,
> 하나님께서 그들의 삶을 어떻게 이끌어 가시는지 보십시오.

Day 361

너희의 단장은 머리를 꾸미고 금을 차고 아름다운 옷을 입는
외모로 하지 말고 오직 마음에 숨은 사람을 온유하고
안정한 심령의 썩지 아니할 것으로 하라
이는 하나님 앞에 값진 것이니라

벧전 3:3-5

온유. 우리가 다른 이들을 위해 기도할 때 한 가지 새롭게 깨닫고 가야 하는 것은 우리가 그들에게 답을 주지 않아도 된다는 사실입니다. 우리는 단지 그들에게 답을 주실 수 있는 분을 아는 것입니다. 이를 아는 것만으로도 억측이나 상투적인 답변을 하는 것에서 자유로울 수 있습니다. 우리의 말과 신체적 행동은 퉁명스럽거나 거칠지 아니하고 온유해야 할 필요가 있습니다. 만약 사람들이 우리 주변에 있을 때에 안전하다고 느끼면, 주님께도 더 편안하게 다가갈 수 있고 더 쉽게 주님께서 주시는 것을 받을 수도 있습니다.

나의 기도

사랑하는 아버지, 제게 온유의 영을 주시옵소서. 제 영을 아버지의 온유의 기름으로 부어 주시어, 그 기름 부으심이 온유의 영을 통해 조심스럽지만 지속적으로 다른 사람의 삶에 흘러 갈 수 있게 하여 주시옵소서.

*우리의 말과 신체적 행동은 퉁명스럽거나
거칠지 아니하고 온유해야 할 필요가 있다.*

.

Day 362

너는 이것을 알라 말세에 고통하는 때가 이르러
사람들이 자기를 사랑하며 돈을 사랑하며 자랑하며 교만하며 비방하며
부모를 거역하며 감사하지 아니하며 거룩하지 아니하며
무정하며 원통함을 풀지 아니하며 모함하며 절제하지 못하며 사나우며
선한 것을 좋아하지 아니하며 배신하며 조급하며 자만하며 쾌락을 사랑하기를
하나님 사랑하는 것보다 더하며 경건의 모양은 있으나
경건의 능력은 부인하니 이 같은 자들에게서 네가 돌아서라

딤후 3:1-5

절제. 다른 사람을 위해 기도하러 갈 때는 감정도 신체적인 반응도 줄이라고 권장합니다. 만약 겉으로 드러나게 성령님이 역사하셔서 제어할 수 없다면, 줄 수 있는 상태로 다시 돌아갈 때까지 받는 상태로 있으십시오. 이 원칙을 무시하고 다른 사람에게 자신의 상태에 반응하도록 압력을 가하면 본의 아니게 다른 이들을 조작할 수 있는 위험이 있다는 것을 알아야 합니다. 이 일반적인 규칙에 예외가 되는 경우들이 있습니다. 한 가지 예외는, 당신이 받는 상태에 있을 때에, 당신에게 특별히 기도를 요청하는 경우입니다. 다른 경우는, 상대방이 당신의 친구여서, 지금 당신이 받고 있는 것을 그들이 받고 경험하기를 원한다는 것을 알고 있는 경우입니다. 이것 말고도 다른 예외의 경우가 있을 수도 있습니다.

나의 기도

아버지, 다른 이들을 위해 기도할 때 제 자신은 줄이고 당신의 임재 안으로 들어갈 수 있게 하여 주시옵소서. 평안한 당신의 영을 받아 성령께서 제 기도를 인도해 줄 수 있게 하여 주시옵소서.

> 다른 사람을 위해 기도하러 갈 때는
> 감정도 신체적 반응도 줄이라고 권장합니다.

Day 363

> 예수께서 한 어린아이를 불러 그들 가운데 세우시고 이르시되
> 진실로 너희에게 이르노니 너희가 돌이켜 어린아이들과 같이 되지 아니하면
> 결단코 천국에 들어가지 못하리라 그러므로 누구든지 이 어린아이와 같이
> 자기를 낮추는 사람이 천국에서 큰 자니라
>
> 마 18:2-4

성령 사역을 할 때는 전문가의 자세로 임하기보다 배우는 자세로 임해야 합니다. 지금 우리가 겪고 있는 것을 경험한 세대는 우리 앞에 그리 많지 않습니다. 하늘에 계신 우리 아버지와 주님 되시는 예수님과 성령님 앞에서 우리는 계속해서 어린아이로 있어야 합니다. 우리가 배우고 따라갈 수 있는 능력보다 하나님께서 우리를 가르치시고 이끄시는 능력이 훨씬 더 크다는 것에 자신감을 가져야 합니다. 다행히도 우리의 헌신보다 우리를 향한 하나님의 헌신이 더욱 크십니다. 이 사실은 참으로 우리에게 힘이 되어 줍니다. 믿음의 공동체 안에 존재하는 다양한 시각과 그리스도의 몸 안에 흐르는 다양성을 인내하며 너그럽게 바라봐야 합니다. 만약 하나님께서 진정 성령님의 공급자 되신다면, 그분의 이름을 위해서라도 우리의 판단과 비난에 적절히 대처하실 것이며 믿을 수 있는 증거들과 증인들을 세우실 것입니다.

나의 기도

아버지, 당신에 대해 아직도 알아가야 할 부분들이 너무 많습니다. 매일 아침 눈뜨자마자 당신의 임재 안에서 시간을 보낼 수 있게 해 주시옵소서. 저는 여전히 당신의 일과 사랑과 제 삶을 향한 목적에 대해 배워야 할 것이 정말 많습니다. 사랑하는 아버지, 제가 배우는 자가 되게 하여 주시옵소서.

정말 하나님께서 하시는 일이라면
그 일을 누군가에게 우리가 증명하려 들지 않아도 된다.

Day 364

> 내 사랑하는 형제들아 속지 말라 온갖 좋은 은사와 온전한 선물이
> 다 위로부터 빛들의 아버지께로부터 내려오나니
> 그는 변함도 없으시고 회전하는 그림자도 없으시니라
> 그가 그 피조물 중에 우리로 한 첫 열매가 되게 하시려고
> 자기의 뜻을 따라 진리의 말씀으로 우리를 낳으셨느니라
>
> 약 1:16-18

성령님께서 특별히 우리를 새롭게 하시는 사역을 하실 때는 그에 걸맞은 일들을 하실 수 있도록 그분께 충분한 자유와 기회를 드리십시오. 물론, 하나님께서는 사람의 중재 없이 사람들이 모인 곳에 자신의 임재를 나타내실 수 있습니다. 사람들에게 모범이 되고 그들이 적절히 절제할 수 있도록 가르치고, 특정 상황이나 배경에서 민감할 수 있기를 구하십시오. 이 특정한 상황에서 사랑은 어떤 모습이어야 할까요? 화목함과 하나 됨을 위해 권위 있는 자들에게 순종하십시오. 새로움을 입는 과정에서 '하나님을 놓치진 않을까', 또는 사탄에게 '속임 당하지 않을까' 하는 두려움은 공존하기 마련이며, 부득이하게 잘못 분별하게 되는 경우도 생기게 됩니다. 만약 리더가 제시한 방향에 동의하지 않으신다면, 그와 개인적으로 만나서 당신의 의견을 말씀드리라고 권장합니다.

나의 기도

아버지, 제가 하는 모든 일과 섬기는 모든 일과 제 삶의 모든 부분에서 정확하고 온전하게 당신께서 하시는 일과 다른 이들에게 나타내고자 하시는 일을 분별할 수 있도록 도와주시옵소서. 당신의 계시를 '놓치거나' 실수로 다른 사람들을 속이지 않게 도와주시옵소서.

> 새로움을 입는 과정에서 "하나님을 놓치진 않을까" 또는
> 사탄에게 "속임 당하지 않을까" 하는 두려움은 공존하기 마련이며,
> 부득이하게 잘못 분별하게 되는 경우도 생기게 된다.

Day 365

내 아들아 네가 만일 나의 말을 받으며 나의 계명을 네게 간직하며 네 귀를
지혜에 기울이며 네 마음을 명철에 두며 지식을 불러 구하며
명철을 얻으려고 소리를 높이며 은을 구하는 것 같이 그것을 구하며
감추어진 보배를 찾는 것 같이 그것을 찾으면
여호와 경외하기를 깨달으며 하나님을 알게 되리니

잠 2:1-5

하나님께서 그분의 백성들을 어떻게 대하셨는지 말씀을 찾아보며 그에 대한 새로운 통찰력을 얻어 보십시오. 부흥의 역사도 공부해 보십시오. 지혜와 잘못은 겪은 후에야 깨달을 수 있습니다. 하나님께서는 전반적으로 모든 사람들을 다 방문하시기 때문에, 개인적으로 성령님의 만져주심이 겉으로 드러나든 드러나지 않든 신경 쓰지 말고 사람들에게 즐기라고 격려해 주십시오. 우리는 너무 개인주의적으로 생각하지 않게 조심해야 합니다. 주님께서 필요한 만큼 우리를 방문해 주실 것을 신뢰하고, 우리 안에서 행하시는 일들을 기뻐합시다. 이러한 태도는 우리로 하여금 하나님께서 주시기 원하시는 것들을 가장 잘 받을 수 있는 상태로 만들어 줍니다.

나의 기도

아버지, 제 삶에 행하신 모든 일로 인하여 감사드립니다. 제 삶을 당신의 말씀과, 당신의 임재 안에서 새로운 계시를 받는 데 사용하겠습니다. 제 삶을 향한 아버지의 계획 안에 제가 온전히 있기를 소원합니다. 다른 이들에게 당신의 사랑을 나타내는 귀한 자가 되기를 소원합니다. 저는 당신의 것입니다, 주님. 지금도 앞으로도 영원히, 당신께서 쓰시고자 하는 대로 저를 사용하여 주시옵소서.

**하나님께서는 전반적으로 모든 사람들을 다 방문하시기 때문에 개인적으로
성령님의 만져주심이 겉으로 드러나든 드러나지 않든 신경 쓰지 말고
사람들에게 즐기라고 격려해 주십시오.**

마이크 비클

MIKE BICKLE

마이크 비클은 캔자스 시티에 위치한 '국제 기도의 집(IHOP)'의 디렉터로서, 다윗의 장막의 영성으로 24시간 쉬지 않고 중보하며 예배하는 사역을 이끌어 가고 있다. 캔자스 시티에 있는 '선두주자 기도학교(Forerunner school of Ministry)'와 성경학교의 학장이자, 『예수님을 향한 열정』(passion for Jesus), 『예언적인 영역에서의 성장』(Growing in the Prophetic), 『하나님을 연인으로 사랑하는 즐거움』(The pleasures of Loving God) 그리고 『하나님의 마음에 합한 사람』(After God's own heart)의 저자이다. 마이크 비클의 가르침은 하나님과의 친밀함을 통해 예수님을 향한 열정을 가지고 어떻게 성장해 가야 하는지에 집중하고 있다.

옮긴이 정성경

한동대학교 국제어문학부 졸업. '영어, 경영' 전공.
한동대학교 국제 커뮤니게이션(IC) 선문가 과정 수료.
횃불트리니티 신학대학교 M.Div 영어과정 재학 중.

사랑하는 하나님
하나님과의 친밀한 여정을 위한 매일의 묵상

지 은 이	마이크 비클
옮 긴 이	정성경

초 판 발 행 | 2009년 12월 18일

펴 낸 이	허 철
펴 낸 곳	도서출판 순전한 나드
등 록 번 호	제 313-2003-00162
주 소	서울 서초구 양재동 289-4 다모빌딩 3층
도 서 문 의	02-574-6702 / 010-6214-9129
팩 스	02-574-9704
홈 페 이 지	www.purenard.co.kr
편 집	이자영
디 자 인	정다민

ISBN 978-89-6237-054-7   03230

하나님과의 친밀함으로 인도하는 마이크 비클의 책들

하나님을 연인으로 사랑하는 즐거움

나는 정말로 하나님께서 총애하는 이들 가운데 내 자신이 속한다는 사실을 믿기 시작했다. 이런 나의 말이 당신에게는 교만하게 들릴지도 모르겠다. 특히 하나님께서 총애하시는 자들이 수백만 명에 달한다는 것을 이해할 때까지는 그렇게 들릴 수도 있다. 이 책의 핵심은 그리스도의 신부인 교회를 자극하여 예수님을 향한 자발적인 사랑 안에서 성장하게 하고 그 결과 서로에 대한 사랑 안에서 성장하게 만드는 것이다. 아버지는 시험의 때에도 변함없이 그의 아들만을 사랑할 신부를 원하고 계신다. -본문 중

하나님 마음에 합한 사람

그분은 우리가 한 가지 일의 사람들이 되기를 원하신다. 당신이 즐거워하고 갈망하는 것은 점점 한 가지로 집중될 것이다. 당신은 넘쳐나는 헌신의 삶을 예수님의 발 위에 붓기를 원할 것이다. 당신의 마음이 매혹적인 한 분, 오직 그분에 의해서만 지배를 받고 있다면 다른 어떠한 것도 당신의 마음을 사로잡지 못할 것이다. 당신은 다른 것에 마음이 빼앗기지 않은 채 오직 그분 한 분만을 추구할 것이다. -본문 중

인간의 7가지 갈망하는 마음

하나님은 모든 사람들의 마음속에 깊은 갈망을 두셨다! 모든 사람의 마음 깊은 곳에는 무시할 수도 없고, 부정하거나 진정시킬 수도 없으며, 피할 수도 없는 욕구들이 있다. 이들은 반드시 만족되어야 한다. 인간으로서, 우리에게 있는 이러한 갈망들은 타고난 본성이다. 하나님께서 우리에게 주신 갈망들은 오직 하나님만이 채워 주실 수 있는데. 이 책은 갈망에 대해 그동안 오해하기 쉬웠던 부분들을 새롭게 일깨우고, 오직 하나님만이 우리 마음의 깊은 갈망들을 참으로 만족시킬 수 있는 분임을 절실히 느끼게 해준다. 그로 인해 내적인 치유 또한 일어남을 보게 될 것이다.